赓续辉煌成就 谱写粮安新篇

中国粮食经济学会 中国粮食研究培训中心 编著

经济管理出版社
ECONOMY & MANAGEMENT PUBLISHING HOUSE

图书在版编目（CIP）数据

赓续辉煌成就 谱写粮安新篇/中国粮食经济学会，中国粮食研究培训中心编著 . —北京：经济管理出版社，2022.1

ISBN 978 – 7 – 5096 – 8293 – 7

Ⅰ. ①赓… Ⅱ. ①中… ②中… Ⅲ. ①粮食安全—研究—中国 Ⅳ. ①F326. 11

中国版本图书馆 CIP 数据核字（2022）第 007414 号

组稿编辑：张莉琼
责任编辑：张莉琼 亢文琴
责任印制：黄章平
责任校对：张晓燕

出版发行：经济管理出版社
　　　　　（北京市海淀区北蜂窝 8 号中雅大厦 A 座 11 层　100038）
网　　　址：www. E – mp. com. cn
电　　　话：（010）51915602
印　　　刷：唐山昊达印刷有限公司
经　　　销：新华书店
开　　　本：720mm×1000mm/16
印　　　张：16. 75
字　　　数：298 千字
版　　　次：2022 年 1 月第 1 版　　2022 年 1 月第 1 次印刷
书　　　号：ISBN 978 – 7 – 5096 – 8293 – 7
定　　　价：88. 00 元

前　言

为庆祝中国共产党成立 100 周年，2021 年 6 月 29 日下午，国家粮食和物资储备局召开了"赓续辉煌成就　谱写粮安新篇"专题座谈会。国家发展改革委党组成员，国家粮食和物资储备局党组书记、局长张务锋，原国内贸易部副部长兼国家粮食储备局局长白美清，国家粮食安全政策专家咨询委员会主任委员、中国国际经济交流中心常务副理事长张晓强出席会议并讲话。国家粮食和物资储备局党组成员、副局长卢景波主持会议，局党组成员、副局长贾骞，督查专员颜波出席会议。中国储备粮管理集团有限公司董事、党组副书记宋致远，中粮集团有限公司党组副书记、总裁栾日成，湖北省粮食局、江西瑞金中央粮食人民委员部旧址粮食史料陈列馆负责同志在座谈会上作交流发言。北京、山西、吉林、黑龙江、江苏、浙江、山东、河南、贵州等省（市）粮食和物资储备局（粮食局），河北柏乡粮库、玉田粮库，浙江余杭粮库等基层单位作了书面发言。参加会议人员 40 多人。

会议认真贯彻习近平新时代中国特色社会主义思想，深入研讨在中国共产党的坚强领导下，全面实施国家粮食安全战略和保障国家粮食安全取得的历史性成就、实施的战略举措和探索的主要经验，坚定保障国家粮食安全的信心决心，增强把住粮食安全主动权的使命担当。会议认为，回顾百年光辉成就，得到的有益启示是：只有中国共产党才能救中国，只有中国共产党才能发展中国；只有坚持和完善中国特色社会主义制度，深入实施国家粮食安全战略，才能解决好中国人自己的吃饭问题。

为此，中国粮食经济学会与中国粮食研究培训中心将"赓续辉煌成就　谱写粮安新篇"专题座谈会的领导讲话和有关单位发言，以及从《中国粮食经济学会简讯》2020 年与 2021 年刊发的稿件中精选的一部分文章一起结集出版，具有一定史料价值。

中国粮食经济学会党支部负责人肖春阳、中国粮食研究培训中心副主任王世海担任本书总编。本书约稿、编辑的分工：第一部分"赓续辉煌成就　谱写粮安新篇"的文章由中国粮食研究培训中心学术交流处刘珊珊、高丹桂、崔菲菲、张慧杰负责，第二部分"2020年中国国际服务贸易交易会粮食现代供应链发展及投资国际论坛"、第三部分"其他"的文章由中国粮食经济学会综合部武彦、书刊编辑部陆源、咨询培训部万振科、国际合作部李梓源负责。

　　在本书约稿、编辑、出版过程中，得到了有关各方的大力支持和帮助，我们向大家表示诚挚的感谢。

中国粮食经济学会　中国粮食研究培训中心

2021 年 8 月 16 日

目 录

第二部分　2020年中国国际服务贸易交易会粮食现代供应链发展及投资国际论坛

第三部分　其他

第一部分　赓续辉煌成就　谱写粮安新篇

汲取精神力量　担当历史使命
坚决扛稳保障国家粮食安全政治责任

张务锋　国家发展改革委党组成员，国家粮食和
物资储备局党组书记、局长

在喜迎党的百年华诞、全党深入开展党史学习教育之际，我们以"赓续辉煌成就　谱写粮安新篇"为主题，专门举行这次座谈会，回顾历史、总结经验、展望未来，共同庆祝建党 100 周年，恰逢其时，很有意义。借此机会，我代表国家粮食和物资储备局党组，向建立卓著功勋、做出突出贡献的老领导、老前辈表示崇高的敬意，向牢记使命、敬业奉献的全系统广大党员干部职工表示真诚的感谢！受大家刚才发言启发，结合个人学习体会，谈三个方面的认识。

一、深刻认识伟大成就，坚定走好中国特色粮食安全之路的信心决心

习近平总书记指出："我们党的一百年，是矢志践行初心使命的一百年，是筚路蓝缕奠基立业的一百年，是创造辉煌开辟未来的一百年。"党的百年奋斗历程是我们增强"四个自信"最坚实的基础。党领导粮食事业取得的辉煌成就是"中国共产党为什么能""马克思主义为什么行""中国特色社会主义为什么好"的生动注解。

（一）放眼千年历史，从食不果腹到丰衣足食，圆了世世代代中国人的温饱梦。"洪范八政，食为政首。"自古以来，粮食就被看作"政之本务"，"仓廪盈实"被视为盛世景象。然而，饥饿缺粮一直是中华民族面临的一大难题，没有任何一个朝代完全解决过吃饭问题。我们党领导下的中华人民共和国，发生了历史性的巨变。一是解决了千百年来困扰中国人的温饱问题，实现了由"吃不饱"

向"吃得饱"进而追求"吃得好"的历史性转变；二是取消了延续2600多年的"皇粮国税"，实现了由"种田纳粮、天经地义"到"种粮免赋、国家补贴"的历史性跨越；三是消除了长期存在的绝对贫困，取得了由"衣食无着"到"不愁吃、不愁穿"进而实现全面小康的历史性成就。

（二）回首百年巨变，天翻地覆，换了人间，端牢了14亿中国人的饭碗。20世纪20年代的中国，满目疮痍、民不聊生，粮食长期严重缺乏，粮食储备几近于无。中华人民共和国成立初期，我国粮食总产量只有2000亿斤，到1978年超过6000亿斤；改革开放后，粮食产量迅速攀升，1996年首次突破1万亿斤；党的十八大以来，接连跃上新台阶，现已连续6年稳定在1.3万亿斤以上，人均粮食占有量超过世界平均水平。全国标准粮食仓房仓容1.36万亿斤，仓储条件总体达到世界较先进水平。面对突如其来的新冠肺炎疫情，我国粮食市场供应保持总体稳定，在大战大考中经受了现实考验，有力服务了疫情防控和经济社会发展大局。习近平总书记深刻指出："这次新冠肺炎疫情如此严重，但我国社会始终保持稳定，粮食和重要农副产品稳定供给功不可没。"

（三）站在国际视野，不仅解决了自身吃饭问题，还为世界粮食安全做出积极贡献。在党的领导下，经过不懈努力，我国粮食安全保障能力显著增强，用全球9%的耕地、6%的淡水资源生产的粮食，养活了近20%的人口，提前10年完成联合国2030年可持续发展议程减贫目标。在庆祝中华人民共和国成立70周年之际，国务院新闻办正式发布了《中国的粮食安全》白皮书，集中展现了我国保障粮食安全的伟大成就，系统宣示了我国粮食安全政府立场和政策主张，鲜明塑造了我国积极维护世界粮食安全的国际形象，突出彰显了在党的领导下端好中国人饭碗的战略自信，在国内外产生了良好反响。

回顾百年光辉成就，我们的有益启示是：只有中国共产党才能救中国，只有中国共产党才能发展中国；只有坚持和完善中国特色社会主义制度，深入实施国家粮食安全战略，才能解决好中国人自己的吃饭问题；我们务必以史为鉴，增强"四个意识"，坚定"四个自信"，做到"两个维护"，在新时代创造新业绩，展现新作为，作出新贡献。

二、认真总结宝贵经验，统筹发展和安全，把握规律继往开来

习近平总书记强调："我们回顾历史，不是为了从成功中寻求慰藉，更不是为了躺在功劳簿上、为回避今天面临的困难和问题寻找借口，而是为了总结历史

经验、把握历史规律，增强开拓前进的勇气和力量。"历史是最好的教科书，是最好的营养剂。我们要深入总结党领导粮食事业的宝贵经验，积极汲取精神力量，不断增强工作的科学性和创造性。

（一）坚持党的领导，充分发挥中国特色社会主义制度优势。办好中国的事情，关键在党；粮食事业的一切成就，根本在于党的高度重视和坚强领导。毛泽东同志早在 1919 年就提出："世界什么问题最大？吃饭问题最大。""要注意，不抓粮食很危险。不抓粮食，总有一天要天下大乱。"邓小平同志讲过："不管天下发生什么事，只要人民吃饱肚子，一切就好办了。"江泽民同志强调："在我国，主要农产品特别是粮食，始终是一种战略性的特殊商品，直接关系到人民和国家的安危。"胡锦涛同志指出："如果吃饭没有保障，一切发展都无从谈起。"党的十八大以来，习近平总书记审时度势深刻指出："我国是人口众多的大国，解决好吃饭问题始终是治国理政的头等大事。""粮食安全是国家安全的重要基础。""中国人的饭碗任何时候都要牢牢端在自己手上，我们的饭碗应该主要装中国粮。""国家粮食安全这根弦任何时候都要绷紧，一刻也不能放松。"这些重要论述，引领推动了粮食安全理论创新、制度创新和实践创新，是保障粮食安全、应对风险挑战的思想武器，是推动新时代粮食安全高质量发展的行动指南。

（二）坚持以人民为中心的发展思想，始终不渝地践行党的群众路线。始终维护和发展人民的根本利益，坚持为耕者谋利、为食者造福、为业者护航，千方百计维护种粮农民利益，积极帮助企业增品种、提品质、创品牌，努力满足人民群众从"吃得饱"到"吃得好""吃得营养健康"的消费升级需求。同时，充分尊重人民主体地位和基层首创精神。20 世纪 50 年代，以浙江余杭粮食干部为代表的中华人民共和国第一代粮食人，灭鼠保粮、虫口夺粮，创建"四无粮仓"，形成了以创业、创新、节俭、奉献为主要内容的宝贵精神财富。河北柏乡粮库，坚持走改革路、打创新牌，爱粮敬业、诚信担当，在粮食管理、科学保粮等方面创下 10 项全国之最。河北玉田粮库，咬定艰苦奋斗的信念不动摇，从 72 间旧当铺发展成为大型国家粮食储备库，形成了"宁流千滴汗，不坏一粒粮"的优良作风。他们的经验在全国推广，发挥了重要的示范带动作用。

（三）坚持立足国情粮情，走好中国特色粮食安全之路。在多年探索完善的基础上，党的十八大以来，党中央提出一系列新论断新部署，形成了系统完善的制度政策。明确提出"十几亿人口要吃饭，这是我国最大的国情"，将粮食安全定位为"国之大者"和"永恒主题"。确立"以我为主、立足国内、确保产能、适度进口、科技支撑"的国家粮食安全战略，把饭碗牢牢端在自己手中，而且里面主要装中国粮。立足"紧平衡很可能是我国粮食安全长期态势"的判断，守住"确保谷物基本自给、口粮绝对安全"的底线，集中力量先保基本、先保口粮。深入推进"藏粮于地、藏粮于技"，保住耕地"命根子"，强化科技创新"第一动力"，"广积粮、积好粮、好积粮"，筑牢粮食安全的坚实基础。实行党政同责，强化落实粮食安全省长责任制，充分调动"两个积极性"，全面增强粮食生产、储备、流通能力。

（四）坚持守正创新，深化改革，强化法治，推动粮食安全治理方式的深刻转变。保障我们这样一个大国的粮食安全，必须勇于探索创新，不断完善治理方式，把制度优势转化为治理效能。一是持续推进制度创新。在粮食流通方面，1985年取消粮食统购制度，1990年建立国家专项粮食储备制度，1993年使用了几十年的粮票退出历史舞台，2004年全面放开粮食收购市场，破立并举，激发活力。二是不断推动实践创新。研发推广新技术，推动粮食稳产提质增效；培育壮大新主体，积极扶持发展家庭农场和农民合作社，发展粮食产后服务，带动小农户进入现代农业轨道；积极探索新路径，深入推进优质粮食工程，加快粮食产业高质量发展，在稳定粮食产能、巩固拓展脱贫攻坚成果、全面推进乡村振兴等方面发挥重要作用。三是着力强化依法治理。在深化改革的同时，重视加强粮食安全法治建设，《粮食安全保障法》和《粮食储备安全管理条例》立法进展顺利，《粮食流通管理条例》修订实施，23个省份制修订了省级地方性法规规章，依法治理的制度环境进一步优化。

（五）坚持系统观念，在统筹兼顾中实现优化协同高效。粮食安全事关经济发展、社会稳定、国家安全，只有认真落实总体国家安全观，统筹发展和安全，整体谋划、协同推进，才能实现各项举措在政策取向上相互协同，在实际成效上相得益彰，增强保障国家粮食安全的总体效应。必须立足世情国情粮情，正确处理"多"与"少"、"质"与"量"、生产与流通、当前与长远、政府与市场、国内与国外"六对关系"，固根基、扬优势、补短板、强弱项，加快构建更高层次、更高质量、更有效率、更可持续的国家粮食安全保障体系。

总结党领导粮食事业的宝贵经验，我们的有益启示是：第一，成就来之不易，经验弥足珍贵，必须倍加珍惜、长期坚持，在实践中不断丰富和发展。第二，以习近平同志为核心的党中央确立的粮食安全大政方针，符合中国实际，符合社会主义建设规律，符合国家长远发展利益，中国特色粮食安全之路必须坚定不移走深走实。第三，粮食安全改革发展有其自身规律，必须科学把握阶段性特征，与时俱进，因势而为，准确识变、科学应变、主动求变，于变中求新、求进、求突破。

三、勇于担当历史使命，开创粮食和物资储备改革发展新局面

"十四五"时期，我们要立足新发展阶段、贯彻新发展理念、构建新发展格局，切实把住改革发展、安全发展、高质量发展、融合发展、规划引领、依法治理的主动权，在更高层次上保障国家粮食安全。

（一）胸怀"两个大局"，心系"国之大者"，坚决扛稳保障粮食安全的政治责任。学懂弄通做实习近平新时代中国特色社会主义思想，深刻领悟习近平总书记关于保障国家粮食安全的重要论述精神，坚决贯彻到粮食和物资储备工作的全过程各方面。认真落实总体国家安全观，深入实施国家粮食安全战略，增强战略定力，强化忧患意识，以粮食供给安全的稳定性应对外部环境的不确定性。按照国家粮食和物资储备局（以下简称国家局）党组"两决定一意见"和"五句话"总体要求，聚焦国家粮食和物资储备安全核心职能，突出"深化改革、转型发展"的时代主题，坚守安全稳定廉政"三条底线"，努力实现粮食和物资储备工作的更大突破。

（二）强化粮食"产购储加销"协同保障，进一步筑牢粮食安全的坚实基础。深入实施"藏粮于地、藏粮于技"战略，切实解决好"种子和耕地"等要害问题。提高粮食收储调控能力，健全监测预警体系，完善和实施国家粮食应急预案，确保市场和供应不出问题。加强国家粮食交易平台体系建设，办好中国粮食交易大会，做好粮食市场和流通的文章。支持有实力的企业有序"走出去"，加强与"一带一路"沿线国家和地区的粮食贸易合作。

（三）深入推进优质粮食工程，加快粮食产业高质量发展。抓好"粮头食尾、农头工尾"，推动产业链、价值链、供应链"三链协同"，建设现代化粮食产业体系。打造优质粮食工程升级版，推广"湖州模式"和"阜南样板"经验，实施粮食绿色仓储提升、粮食品种品质品牌提升、粮食质量追溯提升等"六大提升行动"，促进优粮优产、优购、优储、优加、优销"五优联动"。大力开展粮食节约行动，全力做好粮食收获、仓储、运输、加工、消费等各环节减损工作。

（四）压实责任，加强监管，提高粮食安全治理现代化水平。要坚决落实党中央、国务院决策部署，坚定不移地推动粮食储备安全管理体制机制改革。要实行党政同责，强化落实粮食安全省长责任制考核，扎实开展中央储备粮棉管理和

中央事权粮食政策执行情况考核，并强化结果运用，压实各方责任。要加快推动《粮食安全保障法》和《粮食储备安全管理条例》立法进程，深入贯彻新修订的《粮食流通管理条例》，开展粮食流通"亮剑 2021"专项执法行动，坚决守住管好"天下粮仓"。

（五）传承红色基因，提升履责能力，着力营造心齐劲足、干事创业的良好局面。要认真做到学史崇德，不断涵养对党忠诚的大德、造福人民的公德、严于律己的品德。要坚持政治机关定位，积极创建模范机关，切实做到讲政治、守纪律、负责任、有效率。要深入贯彻科技和人才兴粮兴储实施意见，完善人才培养和创新激励机制，建设忠诚干净担当的高素质专业化干部队伍。要开展优良传统教育，大力培树先进典型，不断提振敢于担当、善谋实干、锐意进取的精气神。

百年奋进恰风华，继往开来再出发。我们要更加紧密地团结在以习近平同志为核心的党中央周围，坚定理想信念，践行初心使命，不断开创粮食和物资储备改革发展新局面，为夺取全面建设社会主义现代化国家新胜利作出应有贡献！

坚持新粮食安全观
走好中国特色粮食安全之路

张晓强　国家粮食安全政策专家咨询委员会主任委员、
中国国际经济交流中心常务副理事长

中国共产党成立以来，充分认识到中国革命的基本问题是农民问题，把为广大农民谋幸福作为重要使命。中华人民共和国成立后，中国共产党把"三农"作为全党工作的重中之重，领导中国人民依靠自己的力量成功解决了世界人口最多的发展中国家的吃饭问题，粮食安全取得了举世瞩目的巨大成就。党的十八大以来，以习近平同志为核心的党中央把粮食安全作为治国理政的头等大事。提出了"确保谷物基本自给、口粮绝对安全"的新粮食安全观，使我国粮食安全保障更加有力。2008～2014 年我在国家发改委直接参与了粮食工作，2013 年时我参加了关于新粮食安全观的相关工作，对此有深刻体会。

2008 年 8 月，国务院印发了国家发改委会同有关部门制定的《国家粮食安全中长期规划纲要 （2008—2020 年)》。文件强调粮食安全是关系我国发展稳定的全局性重大战略问题，提出了保障粮食自给率稳定在 95% 以上的目标，明确了强化生产能力建设，完善粮食市场机制，加强粮食宏观调控，落实粮食安全责任等重要举措。在党中央、国务院的正确领导下，我国粮食安全得到较好保障。粮食总产量从 2007 年的 5.04 亿吨增长至 2012 年的 6.12 亿吨，粮食生产条件改善，科技水平提高，调控体系逐步健全。2012 年，粮食直补等"四项补贴"的预算安排总额达到 1668 亿元。但与此同时，我国农业资源高强度开发利用和环境过度承载的问题加重，结构性矛盾日益凸显。例如，随着我国城乡居民收入水平提高，对肉蛋奶的消费明显增长，饲料粮需求大幅增加。大豆进口量连年快速增长，2007 年为 3082 万吨，2012 年增至 6783 万吨，进口依存度达 80%。如何在新形势下牢牢把握保障粮食安全的主动权，是习近平总书记高度重视的问题。2013 年，习近平总书记指示中央财经领导小组办公室商国家发改委，对我国粮食安全中长期规划纲要实施的情况、我国粮食安全的总体形势及需要重点解决的问题进行研究。国家发改委认真组织了相关研究分析，形成了汇报材料。

2013年12月9日，习近平总书记主持中央财经领导小组第四次会议研究国家粮食安全问题，会议听取了国家发改委的汇报。我们在汇报材料中提出，做好新形势下的粮食工作必须合理设定粮食自给率，而按包括大豆在内的现行口径，粮食自给率已低于95%并将进一步降低；建议将粮食安全的重心更多地放在谷物上，将2020年"粮食自给率保持在95%以上"的目标调整为"谷物自给率保持在95%以上"。汇报中也就提高粮食综合生产能力、有效利用国际资源、完善储备和调控体系等提出了相关建议。习近平总书记在听取汇报后发表了重要讲话。他指出，要明确"确保谷物基本自给、口粮绝对安全"这一重要基本要求，从而确定了我国新的粮食安全观。在12月10日举行的中央经济工作会议，根据习近平总书记指示精神，对2014年经济工作确定的主要任务第一条就是切实保障国家粮食安全，并且明确提出了必须实施"以我为主、立足国内、确保产能、适度进口、科技支撑"的新形势下的国家粮食安全战略。会议提出，要坚持数量质量并重，更加注重农产品质量和食品安全，转变农业发展方式以及加强农业基础设施建设等重要任务。

在2013年12月23日召开的中央农村工作会议上，习近平总书记发表了重要讲话。他指出，"民以食为天"。"洪范八政，食为政首。"我国是个人口众多的大国，解决好吃饭问题始终是治国理政的头等大事。手中有粮，心中不慌。悠悠万事，吃饭为大。只要粮食不出大问题，中国的事就稳得住。保障粮食安全是一个永恒的课题；粮食问题不能只从经济上看，必须从政治上看；保障粮食安全是实现经济发展、社会稳定、国家安全的重要基础。全党必须明确，保谷物、保口粮，绝不能以为可以放松粮食生产了。抓农业农村工作，首先要抓好粮食生产，耕地红线要严防死守。习近平总书记还对中央和地方政府都要树立大局意识、自觉承担维护国家粮食安全的责任、完善农业补贴政策和粮食价格形成机制、保护好农民种粮积极性、积极稳妥利用国际农产品市场和国外农业资源、节约粮食等进行了全面深入的阐述。此后，党中央又确定实施藏粮于地、藏粮于技战略，以及持续推进农业供给侧结构性改革和体制机制创新。

新粮食安全观的确立，党中央、国务院实施国家粮食安全战略重大举措的推出和有效落实，使我国粮食生产能力不断增强，2014年我国粮食产量增至6.4亿吨，2015年以来保持在6.6亿吨的较高水平；2020年达6.9亿吨，创历史新高，谷物自给率保持在95%以上，为促进经济社会发展和国家长治久安奠定了坚实的物质基础。八年来，我国粮食仓储和流通体系建设、粮食产业经济发展等方面也取得了重要成绩。居民人均直接口粮消费减少，动物性食品及蔬菜等食物消费增加，饮食更加健康，营养水平不断改善。在 2020 年遭遇世界百年一遇重大疫情的严峻形势下，党中央统筹疫情防控和经济社会发展，取得了战略性重大胜利。习近平总书记指出，这次新冠肺炎疫情如此严重，但我国社会始终保持稳定，粮食和重要农副产品稳定供给功不可没。这是对贯彻实施新形势下国家粮食安全战略取得重要成效的充分肯定。

与此同时，也应清醒地看到，我国粮食供求在今后一段时间内仍将处于紧平衡状态，绝不可有任何松懈。2020 年 12 月 16～18 日举行的中央经济工作会议确定的 2021 年重点任务第五项是解决好种子和耕地问题。会议指出，保障粮食安全，关键在于落实藏粮于地、藏粮于技战略。要牢牢守住 18 亿亩耕地红线，立志打一场种业翻身仗。12 月 29 日，习近平总书记在中央农村工作会议上指出，要牢牢把住粮食安全主动权，粮食生产年年要抓紧。地方各级党委和政府要扛起粮食安全的政治责任，实行党政同责。2020 年 10 月，党的十九届五中全会通过的《中共中央关于制定国民经济和社会发展第十四个五年规划和二〇三五年远景目标的建议》（以下简称《建议》）指出，要坚定不移贯彻创新、协调、绿色、开放、共享的新发展理念，加快构建以国内大循环为主体、国内国际双循环相互促进的新发展格局。《建议》第七章提出"优先发展农业农村，全面推进乡村振兴"，要求提高农业质量效益和竞争力，以保障国家粮食安全为底线，健全农业支持保护制度；深入实施藏粮于地、藏粮于技战略，并对加大农业水利设施建设力度，强化农业科技和装备支撑等提出了明确要求。根据《建议》编制的《中华人民共和国国民经济和社会发展第十四个五年规划和 2035 年远景目标纲要》（以下简称《规划》），在"十四五"时期经济社会发展主要指标的"安全保障"项下明确提出，到 2025 年，粮食综合生产能力要大于 6.5 亿吨，并定为"约束性"指标。《规划》提出，要夯实粮食生产能力基础，保障粮、棉、油、糖、肉、奶等重要农产品供给安全；要坚持最严格的耕地保护制度，实施高标准农田建设工程，建成 10.75 亿亩集中连片高标准农田；加强农业良种技术攻关；等等。根据统一部署，国家发改委正会同有关部门抓紧编制《国家粮食安全中长期规划纲要（2021—2035 年）》，国家粮食和物资储备局在抓紧编制粮食产业发展等专项规划，《粮食安全保障法》的立法工作也在积极推进。我们一定要深入学习把握新粮食安全观，坚定不移地贯彻落实好国家粮食安全战略，锲而不舍、久久为功，为保障我国粮食安全作出新的更大贡献。

"十四五"时期是我国全面建成小康社会、实现第一个百年奋斗目标之后，乘势而上开启全面建设社会主义现代化国家新征程，向第二个百年奋斗目标进军的第一个五年。在庆祝中国共产党建党 100 周年之际，站在"两个一百年"奋斗目标的历史交会点上，回顾我国粮食事业发展取得的突出成就，我深感只要我们始终牢记中国共产党为人民服务的初心，坚持为实现中华民族伟大复兴而奋斗的历史使命，在以习近平同志为核心的党中央坚强领导下，我国的粮食事业发展必将取得新的更大成就，中国特色粮食安全之路必将越走越稳健，越走越宽广。

牢记忠良使命　矢志为国谋粮
全力打造维护国家粮食安全的大国重器

中粮集团有限公司

党的十八大以来，中粮集团坚持以习近平新时代中国特色社会主义思想为指导，坚决贯彻落实党中央、国务院关于维护国家粮食安全的决策部署，在国家粮食和物资储备局领导下，坚持"市场化、国际化、防风险、高质量"的工作主线，大力弘扬"忠于国计、良于民生"的优良传统，坚定不移做大做强做优农粮核心主业，助力构建双循环新发展格局，积极融入全球粮食产业链供应链，加快打造具有全球竞争力的国际一流大粮商，努力成为让党中央放心、落实国家粮食安全战略的最可信赖的力量。

一是持续巩固国内行业领导地位，加快打造现代农粮产业链"链长"。我们坚持以全产业链战略为引领，在整合中谷、华粮的基础上重组华孚、中纺，实现"五粮合一"。坚持专业化经营、产业化发展，对旗下业务进行全面梳理，从保障国家粮食安全出发，明确粮棉油糖肉乳的核心业务地位，打造了以核心产品为主线的17家专业化公司。坚持优化资源配置，每年在粮油核心主业投资占比超过50%，油脂业务形成了"沿海＋沿江＋内陆"的布局体系，稻谷和小麦业务覆盖全国优质产区和重要销区，国内粮棉油糖农产品综合经营规模超6000万吨，稳居第一，国内大豆经营量市场份额达到22%、玉米17%、食糖22%、棉花15%、乳品27%、稻谷7%，规模均处于行业前列。在2020年的新冠肺炎疫情防控中，中粮发挥体系优势，快速调动和投放粮油近180万吨，有力保障了国内粮油食品供应链安全稳定。

二是坚定推进国际化战略，充分调动全球农业资源服务14亿人民美好生活。2014年以来，我们完成对来宝集团和尼德拉两家跨国粮商的全资收购，在巴西、阿根廷、黑海地区、美国、澳大利亚等全球粮食核心产区拥有了港口、码头、仓储设施等一批战略资源，初步构建起全球粮源资产网络体系，迈入了大型跨国粮商行列。目前，中粮集团在全球拥有加工设施 22 个，年加工能力 3000 万吨；56 个内陆筒仓，仓储能力 270 万吨；13 个持股码头，年中转能力 3300 万吨；粮源掌控量从 1900 万吨提升至 4100 万吨，海外粮油糖棉经营量达到 1 亿吨以上，国际市场话语权和影响力显著提升。

三是坚持一体化运营、市场化改革，为统筹两个市场两种资源保障国家粮食安全提供更加有效的支撑。我们坚持推进一体化业务运营，成立大宗商品交易小组，建立大宗商品每周会商机制，统一指挥大宗商品业务，共享商情信息、统筹交易策略，最大限度抓住了机会、规避了经营风险。2020 年，在国际农产品巨幅波动中，中粮大宗粮油业务基本盘逆势增长，利润同比大幅增长 187%。坚持推进国内外粮油核心资产整体上市，顺利完成中国粮油私有化退市，在上海注册成立福临门公司作为上市主体，为彻底贯通农粮主业全球产业链、实现国内外上下游一体化发展、打造为国谋粮的 A 股市场国有农粮旗舰企业迈出坚定步伐。我们全面推进选人用人市场化改革，制定出台任期目标责任制等选人用人"7＋1"制度，对所有党组管理领导人员全面实施任期制和契约化管理，统一签订《任期目标责任书》，立下军令状、明确责权利，真正树立起"有为才有位"的鲜明导向。2020 年以来，集团对各层级 100 余名管理人员进行末等调整和不胜任退出，有效激发企业发展动力和内生活力。2021 年 1～5 月，中粮经营规模与效益回报实现超同期、超历史、超预算，业绩再次实现历史性突破，累计收入 2610 亿元，同比增长 31%，利润总额同比增长 149%。

四是充分发挥从田间到餐桌的全产业链优势，促进我国农粮产业现代化发展。在上游，依托自身产业优势积极建设"公司＋基地＋农户（合作社）"利益共同体，打造农业综合服务平台，推动订单农业、粮食银行、农事服务、农业金融、智慧农业等创新发展，引导种植结构优化，促进农民增产增收。比如，在订单农业上，中粮提出品种、品质要求，与农业生产带头人、种子公司等建立农业产业化联合体，带动当地连片种植、标准化生产，帮助种植户降低成本、提升效率；在智慧农业上，携手中国农业科学院联手打造"中粮智慧农场"，集聚 7 项世界领先技术和 11 项国内领先技术，覆盖新能源、节水农业、循环农业、智能化、物联网等关键领域，打造从田间到餐桌的"一站式"生态链条。在中游，发挥加工制造的牵引枢纽作用，通过先进科技、先进管理、先进模式引领行业转型升级。比如，我们立足粮油加工内在协同逻辑建设综合产业园，系统推进不同产品加工制造和仓储物流的一体化布局，实现园区综合设施共建共享和产业之间有机协同，打造区域性加工中心、物流中心和分销中心。目前，中粮集团在全国拥有 9 个综合性产业园，其中张家港产业园为国内首家粮油综合加工产业园，经过多年发展已成为亚洲最大综合粮油食品加工基地，涵盖大豆压榨、小麦加工、稻谷加工、饲料加工、油脂深加工等多种业态。在下游，我们通过强大终端销售网络保障供应人民群众高品质食品需求，230 万家终端售点遍布全国大中城市和十几万个县乡村。我们还将对口扶贫县的优质特色农粮产品纳入中粮销售网络，在我买网专门开辟专区，增设"一县一店"，促进小生产与大市场的对接。2021 年 4 月，集团在成都主办第 104 届全国糖酒商品交易会，首次设立乡村振兴专区，并举办乡村振兴新品发布会，为已脱贫地区的特色农粮产品提供宣传展示平台，进一步助力农粮产业链和供应链优化升级。

五是全力打造安全健康营养的中粮好产品，守护国人餐桌上的幸福。我们聚焦国人体质特点，设立专业研发机构，发挥国家科研平台优势，围绕科学配比、品质调控等事关"舌尖安全"的重点环节，不断改进创新技术、工艺、流程、配方，开发全谷物、杂粮等高品质粮油产品，努力为 14 亿人民美好生活提供中粮好产品。福临门、长城、蒙牛、中茶、中糖、香雪、家佳康等已成为名副其实的"国民品牌"，"有家就有福临门"深入人心，旗下 26 家企业获评"中国好粮油"行动示范企业，60 余个品类获评"中国好粮油"产品。我们持续优化全产业链食品安全风险管控机制，着力打造由 7 个模块、17 个子系统构成的，横向到边、纵向到底的食品安全管理系统。我们持续优化源头、过程、终端风险管控机制，推动全产业链食品安全风险管理体系向上下游相关方延伸。我们积极参与国家食品安全标准体系建设，为食品安全法制建设建言献策，广泛参与食品安全标准化工作，近 3 年参与国家、行业、地方标准制定修订近 400 项。中粮旗下蒙牛乳业牵头筹建行业首个、乳业唯一的国家技术标准创新基地，2021 年正式获得国家标准委批准。中粮旗下福临门食用油联合科研院所，科学提升企业标准，积极参与国家粮食和物资储备局组织的粮油企业标准领跑者创建活动，率先实现油脂 7 个品类全国领跑，占公布品类总数的 78%，居领跑企业榜首。我们通过服务保障全国两会、中华人民共和国成立 70 周年国庆阅兵、世博会、奥运会、G20 峰会等一系列重大国事活动，通过全国糖酒会、产品发布会等，宣传粮食健康营养消费知识，倡导健康营养的饮食理念，引导公众养成科学合理的膳食习惯，推动国内消费转型升级。

下一步，中粮集团将坚决贯彻落实习近平总书记重要指示批示精神和党中央、国务院决策部署，始终牢记中粮姓粮、为国谋粮的使命职责，全力打造维护国家粮食安全的大国重器，在开启全面建设社会主义现代化国家新征程中作出新的更大贡献！

回首百年历程　继承优良传统
再谱首都粮食安全新篇章

北京市粮食和物资储备局

这次专题座谈会召开恰逢建党百年前夕，对推进新时期粮食行业改革发展意义重大，对传承老一辈的优良传统意义深远。

一、粮食虽小，安全事大，粮食安全问题始终是党和国家的头等大事

米粒虽小，却意味着生命和未来。从党的百年历史走来，1949年以前我们是"吃不饱"，特别是抗日战争时期，日本侵略者的战争破坏加上连年自然灾害，粮食产量大幅度减少，"吃饱"对于抗战军民来说是一种理想。在中国共产党的领导下，我们通过"发展保卫生产"，实行"粮食专卖""精兵简政""农业统一累进税"等措施，进一步维护社会稳定，对夺取抗战胜利、实现中国共产党的执政发挥了不可替代的作用。1949年以后，我们依靠自身的力量端牢了自己的饭碗，实现由"吃不饱"到"吃得饱""吃得好"的转变。"统购统销""双轨制""粮票"等行业内的热词已经退出了历史的舞台，随着机构变迁、体制变革，粮食流通体制改革步入新的阶段。纵观百年党史，党和国家领导人始终把粮食问题作为"国计民生"的重大问题，始终把"粮食安全"摆在"治国理政"的首要位置。

毛泽东同志早年就提出："世界上什么问题最大？吃饭问题最大。"他强调指出，农业关系国计民生极大。不抓粮食，总有一天要天下大乱。粮食问题的重要性日益深化，从关系"人民生存保障"提高到"一切发展"首要条件的战略地位。邓小平同志曾指出："不管天下发生什么事，只要人民吃饱肚子，一切就好办了。"他还指出："农业是根本，不要忘掉。"江泽民同志曾指出："农业特

别是粮食生产的稳定增长是整个国民经济发展的基础。十一亿人的吃饭问题，只有依靠我们自己采取正确方针，进行持久努力，不能依靠任何别人代替我们解决。任何时候都不能忘记这个最基本的国情。"胡锦涛同志曾指出："如果吃饭没有保障，一切发展都无从谈起。"党的十八大以来，习近平同志高度重视粮食问题，他提醒我们："保障国家粮食安全是一个永恒的课题，任何时候这根弦都不能松。"他强调："我国是个人口众多的大国，解决好吃饭问题始终是治国理政的头等大事。""中国人的饭碗任何时候都要牢牢端在自己手上。""我们的饭碗应该主要装中国粮。"以习近平同志为核心的党中央大力实施"以我为主、立足国内、确保产能、适度进口、科技支撑"的国家粮食安全战略，推动我国粮食安全形势持续向好。

二、继承传统，攻坚克难，始终把保障首都粮食安全作为第一责任

（一）中华人民共和国成立初期到改革开放前，充分发扬攻坚克难的精神，全力确保粮食正常供应。1953 年，由于北京粮价低于周边地区，加上少数私商套购外运牟利，粮食市场出现了面粉供不应求的现象。为适应粮食形势需要，北京市粮食局于同年 11 月 21 日成立，成立伊始便着手解决粮食供应的疑难问题。1953 年 11 月实行面粉限量供应，12 月又对大米、粗粮全部实行统销。在 1953 年 12 月对油脂油料实行计划收购的基础上，1954 年 3 月 17 日又对油脂油料实行计划供应。

随后，全市粮食系统几万名干部职工，从首都粮食市场特点出发，制定和完善了一整套粮油购、销、调、存、加工的手续制度，保证了大规模生产建设，经过反复实践和 3 次整顿统销，从最初按户供应到以人定量，从凭证供应到证票结合，直到形成"收发两条线"办法，保证了粮油收、发、存的基本平衡，使计划供应制度达到了比较完善的程度。始终保证粮食正常供应，有力地保障了首都稳定和各项事业发展。

（二）改革开放后，始终坚持改革创新的精神，全力推进粮食流通体制改革发展。党的十一届三中全会以后，北京粮食系统坚持改革开放，经历了从统购统销到逐步放开粮食价格和经营，从单一渠道计划供应转变为多渠道市场竞争，实现了粮食工作持续、健康、协调的发展。原北京市粮食局制定了"一摘四分开"和"四个转变"的改革思路。尽管粮食企业改革历程艰难，企业规模和现代化

管理水平仍然有限，但是改革的成绩是显著的。截至 1986 年，北京粮食系统固定资产总值从 1978 年的 1.54 亿元增至 5.97 亿元，实现利润总额 1.35 亿元，比 1979 年的 5600 万元增长了 1.4 倍。2002 年，首次实现全行业国有粮食企业扭亏为盈，实现利润 1581 万元。

2003 年暴发的"非典"对北京市粮食流通体制改革的成果进行了一次有效的检验。2003 年 4 月，由于"非典"造成的心理恐慌，23 日上午 10 点北京出现抢购粮油现象，下午 4 点中央和国务院主要领导就作出了批示，北京市政府立即召开"组织市场货源调动紧急会议"，从黑龙江紧急调运 1.6 万吨大米进京。全市粮食行业员工紧急受命，调控及时，措施得力，稳定了市场，安定了民心，获得了处理重大突发事件的宝贵经验，北京市也逐步建立起成品粮储备，满足突发情况下的应急供应。

在北京市粮食流通体制改革的重要时期，所有粮食行业的干部职工都在转变观念，特别是那些具有几十年统购统销经验的企业老职工，面对改革开放的大环境，舍小家为大家，个人服从集体，大大缩短了企业改革进程，为北京市完成粮食企业改革做出了突出的贡献。

（三）党的十八大以来，深入贯彻"以人民为中心"的发展理念，全面推动首都粮食和物资储备改革发展。党的十八大以来，北京市的粮食和物资储备系统坚决贯彻落实习近平新时代中国特色社会主义思想，始终坚持"为人民服务"的宗旨，按照"首善"的标准去思考、去谋划全市粮食和物资储备工作，全力贯彻落实国家粮食和物资储备局的各项工作部署。勇担重任，圆满完成重大活动、重要会议的供应保障工作；完善体制机制，全力确保首都粮食市场平稳运行；严格执法督查，切实维护首都粮食流通秩序；推动改革创新，积极推动产业经济稳健发展；落实考核指标，压紧压实粮食安全责任；提高服务效率，大力提升便民服务水平；守住底线红线，全力确保生产安全。

特别是 2020 年以来的疫情防控工作，对机构改革后首都粮食和物资储备工作来说也是一次成果的检验。疫情防控期间，北京市迅速成立工作机构，圆满完成了 12 万吨市区两级临时储备成品粮增储和 5.64 万吨市外存放的市级储备成品粮调运回京任务。组织粮油加工企业提前复工复产，定向销售市储备原粮 11 万吨，保障加工企业原料供应。正确引导舆情和心理预期，妥善应对多国限制粮食出口引发的连锁反应。同时，北京市紧急调运市级应急救灾物资 3.4 万件、医疗物资 18 万件支援湖北。北京市还调拨市级救灾物资 5 万余件用于基层应急值守，各区物资储备管理部门调拨区级救灾物资 1.43 万件用于各街道乡镇应急值守，为全市做好疫情防控工作做出了突出贡献。

三、不忘初心，牢记使命，继承和发扬党的光荣传统和优良作风，确保首都粮食安全

党的十八大以来，以习近平同志为核心的党中央统筹发展和安全，对确保国家粮食安全作出一系列重要部署。国家粮食和物资储备局站在全局高度，坚持总体国家安全观，深入谋划全国粮食和物资储备工作，有力推动粮食和物资储备改革发展，把中国人的饭碗牢牢端在自己手中。

2021年4月，张务锋局长在《求是》杂志上发表的署名文章《解决好中国人自己的"饭碗"问题》，全面总结了我国粮食工作取得的举世瞩目的成就，不断深化对国家粮食安全规律性认识，深入分析了当前粮食安全工作面临的风险和挑战，同时为建设粮食安全保障体系提出了具体措施。

在座的各位老领导从事粮食工作多年，时刻惦记粮食行业的发展，时刻关心着一代代粮食人，不断传递自己的从业经验和无微不至的关怀，你们的精准分析研判和独到见解为我们做好新时期粮食工作提供了解决方案，为推动落实国家粮食安全战略做出了重要贡献。

新时期，北京市粮食和物资储备系统将按照习近平总书记的要求，落实"五个始终坚持"的要求，结合张务锋局长提出的做好粮食和物资储备事业的"五个坚持"，着力做好六方面的工作。

（一）着力确保首都粮食和物资储备安全。我们将进一步优化区域布局和品种结构，加强市场监测和预警，落实应急保障能力，始终绷紧确保首都粮食安全这根弦，勇于挑战困难和风险，切实扛稳保障首都粮食安全的政治责任。

（二）着力促进粮食和物资储备改革发展。深入贯彻落实党的十九届五中全会精神，加强北京市行业"十四五"规划的编制和落实。抓住"十四五"这个破解难题的重要时期，按照有效市场和有为政府更好结合的要求，在管理体制、运行机制、监管方式、调控手段、资源优化配置等方面深化改革。

（三）着力推动粮食产业高质量发展。党中央已将高质量发展确立为"十四五"发展主题。首都粮食和物资储备工作将围绕落实"优质粮食工程"，通过积极参加全国粮食交易大会、筹办"服贸会"粮食国际论坛、参与省市间粮食贸易合作等方式，加快推进首都粮食产业高质量发展。

（四）着力推动实现融合发展。不断深化产销合作，实现资源共享。深入推

进京津冀协同发展，充分发挥北京销区市场优势、天津港区物流优势和河北产区生产优势。不断加强与央企、民企、外企的多元化合作，在更高层次、更大空间上配置资源，强化区域风险防控和应急保障能力。

（五）着力践行"以人民为中心"的发展理念。守牢粮食安全底线，紧紧围绕"七有"目标和市民需求"五性"特点，更好满足人民日益增长的美好生活需要，优化粮食供给结构，提高粮食供给质量，加强粮食市场体系规划建设，提高供应效率。

（六）着力提高依法治理水平。积极推进粮食和物资储备立法修规，完善各类规章制度。加强粮食安全责任制考核，切实落实粮食安全"党政同责"。提高依法行政水平，创新强化监管执法，充分发挥法治固根本、稳预期、利长远的作用，在法治轨道上加快粮食和物资储备治理体系和治理能力现代化。

转型发展蹚新路　产业升级保粮安

山西省粮食和物资储备局

山西省深入贯彻习近平总书记先后两次视察山西时的重要指示精神，按照国家局部署，认真落实总体国家安全观，以供给侧结构性改革为主线，以"优质粮食工程"为契机，以高质量发展为目标，以发展特色杂粮产业为突破，打好"特色""优质"两张牌，抓好"三链协同"，建设"四大载体"，实施"五优联动"，努力为推进粮食产业转型升级、构建更高层次粮食安全保障蹚出了一条新路。

一、以推进特色粮食产业发展为主旨，统筹谋划，创新发展

山西省认真贯彻习近平总书记两次视察讲话精神，认真调研理清思路，打好特色优质两张牌，走特色粮食产业发展之路。根据省政府"实施杂粮产业振兴工程"的总体部署，主动融入全省乡村振兴和脱贫攻坚战略，努力推动发展特色粮食产业纳入"三农"工作整体布局，列入全省农业供给侧结构性改革、特色优质农产品产业发展大盘。我们先后赴吉林、河南、陕西等省份考察调研品牌建设、主食产业化发展情况，同时结合本省产业布局，开展省内粮食产业调研，积攒发展经验、形成调研报告，为发展特色粮食产业理清了思路。提高政治站位，做好顶层设计，充分发挥政府对粮食产业发展的主导和推动作用，争取政策、出台文件、制订方案、整体谋划。省政府与国家局签订了《共同推进粮食产业高质量发展　保障国家粮食安全战略合作协议》，把"优质粮食工程"纳入省委省政府的工作布局。以省政府名义印发了《关于加快推进农业供给侧结构性改革大力发展粮食产业经济的实施意见》《关于加快推进我省粮食和物资储备工作深化改革转型发展的意见》，确定了以供给侧结构性改革为主线，发展现代特色粮食产业、构建更高层次粮食安全保障体系的总体目标。

二、以培育扶持龙头企业为重点，"三链协同"，整体推进

坚持"企业主导、政府引导，行业推动"的基本思路，政府、行业、企业间形成产业发展强大合力。重点培育扶持龙头企业，以龙头企业为核心，发挥辐射效应、集群效应，逐步打造构建示范县，发展产业园区。省政府出台了《关于扶持农业产业化龙头企业发展若干政策的通知》，制定了《省级粮油产业化龙头企业认定和运行管理办法》，不断加大龙头企业认定、引进和支持力度。两年间，先后认定了两批共61个省级粮油产业化龙头企业。不断培育和壮大市场主体，鼓励发展产业联盟或产业化联合体，对龙头企业实行精准指导和服务，着力破解企业发展中的困难和问题，支持企业提规模、树品牌、扩市场、提升核心竞争力，促进龙头企业健康发展。

立足山西省特色资源优势，结合龙头企业发展情况，以品牌化、特色化发展为路径，完善县域粮食产业链条，建设粮食产业强县。我们出台了《山西省粮食产业强县认定和管理办法》，开展"粮食产业优势县"和"粮食产业特色县"的认定工作。巩固和拓展第一轮"优质粮食工程""好粮油"示范县建设成果，加快推动县域粮食产业高质量发展，逐步形成粮食产业集聚集约发展格局。以产业园区为载体，鼓励龙头企业向产业链上下游延伸，支持中小企业融入供应链价值链，参与产业协作配套和专业化分工，打造集产业链、价值链、供应链于一体的辐射式产业集群。对接国家和山西省发展战略，以省会太原为中心，布局大同—朔州—忻州、太原—晋中—吕梁、长治—晋城、临汾—运城4个物流节点，规划建设粮食物流产业园区。结合太原、长治、临汾等市"退城入郊"政策、园区建设规划，链接中国杂粮网、忻州杂粮交易中心等高级平台，引导各类粮食企业向园区集聚，提升仓储、加工、物流、电子商务等配套服务功能，逐步实现产业集聚、要素集中、资源集约、功能集成。目前，太原市粮食物流产业园区已经完成一期建设。

三、以"山西小米""山西主食糕品"品牌打造为突破口，推动"五优联动"，实现高质量发展

农业品牌建设作为新时代农业供给侧结构性改革和乡村振兴战略的抓手，是实现产业兴旺、企业强大和消费升级的一条现实路径。习近平总书记作出"粮食

也要打出品牌，这样价格好、效益好"的重要论断。山西省抢抓重要机遇，深入各地调研，结合全省粮食产业发展实际，出台了《"山西小米"品牌建设实施方案》《"山西小米"品牌建设三年发展规划》。立足"杂粮纯优势，小米大产业"，确定以小米品牌建设为突破，发展特色杂粮产业总体思路。经过三年的精心耕耘，"山西小米"围绕"五优联动"基本建成基地种植、生产标准、技术创新、质量监管和追溯、线上线下营销、文化宣传等七大体系，以"山西小米"品牌建设为主抓手，全省小米产业效益大幅提升，创新能力和质量不断提高，品牌影响力和竞争力明显增强。山西省联合中国粮食行业协会、国家粮科院连续举办三届全国小米品鉴大会，累计组织评选出 146 个全国优质小米品牌，其中山西占44.5%。2020 年，"山西小米"产业联盟企业产能达 26.9 万吨，实现产值 8.26 亿元，产值 2000 万元以上的企业 13 个，年销售收入 5000 万元以上的企业 7 个。联盟企业"三品一标"基地面积达 81.5 万亩，其中绿色有机基地近 30 万亩，每亩增产 100 斤以上。布局线上网店 336 个，线下销售点 1 万多个，销售小米近亿斤。

通过打造"山西小米"区域公共品牌，各级政府和企业进一步解放思想，转变观念，培育和形成了沁县、武乡、阳曲等一批小米产业强县。2020 年，全省谷子种植面积 3 万亩以上的县达 37 个，小米年产值 1 亿元以上的县 7 个，年销售收入 1 亿元以上的县 11 个。全省小米龙头企业 176 个，谷子产量超 10 亿斤，小米加工产值超 30 亿元，小米产业辐射农户 32.9 万户，较 2017 年增加 8 万多户。小米产业的规模效应逐步显现，有力促进了乡村产业兴旺和农民增收。

2020 年，省政府出台了《关于加快推进农产品精深加工十大产业集群的意见》，明确"山西省农产品十大产业集群"之"山西主食糕品"建设新使命，产业领域不断拓展。一是举办山西主食糕品区域公用品牌发布会，省委常委、常务副省长胡玉亭出席。二是制定《山西省主食糕品产业集群五年发展规划》，树立"山西主食糕品，时尚杂粮美味"新理念。三是组建山西主食糕品产业联盟，入盟企业 30 家，成立专家技术委员会，开展围绕大众主食的"馒头、面条"和山西特色的"闻喜煮饼、神池月饼"的团体标准制定。四是山西省粮食和物资储备局与相关大学、龙头企业签订《山西主食糕品助力转型发展行动》计划书。五是省财政拿出专项资金 2000 万元，重点支持主食糕品龙头企业，做到全省域覆盖、全品类发展，着力培育主食糕品示范市、县，逐步构建主食糕品产业集群，为消费者提供更多优质、安全、方便、营养的好粮油产品。

四、以"优质粮食工程"实施为载体，坚持"项目为王"理念，扎实推进项目建设

树立"项目为王"的鲜明导向，以龙头企业为重点，以项目建设为抓手，构建产业链供应链，优化创新链价值链，把项目建设作为产业发展的重要支撑，带动粮食产业转型升级。积极争取国家政策资金扶持，三年累计争取中央专项资金3.3亿元，用于"优质粮食工程"项目建设。结合本省乡村振兴战略，将"优质粮食工程"列入《山西省乡村振兴战略总体规划》进行统筹实施。三年争取省级专项资金4100万元，支持全省37个县、39个杂粮企业发展，助力农民增收和脱贫攻坚。

扎实推进项目实施，以项目建设带动产业发展。项目申报方面：围绕"三链协同"做好项目谋划，建立粮食产业化项目库，做好项目储备，统筹实施落地一批好项目；制定《山西省"优质粮食工程"三年实施方案》《深入推进山西省"优质粮食工程"的实施意见》，"优质粮食工程"子项目管理办法和实施细则，向各市各单位印发执行。项目实施方面：组织召开专题培训班，明确项目建设内容、范围、负面清单，确定建设完工和验收时限；向市、县下达任务清单和责任清单，明确分管领导、科（股）室负责人、具体承办人，逐级夯实责任，加强项目管理，任务到人、责任到人；按月进行项目调度，加快建设进度，确保按期完成项目建设任务；定期召开项目建设推进会，倒排工期，督促项目建设进度，对项目进展情况进行通报；对重点、难点项目列入省政府"13710"系统，督办相关市政府，同时加强现场督查，查摆存在问题，向县政府下达整改意见书。项目验收方面：印发《粮食产业项目绩效评价管理暂行办法》《关于做好"中国好粮油"行动计划项目验收和绩效评价的通知》，明确验收要求、确定验收标准、细化验收清单；第三方绩效评价单位对山西省"中国好粮油"项目开展整体绩效评价，依据财政部《关于规范绩效评价结果等级划分标准的通知》，山西省"中国好粮油"项目总体绩效评价最终得分93.99分，评价结果为优。通过"中国好粮油"项目建设，山西省示范市县、示范企业围绕"五优联动"，产业链条得到全覆盖提档升级和质量飞跃。示范企业产能较2017年提升100%，产值增加80%。

"优粮优产"方面：三年总投资1.2亿元，基地面积增加32.7万亩，其中有机基地6.4万亩，绿色基地14.7万亩；"优粮优购"方面：三年总投资5000万

元，实行订单收购，每斤高于市场收购价 0.5 元左右；"优粮优储"方面：三年总投资 1.1 亿元，仓库面积增加 5.1 万平方米，仓储能力提升 13 万吨，提升改造低温恒温库 116 个；"优粮优加"方面：三年总投资 2.1 亿元，提升改造生产线 91 条，车间 83 个，申请专利 48 个，研发新产品 103 种，建成企业检化验室 32 个；"优粮优销"方面：三年总投资 1.1 亿元，新增线下网点、专柜、体验店 1085 个，线上网店 124 个。

"十三五"时期山西特色粮食产业取得长足发展，2020 年粮油加工总产值比 2015 年增长 108%，产能提高 159%，利润由 6 亿元增加到 53 亿元。2020 年产值过亿元的粮油加工企业 43 家。

五、以"十四五"开篇布局为契机，勇蹚新路，转型发展

下一步，山西省将全面贯彻落实习近平总书记关于"抓好'粮头食尾''农头工尾'"重要指示批示，以供给侧结构性改革为主线，以高质量发展为目标，认真落实总体国家安全观和国家粮食安全战略、乡村振兴战略。以粮食产业强县为核心，优化产业布局，建设产业集群；以两大品牌建设为引领，推动杂粮、主食两大特色产业发展；以龙头企业发展和产业园区建设为抓手，增强产业核心竞争力；以科技标准、人才培养、绿色发展为支撑，全面服务粮食产业高质量发展。

潮平岸阔催人进，风起扬帆正当时。"十四五"规划是我国开启全面建设社会主义现代化国家新征程的重要时期，新的发展阶段、新的发展理念，为粮食产业高质量发展带来新的机遇和挑战。山西省将谨记习近平总书记重要嘱托，按照国家粮食和物资储备局工作部署，牢记使命、把握契机、久久为功、善做善成，不断推进山西粮食产业高质量发展，为端牢中国饭碗、共筑粮食安全作出更大贡献！

牢记总书记深情嘱托
打响优质粮食品牌

吉林省粮食和物资储备局

近年来，习近平总书记先后三次亲临吉林视察指导，作出一系列重要指示，要求吉林要把保障粮食安全放在突出位置，毫不放松抓好粮食生产。他强调："粮食也要打出品牌，这样价格好、效益好。"这些重要指示精神，为吉林粮食产业高质量发展指明了方向，提供了遵循。

吉林省委、省政府始终牢记习近平总书记的深情嘱托，坚决扛起保障国家粮食安全的政治责任，按照国家局的部署要求，全面实施优质粮食工程，先后出台《关于推进吉林省大米品牌建设的指导意见》《关于加快实施"健康米"工程的指导意见》《吉林大米品牌建设发展规划》，全力抓好吉林大米品牌建设。2016年，吉林大米成功入选杭州 G20 峰会、里约奥运会中国女排指定用米；2017 年 6 月，王毅外长在外交部"吉林全球推介日"活动中，盛赞吉林大米"比日本的大米还好"；2018 年，吉林市被确定为 2022 北京冬奥会指定用米基地；2019 年、2020 年吉林大米品牌连续两年荣登"中国粮油影响力区域公用品牌"榜首，2020 年入选新华社"民族品牌工程"。总结几年来的工作，我们主要有以下四方面的体会。

一、全力打造"吉林大米"公用品牌，形成品牌建设整体合力

为汇集品牌建设合力，我们以塑造公用品牌为先导，加大整合力度，实现品牌统一，抱团发展。一是实施"吉林大米＋"战略。整合省内优质区域品牌、重点企业品牌、特色产品品牌，制定"吉林大米"统一标识，以"区域＋品种"为主线，集中打造"吉林大米"统一标识下的东部火山岩大米、中部黑土有机大米、西部弱碱大米三大系列，吉林稻花香、吉林长粒香、吉林圆粒香、吉林小

町四大类中高端大米，形成吉林大米"公用品牌＋区域品牌＋企业品牌""三位一体"的品牌格局。二是坚持协同运作。政府搭建管理平台，持续定向加大资金政策扶持力度，引导社会各方积极参与吉林大米公用品牌建设；依托行业协会严把联盟企业准入关口，建立品牌准入退出机制，提升吉林大米品牌公信力；鼓励企业唱主角，充分利用政府平台，宣传区位优势，展示特色产品，形成吉林大米品牌建设合力。三是立体化推介。突出吉林大米中高端市场定位，围绕吉林大米稻作文化、品质特征，出版《贡米》《解码吉林大米》《米说吉林》等宣传作品，全方位讲好吉林大米品牌故事；抓住国家粮食交易大会、农业博览会、合作省市专场推介会等一切机会，在全国30多个城市开展了100多场宣传推介活动；综合利用传统媒体、自媒体和吉林大米"两微一网"，传播品牌声音。特别是疫情期间，创新开展云推介，通过"云集市""云展馆"等方式，使吉林大米好吃营养更安全的品牌符号深入人心。

二、着力构建全链产业联盟，夯实品牌建设发展基础

为有效发挥品牌建设的引领作用，带动粮食产业高质量发展，我们围绕供应链、价值链、产业链，加快品牌发展布局，聚集优势企业，构建吉林大米产业联盟。一是依托松粮集团、东福米业、宇丰米业、松江佰顺、舒兰永丰、延边佳禾等区域龙头企业，优选省内有一定规模，具有自主生产基地和固定销售渠道的大米企业组建吉林大米产业联盟，统一使用"吉林大米"标识，以大联盟辐射带动区域联盟，以区域联盟带动企业经营。二是以吉林大米生产流通为纽带，引导建立"联盟企业＋合作社＋农户""联盟企业＋基地＋农户"利益共同体，有序推动土地流转和企业规模化集约化经营，将联盟企业与合作社、农民、新型粮食业者紧密连接在一起，不断夯实品牌企业联盟发展基础。三是发挥联盟企业"农头工尾""粮头食尾"的作用，吸收水稻育种、产品营销、品牌策划等产销区企业共同参与，丰富扩大生产经营中的社会分工，促进全产业链发展，推进一二三产业深度融合。四是延伸产业联盟触角，以区域联盟核心企业为主体，建立吉林大米西部运营中心、福建运营中心、浙江运营中心、北京运营中心，加速吉林大米品牌落地销售。目前，省内联盟企业自有基地面积，由品牌建立之初的130万亩增加到300万亩，品牌旗下联盟企业由最初7家发展到69家，成为吉林大米平台搭建、品牌宣传、产品销售、产业联动的核心骨干。

三、突出抓好质量保证体系建设，全面提高品牌核心竞争力

为确保品牌持久旺盛的生命力，我们坚持品种决定品质、品质决定品牌的发展理念，强化标准建设和质量管控，全力打造"吉林大米"金字招牌。一是制定吉林大米全品系、全产业链质量标准和操作规范，2016年，颁布实施高于国家标准的《吉林大米地方标准》，随后相继出台了"吉林稻花香、吉林长粒香、吉林圆粒香、吉林小町"4个市场热销品种的团体标准。针对水稻熟收、田场、干燥、收仓以及仓储等环节推出《吉林大米收储5T标准》，确保吉林大米品质稳定。二是建设中国北方粳稻种子繁育基地，先后引进9个省区20个水稻科研院所和日本、中国台湾地区的180多个优良品种，为吉林大米品牌打造提供"种子芯片"。全面推广市场反响较好的吉宏6号、吉粳816等具有吉林特色水稻品种。目前，全省水稻优良品种覆盖率达到80%以上。三是建设吉林大米质量安全可追溯系统，创建具有质量查询、实时观测、月报统计、专栏服务等系列功能的吉林大米质量溯源平台，实现157家大米企业产品质量责任信息溯源，确保产品来源可查明、流向可追踪、信息可查询、责任可追究。四是建立吉林大米品牌认证体系，完善品牌标识管理及使用相关办法。五是组建吉林大米产业联盟专家技术委员会，在水稻育种、种植、储藏干燥、食品加工，品质检验检测、质量安全、标准化建设等方面为吉林大米品牌打造提供科技支撑。

四、持续拓展销售渠道，不断扩大品牌市场占有率

"吉林大米"由好米变名米，名米卖好价，关键在于适应消费升级需要，搭建专属营销渠道，实现从田间到餐桌的精准对接。为此，我们开通了吉林大米网，与阿里巴巴集团签订战略合作，开设淘乡甜吉林大米天猫旗舰店，构建包括企业自有电商平台在内的网络销售体系；组织省内40余家联盟企业组成吉林大米抖音蓝V矩阵、快手直播；推动联盟企业与北京首农集团、上海光明集团等主流经销商合作，部分名优特产品进驻阿里盒马鲜生、三江、联华、零售通便利店；与浙江绿城集团联手建立社区"幸福粮仓"，开通产区—社区直通车，打通吉林大米终端销售的"毛细血管"，实现了从直营体验销售到线上线下互动，从产区社区直达到专属稻田认购，带动营销业态不断升级。目前，以吉林大米统一标识为特征的直营店有180多家、商超专区（专柜）600多个，遍布全国20多

个省市，成为当地"米袋子"的重要供应商。"吉田认购"专属稻田模式将"互联网＋农业""基地＋市场""消费＋体验"相结合，全国2万多个单位和个人成为吉林专属稻田的"农场主"，吉田认购产出的效益是普通稻田的2～3倍。吉林洮宝大米品牌入驻上海国贸商超，与日本越光米同场竞卖，1千克装的寒地稻香米卖到168元。目前，全省水稻播种面积已由原来的1200万亩增加到1300万亩，中高端大米产量由9亿斤增加到20亿斤，稻谷市场化销售九成以上。

下一步，我们将全面落实这次座谈会议精神，学习借鉴兄弟省份的成功经验，继续深入实施优质粮食工程，放大吉林大米品牌效应，促进吉林粮食产业高质量发展，为保障国家粮食安全作出吉林贡献。

持续推动"粮头食尾""农头工尾" 抓稳端牢"中国粮食""中国饭碗"

黑龙江省粮食局

2016 年 5 月，习近平总书记在黑龙江考察调研时强调：黑龙江对国家粮食安全的贡献突出，功不可没；要坚持发展现代农业方向，争当农业现代化建设排头兵；要深度开发"原字号"，以"粮头食尾""农头工尾"为抓手，推动粮食精深加工，做强绿色食品加工业。2018 年 9 月，习近平总书记在黑龙江农垦建三江管理局考察粮食生产和收获情况时，双手捧起一碗大米，意味深长地说："中国粮食，中国饭碗。"

黑龙江省委、省政府认真学习贯彻习近平总书记考察黑龙江时的重要讲话精神，把加快推进"粮头食尾"和"农头工尾"作为强产业、促增收、保安全的重要抓手，举全省之力把食品和农副产品精深加工打造为第一支柱产业，质量兴粮调优"头"，接二连三壮大"尾"，勇闯市场做强"销"，千方百计保粮"安"，让保障国家粮食安全的"压舱石"更稳、更牢、更坚实。

一、巩固拓展粮食收储制度改革成果，深度激活粮食产业内生动能、发展活力

2016 年是国家实施推进玉米收储制度改革第一年，黑龙江玉米产量全国第一，推进玉米收储制度改革全国看东北、东北看龙江。黑龙江省坚决贯彻落实国家实施玉米收储制度改革决策部署，玉米市场化购销硬仗首战告捷，当期全省顺畅购销玉米 793 亿斤，价格形成机制逐步理顺，多元主体积极入市，粮食流通活力显著增强，玉米市场化贸易和加工产业破冰前行，潜能充分释放。全省玉米由"就地储"转变为"全国销"，有效牵动农民收益、企业效益、粮食产量三个"大幅提升"。2017 年 6 月 12 日，时任国务院副总理汪洋同志做出重要批示：

"玉米收储制度改革收到明显成效，黑龙江省的贡献功不可没。巩固拓展成果，推动农业供给侧结构性改革再上新台阶。"他对黑龙江省玉米收储制度改革给予高度肯定。

近年来，在巩固玉米、大豆市场化收购成效的基础上，黑龙江省积极推动水稻由政策性收储向政府引导下的市场化收购转变，水稻市场化收购率由2016年的29%提高到69%，在确保农民粮食顺畅销售的基础上，为加工企业提供了充裕的原料保障。截至2020年底，全省原粮年加工能力达到2048亿斤，较"十二五"时期末增加275亿斤；加工量达到900亿斤以上，较"十二五"时期末增长102%；粮食加工业产值、营业收入均超过1400亿元，较"十二五"时期末分别增长57%、88%；粮食加工转化率由"十二五"时期末的36%提高到61%，超过规划目标10.6个百分点；寒地黑土、绿色有机、非转基因好粮油享誉全国，全国每9碗米中就有一碗"龙江粮"。

二、坚决落实国家和省级利好政策，强力助推粮食产业提质增效、转型升级

2017年，国务院连续出台《关于完善粮食等重要农产品收储制度的意见》《关于加快推进农业供给侧结构性改革大力发展粮食产业经济的意见》，为黑龙江充分发挥粮源优势、建设粮食产业强省提供了宝贵政策红利，创造了难得的发展机遇。2018年4月，国家局和黑龙江省政府成立专题调研组，先后多次深入黑龙江7个市地、20多个市县，进行了为期两个多月的实地调研，起草形成了加快推动黑龙江省粮食产业高质量发展的调研报告，为黑龙江省推动"粮头食尾""农头工尾"提供了路径遵循、指明了发展方向，调研报告呈报国务院后得到了李克强总理、韩正副总理、胡春华副总理的批示。2018年8月，国家局在黑龙江召开了全国加快推进粮食产业经济发展第二次现场经验交流会，举办了首届中国粮食交易大会，积极助推黑龙江省粮食产业高质量发展。

近年来，黑龙江省委、省政府先后印发《黑龙江省加快推进"粮头食尾""农头工尾"工程实施方案》《关于加快推进农业供给侧结构性改革大力发展粮食产业经济的实施意见》等多个文件。2016～2018年，累计为符合条件的粮食加工企业发放加工补贴37.4亿元、投放贷款26亿元，2019年出台为期三年的大豆加工补贴政策，支持企业固定资产和研发投入、降低企业财务成本。在政策"组合拳"支持下，粮食产业实现了后发提速、弯道超车，全省规模以上粮食加

工企业发展到863户，玉米加工持续延长产业链条，在集团化、规模化的基础上向产业园区化方向发展；水稻加工深入发展米糠、碎米及稻壳等副产物综合利用，实现吃干榨净、转化增值；大豆加工重点发展大豆蛋白、酿造和食品加工，向附加值较高的食品消费领域延展。

目前，全省粮食加工业稳定在全国前十名左右。2020年，全省稻谷加工能力位列全国第一（占比18.4%）、玉米位列全国第二（占比21.8%）；稻谷加工量位列全国第一（占比19.3%）、玉米位列全国第二（占比22.6%）；全省粮食加工业总产值位列全国第十，销售收入位列全国第九。2021年，主营业务收入超10亿元的龙头企业（集团）有望达到30家。

三、深入落实粮食安全省长责任制，为推动"两头两尾"、扛稳粮食安全责任提供坚强支撑

国家2016年开展粮食安全省长责任制考核以来，黑龙江省已在全国考核中实现"四连优"。为实现"五连优"目标，黑龙江省突出重点工作、聚焦核心指标、体现龙江特色，创新研究制定了《2021年度市（地）政府落实粮食安全省长责任制考核工作方案》，以国家和省委、省政府确定的六大方面主要考核内容为框架，完善设置13类考核事项、41个考核评分指标。每季度考核分值占年度部门评审分值权重分别为10%、20%、20%、50%。这为贯彻落实习近平总书记重要讲话精神，对各市（地）党委、政府"落实粮食安全党政同责"作为一项重要考核指标，提出了明确要求。我们将通过月调度、季考核，做到"以月保季、以季保年"，力争在国家考核中实现晋位争先。

在粮食安全省长责任制这个"指挥棒"的引领下，黑龙江省粮食总产量稳定在1500亿斤以上。2020年，全省粮食总产量1508.2亿斤，约占全国粮食总产量的1/9，粮食生产消费结余量占全国生产消费结余总量的1/3。2019年，全省粮食总产量1501亿斤、商品量1396亿斤、收储量1127亿斤（最低收购价收购287亿斤）、调出量777亿斤，稳居全国首位，保障国家粮食安全"压舱石"地位更加突出。特别是2020年初以来，认真落实新冠疫情防控部署要求，保障全省2312户粮食应急企业供给能力，确定27户全国重点保供协作企业，实现应急形势下粮源足、调得快、用得好。黑龙江仅用48小时紧急调集3000吨龙江优质大米驰援湖北，并保障了北京、广东、四川等地应急大米需求，为全国粮食流通保供稳市发挥了重要作用。

四、全力推进优质粮食工程建设，加快实现粮食产业三链协同、五优联动

三年来，在国家局的悉心关怀和大力支持下，黑龙江省获得21.3亿元中央财政资金支持，撬动各级政府和企业投资33.85亿元，全部用于优质粮食工程项目建设，取得了较好成效。2020年，全省粮油优质品率较2017年提高30%，促进农民增收20亿元以上，实现产粮大县粮食产后服务体系全覆盖，粮食质量安全检验监测覆盖面由2017年底的60.5%提高到100%，"黑龙江好粮油"品牌价值持续提升，促进了粮食产业三链协同、五优联动，为保障国家粮食安全提供了强力支撑。

一是粮油产品供给质量大幅提高。打造"黑龙江好粮油团体标准"体系，制定了21项团体标准，实施"1＋N＋N"品牌组合体系，实现粮食销售"量价齐升"。在"黑龙江大米"公共品牌带领下，区域公共品牌和企业特色品牌资源整合，品牌价值提升超20%，仅五常大米品牌价值就达702亿元，连续五年蝉联地标产品大米类全国榜首。在销区网点和线上网点数量比2017年分别增加46.2%和413%，优质大米销量比2017年增加48%。二是粮食收储服务能力大幅提升。建设201个产后服务中心，改造升级仓容能力31.6亿斤，新建和改造烘干设施184台（套），其中环保改造110台（套）。目前，全省完好仓容达到3971亿斤，占全国的29.5%；烘干能力2497亿斤，占全国的33.4%。累计开展"五代"和"一卖到位"服务381亿斤。通过建设11.4万套农户科学储粮装具，实现科学储粮92亿斤，产后减损3.8亿斤，帮助农民增收3.7亿元。三是检验监测能力显著增强。更新提升78个粮食质检机构装备，检验监测能力明显提升。新增粮食质量安全检验参数由144项增加到323项；年平均检验样品量由4.8万份增加到近8万份，其中每年服务优质粮油产业样品量6000份以上。

五、依法依规强化粮食储备安全监管，为端牢"中国饭碗"保驾护航

黑龙江省委、省政府高度重视粮食储备安全监管工作，在全省粮食库存量大、库点多、储存条件复杂等严峻形势下，确保了占全国1/3强的库存粮食安全，"十三五"期间未发生重大安全生产责任事故和安全储粮事故，保持了全省

粮食行业安全稳定形势。组织和督导各级粮食行政管理部门对全省粮食收储企业清理整顿，配合国家开展好全国粮食库存数量、质量清查工作，常态化开展涉粮问题整改"回头看"。为强化源头治理，加大震慑力度，黑龙江省纪委监委从6月开始，开展为期半年的全省粮食系统专项治理，守住管好"天下粮仓"。

2021年6月1日，省政府召开国家政策性粮食监管工作会议，省委常委、常务副省长李海涛强调，要把强化国家政策性粮食监管作为守住管好"天下粮仓"的重中之重，进一步压实了收储企业直接责任、政策执行主体责任、各地政府属地管理责任以及相关部门监管责任。我们将持续强化对国家政策性粮食数量、质量、储存安全、库存管理、销售出库各环节的监管力度，确保监管"无死角、全覆盖"。加大涉粮案件查办力度，从速查明事实，严格整改问题，依法依规严肃查处违法违规行为，消除风险隐患。

回顾党的十八大以来黑龙江粮食工作的发展变化，结合国家粮食安全战略，我们深刻体会到：只有始终坚持和加强党对粮食工作的全面领导，才能牢牢把住保障国家粮食安全主动权；只有纵深推进粮食安全重点领域改革，才能推动有效市场和有为政府更好结合，为发展粮食产业、保障国家粮食安全增添新动力；只有坚持数量和质量并重，统筹"产购储加销"各个环节，才能更好地发挥粮食流通整体效应。我们将认真贯彻这次会议精神，虚心学习兄弟省份的好经验、好做法，坚定信心、晋位争先，当好保障国家粮食安全的"压舱石"，打造粮食产业经济高质量发展的"示范区"，以优异成绩庆祝建党100周年！

聚焦"五优联动"
推动粮食产业高质量发展

江苏省粮食和物资储备局

近几年来，江苏按照国家统一部署，深入学习贯彻习近平总书记关于优质粮食工程系列重要讲话精神，聚焦"五优联动"，突出江苏特色，强化基地种植、订单收购、绿色仓储、适度加工、科技创新、品牌创建等关键举措，加快推动江苏粮食产业高质量发展。

一、着力品种优化，提升种植效益

江苏积极推动粮食产业供给侧结构性改革，以消费需求引导种植结构调整，强化"好粮油是种出来的"理念，坚持消费者"喜欢什么"，促进流通环节"收什么"，引导种植环节"种什么"。推动省农科院、粮食集团、农垦米业集团、沿海集团联合组建"江苏省水韵苏米产业研究院"，选育优良苏米品种，规范栽种技术规程，制定产品质量标准，加大优良食味水稻新品种培育与推广，提高产品质量和竞争力。省农科院等省内高校院所育成南粳46、南粳5055和南粳9108等均被列为江苏省主推品种。新培育的苏韵20818、苏韵20910、苏韵9044等苏韵系列水稻新品种也已进入中间试验阶段。积极引导粮食企业与新型农业经营主体开展产销对接和协作，通过定向投入、专项服务、良种培育、订单收购、代储加工等方式，向前延伸，建立优粮种植基地；通过优粮优购，引导各类种植主体调整种植结构，扩大优质粮食种植规模。2020年，全省优良食味稻米种植面积1200多万亩，年增长10%以上，近三年稻麦优质品率增长30%以上。

二、推进订单收购，增加优粮供应

江苏出台优质优价粮食收购指导意见，将优质优价收购纳入《省政府十大主要任务百项重点工作》。研发运用"满意苏粮 APP"，搭建农户和企业之间沟通对接平台，现已覆盖全省种粮大户 3 万余家，农民卖粮迈入"指尖"时代。用好稻谷补贴资金，鼓励各地出台相关奖补措施，引导收购企业开展优质粮食订单生产、订单收购，全省建立优质粮源基地 500 多万亩，其中苏米核心基地 180 万亩。在地方政府储备轮换中优化配置粮食资源，全省优质品种占轮换收购量 50% 以上。2020 年累计收购小麦 227.75 亿斤，其中优质品种 82.74 亿斤；累计收购稻谷 157.12 亿斤，其中优质品种 86.83 亿斤。举办全省农企产销合作洽谈活动暨优质优价订单收购推进会，搭建种粮大户与企业精准对接、合作洽谈平台。南京在淮安建立 50 万亩优质稻米、10 万亩优质小麦保供基地，淮安每年供应南京市场 10 万吨基地稻谷、1.5 万吨基地小麦。江苏宝粮集团三年签订优质稻麦 15.2 万亩订单，收购优质稻麦 20 万吨，助农增收亿元以上。

三、建设"四库五化"，提升储粮能力

江苏以建设"安全粮库、智慧粮库、绿色粮库、美丽粮库"为目标，突出党建治库、业务立库、人才兴库，推进设施现代化、储粮科学化、管理规范化、服务优质化和队伍专业化。2020 年，全省入统标准仓房仓容 4316.4 万吨，同比增长 6.84%，其中完好仓容 4192.2 万吨，同比增长 6.2%。全省约 67.1% 的完好仓容装备了环流熏蒸系统，84% 的完好仓容装备了粮情检测系统，92.4% 的完好仓容装备了机械通风系统，50.1% 的完好仓容实现了低温准低温储粮，低温准低温储粮仓容量、应用环流熏蒸技术仓容量居全国前列。常州城北库以 S－烯虫酯防治害虫技术探索替代磷化氢熏蒸杀虫，张家港粮食购销总公司与先正达公司合作开展"保安谷"杀虫项目，昆山吴淞江粮库微波烘干技术应用取得新进展，太仓市中心粮库与南京财经大学联合开展高抗性害虫防治新技术研究。2017 年以来，下达省级以上财政资金 4.8 亿元，支持 60 个县建设粮食产后服务中心 220 个，为农户提供"代清理、代干燥、代储存、代加工、代销售"五代服务，实现产粮大县全覆盖，粮食行业年烘干能力达 720 万吨，有效减少产后"隐性浪费"。2020 年，实现粮食代烘干 98.7 万吨、代储存 136.3 万吨、代销售 137.5 万吨，初步测算，减少粮食损失 13.1 万吨，助农增收 1.4 亿元以上。

四、突出科技创新，提升粮油品质

江苏发挥涉粮高校和人才资源优势，依托省农科院、江南大学、省农垦米业

集团等稻米产业技术创新战略联盟资源，推进产学研合作、成果转换，增加优质粮油产品供给。成立全国首个"国家优质粮食工程（南京）技术创新中心"，打造"苏粮硅谷"科研创新平台，为多层次、多样化、个性化优质粮油产品开发提供有力支撑。针对粮食消费需求升级，倡导适度加工，探索精深加工，培育"好粮油"产品及品牌，积极延展稻麦加工副产物综合利用，提高粮食综合利用率和产品附加值。落实"苏米"品牌产品市场准入和产地准出衔接机制，对"苏米"核心企业和产品加强监督抽查，完善省级农产品质量追溯平台，确保符合"江苏大米"全产业链标准要求。省粮食集团和省农垦集团分别在优质红小麦和稻米全程质量可追溯上示范引领，产品销往 20 多个省市。

五、培育"苏"字品牌，提升核心价值

重点培育"水韵苏米"省域公共品牌，编制国内首个省域全产业链的"苏米"团体标准，并每年给予省域公用品牌打造 500 万元资金支持。培育"中国好粮油"产品 13 个，"江苏好粮油"企业 62 家、产品 70 个，苏米核心企业 50 家，"江苏好粮油样板店"50 个，以及一批"好稻种＋好生态"的"苏米"示范基地。通过中国粮食交易大会、江苏名特优农产品（上海）交易会、中国国际粮油产品及设备技术展示交易会等推介活动，展示推介江苏粮油、粮机产品，提高江苏好粮油品牌效应。与新华报业传媒集团达成"苏米"品牌建设战略合作协议，组织开展媒体集中宣传，重点宣传包括"苏米"品牌在内的粮油区域公用品牌，提高"苏米"品牌知名度。拓展线上销售渠道，利用社交电商、"互联网＋"等手段，引导"苏米"核心企业利用知名电商平台开设专卖店、旗舰店，营销品牌产品。2020 年，"苏米"核心企业销售收入突破 157.8 亿元，利润总额达 4.7 亿元。"水韵苏米"荣获第十届中国粮油榜中国粮油影响力公共品牌，3 个苏米核心产品入选"江苏精品"。江苏大米"放心、好吃、营养"的品牌影响力、社会美誉度和市场占有率不断提升。"苏米"核心企业品牌，"射阳大米"品牌价值已达 240 多亿元，每年助农增收 3000 多万元。

江苏借助"优质粮食工程"东风，通过"五优联动""三链协同"实践，取得了一些成绩，全省粮食产业呈现出经济总量持续增长，质量效益明显提升的发展势头，突出表现在：①粮食产业规模不断扩大。2020 年，江苏实现粮油产业工业总产值 3040.2 亿元，近五年年均增长率为 4.46%。②粮食产业结构更加优化。粮食加工制造业由规模型增长转向质量型发展；粮机装备科技水平提升、科

研成果转化率连续五年年均达 7.1%。2020 年，全省粮食产业互联网销售收入
13.24 亿元，近五年年均增长率达 44.24%；目前，全省入统重点粮油科技企业
新增在研项目 150 个、总投资 4.9 亿元，新增科技成果 556 项，基本建成全省粮
食流通综合管理信息网络。③粮食产业效益逐步提升。2020 年，粮食产业利润
总额 225.2 亿元，近五年年均增长率为 14.1%，创造就业机会 105813 个。全省
拥有国家级研发中心 6 家，国家级产业化龙头企业 23 家，省级龙头企业 137 家。
④粮食市场容量持续增长。"十三五"期间，全省粮食竞价交易 1975 万吨，成交
金额 462.35 亿元，销往省外及出口数量整体呈上升趋势，其中销往省外数量年
均增长率为 2.04%。⑤粮食安全保障更加稳固。粮食储备充足，省市县政府落实
粮食储备 365 万吨，食用油储备 5.7 亿斤。⑥粮食质检体系日趋完善。"十三五"
时期重点建设 72 个县级粮食质检机构，为 1233 个国有粮食企业配置快检设备。
⑦应急保障能力显著增强。全省落实应急供应网点 2321 个，应急加工点 381 家、
应急配送中心 81 个、应急储运企业 123 家。

　　下一步，江苏将按照国家局这次专题座谈会精神，特别是张务锋局长讲话要
求，把握新发展阶段，贯彻新发展理念，充分发挥江苏省粮食产业发展比较优
势，在落实习近平总书记对江苏提出的"争当表率、争做示范、走在前列"上
作出新的积极贡献。

筑牢底线加快高质量发展
走好浙江特色粮食安全之路

浙江省粮食和物资储备局

浙江省自觉以习近平新时代中国特色社会主义思想为指导，深入贯彻总体国家安全观和粮食安全战略，认真落实中央决策部署，结合省情和粮情，全面落实粮食安全责任，不断加强粮食生产能力、储备能力、流通能力和应急能力建设，全社会粮食安全意识进一步增强，各级政府粮食安全主体责任进一步落实，各涉粮部门统筹抓粮的合力进一步形成，高水平粮食安全保障体系逐步完善，为浙江经济社会发展奠定了坚实的粮食安全保障基础。

一、提高站位，全面压实粮食安全政治责任

作为全国第二大主销区，浙江省委、省政府历来高度重视粮食安全工作。全省上下自觉按照总书记指示批示要求，切实压实粮食安全政治责任，充分展现政治担当，千方百计加大粮食生产政策支持力度，保持粮食播种面积和产量稳定，足额落实地方储备规模，进一步搞好搞活粮食流通市场，确保全省人民吃得饱、吃得好、吃得安心。

一是高点站位，突出政治引领。习近平总书记在浙江工作时就高度重视粮食安全保障工作，多次对粮食安全工作提出重要论断。2004年3月30日，他在省委常委会研究粮食问题时指出，"粮食问题是我们的'软肋'，就是容易受到伤害的地方"。2004年4月9日，他在富阳调研时指出，"粮食生产退易进难，粮行米市必须稳定"。2006年3月5日，他在接受中央人民广播电台访谈时提出，浙江要做到"产粮于田，购粮于市，储粮于库，稳粮安民"。这些重要的论断至今仍然有力指导着浙江粮食安全保障工作。2020年3月29日至4月1日，习近平总书记到浙江考察，要求浙江"努力成为新时代全面展示中

国特色社会主义制度优越性的重要窗口"，并对保障粮食安全作出了重要指示：要抓紧抓实农业、畜牧业生产，确保市民"米袋子""菜篮子"货足价稳，确保农民的"钱袋子"富足殷实。浙江全省上下牢记习近平总书记指示，对标对表"重要窗口"新目标新定位，自觉将保障粮食安全作为经济社会发展的重要基础，列为党委、政府工作的头等大事、"天字一号"工程，重点推进；将粮食保供作为六稳六保的首要任务，全力落实；将粮食产业作为经济社会发展的基中之基，优先扶持；将粮食品质作为健康浙江建设的重要内容，突出抓好。

二是高位推动，突出党政同责。省委、省政府主要负责同志认真履行党政同责，专题研究、专门部署、多次批示，推动进一步压实粮食安全政治责任。省委书记袁家军多次就做好粮食安全保障工作作出指示批示；2020 年 10 月 20 日，袁家军主持召开省委深改委第 11 次会议，专题审议《关于改革完善粮食安全保障体制机制加强粮食储备安全管理的实施意见》。时任省长郑栅洁多次召开会议专题研究部署粮食安全保障工作，要求各级政府坚决扛起粮食安全政治责任，坚决制止耕地"非农化"、防止耕地"非粮化"，切实管好"浙江粮仓"，为全国大局多做贡献。分管副省长多次调研粮食工作、主持召开专题会议，部署推进粮食安全工作落实。各市县按照省委、省政府的统一部署，统筹推进，层层抓好落实，确保思想不松懈、责任不松动、工作不松劲。

三是高标推进，突出系统集成。突出系统观念，全省上下认真围绕"守住三条底线、提升三个能力、压实粮食安全党政同责"要求，深入研究平时、灾时、战时三种情况下粮食安全保障方案，统筹当前与长远、宏观与微观、政府与市场、平时与应急、国内与国外、省内与省外等各种因素，采取多种措施，多渠道、多层次广积粮，保障省内粮食安全和市场基本稳定。明确坚守"300 亿斤生产能力、120 亿斤生产任务、120 亿斤储备规模"等目标体系，确立耕地保护、土壤治理、数字化改革、生产、储备、市场流通等多项工作体系，综合运用财政等各方政策体系，以粮食安全省长责任制考核为主要评价体系，调动各地各方面积极性，共同推进粮食安全各项目标任务的落实。

二、改革创新，推动粮食事业高质量发展

浙江作为改革开放先行地，在粮食安全保障工作上始终秉承"深化改革、转型发展"时代主题，发扬敢于担当、善谋实干、锐意进取的优良作风，守正创

新、与时俱进，高质量推动粮食安全保障事业发展。

一是注重下好改革创新"先手棋"。在率先建立省市县三级储备、粮食安全市县长责任制考核等创新制度的基础上，近年来浙江省始终坚持以改革为突破口，以创新为着力点，结合实际全力推动粮食安全保障体制机制创新。为进一步将粮食安全责任制压实到党政领导、有关部门、田间地头，浙江省以稳定和提高口粮自给率为核心，大力度调整考核内容，明确粮食生产功能区种粮和复种指数要求，强化粮食保供能力和加工能力建设等。为提升粮食综合生产能力，建成千亩方、万亩方永久基本农田集中连片区 70 片，划定永久基本农田储备区 104 万亩，开展耕地土壤污染排查整治，强化耕地保护治理，坚决制止耕地"非农化"，防止耕地"非粮化"。为提升粮食安全保障能力，抓住提升口粮自给率"牛鼻子"，从粮食消费端入手，推进粮食生产和储备综合体制改革，重构与生产能力、产销动态和消费需求等相适应的地方粮食储备体系。为稳定粮食生产和增加农民收入，进一步改革粮食订单政策，早稻订单和奖励实行全省普惠性覆盖，按实际产量收购；增加晚稻订单规模，结合"五优联动"，按照市场行情上浮或下调价格；组织实施省内储备订单区域调节机制，用好用足省内粮源。为实现"优储适需""储为所用"，改革储备结构，与当地生产、消费和加工能力挂钩，进一步提高本地主食口粮的储备比例。

二是全力打好高质量发展"主动仗"。针对粮食安全保障基础薄弱的现实，制定出台指导意见，重点支持粮食批发、加工、贸易企业做大做强做优，进一步提升粮食市场流通能力。开展以提升地产优质口粮为目标，以加工销售企业为龙头，以储备轮换资源为支撑的"五优联动"优质粮食工程试点工作，打响了浙江粮食高质量发展新战役。2020 年，全省共有 50 个县（市、区）开展"五优联动"试点和提质扩面工作，优质晚稻订单面积达 35 万多亩，优质晚稻产量近 16 万吨，并涌现出"湖州模式"等粮食产业发展新模式。通过实施"五优联动"，推动了"湖州好大米"等浙江优质粮油公共品牌团体标准的制定，打造了一批优质粮食公共品牌，提升了优质粮食工程建设水平。加大仓储科技投入，开展优质晚稻品种耐储性研究，推进粮食低温、准低温仓建设，首创《恒准低温储粮技术规范》企业标准和"五面控温"储粮技术，进一步推动了粮食产业高质量发展。

三是积极打好现代治理"组合拳"。围绕"整体智治"的目标，浙江加快推动粮食治理体系和治理能力现代化。党的十八大后率先出台了《浙江省粮食安全保障条例》，有力推进了粮食安全治理体系的规范化和制度化建设；配套制定出台了《浙江省国有粮食流通基础设施保护清单管理办法》等多项规范性文件，依法治粮体系进一步完善。高标准高质量开展粮食安全执法检查，进一步压实了粮食安全保障责任，推动提升粮食安全保障水平。强化执法监管，严格执行《粮食流通管理条例》等法规制度，积极推进"互联网＋监管"，加快构建以信用为基础的新型监管机制，完善部门协同和区域协同监管机制，基本实现监管"全覆盖"。强化质量监管，开展收获粮食质量安全（风险）监测，每年在 10 个小麦主产县（市、区）、15 个早稻主产县（市、区）、21 个晚稻主产县（市、区）组织开展粮食质量安全风险田间监测，确保超标粮食定点收购、专仓储存、定向处置，确保不流入口粮市场和食品生产企业。加强库存粮食质量安全监测和抽查，每年组织开展全省粮油批发市场成品粮油和"放心粮油"质量安全监测，确保粮食储备和流通环节质量安全。强化"智治"，行业信息化建设加快进程，全省共有近 100 个储备粮库建成"智慧粮库"系统并投入应用，实现全方位粮库远程监管。

三、先行先试，助力高质量发展建设共同富裕示范区

浙江是中国革命红船起航地、改革开放先行地、习近平新时代中国特色社会主义思想重要萌发地。全省上下认真贯彻落实习近平新时代中国特色社会主义思想，围绕"国家所需、浙江所能、群众所盼、未来所向"，深化体制机制改革，加快构建更高层次、更高质量、更有效率、更可持续的粮食安全保障体系。

一是加快构建粮食安全党政同责长效机制。认真落实习近平总书记"'米袋子'省长要负责，书记也要负责"的重要指示精神，探索建立粮食安全党政同责三张清单管理，即所有责任主体职责清单、年度重点工作清单和问题整改清单，完善粮食安全市县长责任制考核，构建粮食安全党政同责长效机制。

二是加快推进粮食产优提效。在保质保量完成中央下达的粮食播种面积、产量等要求的基础上，积极发挥粮食补贴、订单、收储等方面政策牵引作用，推动产优提效，调动农民种粮积极性，稳定和提高省内口粮自给率。重点是加快"五优联动"模式化推广，按照推动品种培优、品质提升、品牌打造和标准化生产的要求，进一步推广以粮食储备资源为支撑，粮食加工企业为引擎，具有浙江辨识度的产购储加销"五优联动"模式，引导调整生产布局、多产优质口粮，调整储备结构、多储优质口粮，发展粮食产业、多销本地优质口粮，既实现种粮农民

增加收益，又保障粮食安全。

三是加快完善多元粮食储备体系。全面落实 12 亿斤新增储备任务，按照"储为所用、储优适需"的要求，优化政府储备品种结构和布局。全面优化订单收购工作，大力推进订单粮食分品种、分仓收储，按照消费结构提升晚稻储备比例。加快建设社会化储粮"缓冲带"，逐步建立社会责任储备，探索推广农户小粮仓、家庭专用米桶等，鼓励城乡居民和大型伙食单位适度增加日常储粮，增强抵抗市场风险的能力。进一步强化储备监管，认真组织开展政策性粮食库存检查工作，做到数量、质量、品种、地点"四落实"，进一步发挥储备体系保障粮食供应的"压舱石""稳定器"作用。加强粮食储备安全管理，到 2025 年储备粮库绿色储粮比例超过 60%，守住防火防汛等安全底线，实现全省中心粮库安全生产标准化达标 100% 覆盖。

四是加快提升粮食供应链韧性。大力实施"255 工程"，重点扶持培育粮油保供稳市主渠道、主平台、主力军，提升改造 20 家粮食批发市场，扶持 50 家粮油骨干企业，稳定 500 万亩省外粮源基地，鼓励批发市场重点经营户建立紧密稳固的省外口粮基地，稳定省外粮源和供应渠道。加强省份间粮食购销协作，采取有效措施推动"引粮入浙"，推进长三角区域粮食产业经济一体化，拓展粮食对外贸易合作，多层次、多渠道、多形式确保省内粮食供给。重点突出"广积粮"，大力建设"公共仓"，引进粮食主产省龙头企业和优质粮源，储在浙江"公共仓"，提高浙江省粮食安全保障系数。加快建设舟山粮食双循环核心枢纽，重点支持进口大豆、玉米为主的进口粮油保税仓储加工贸易基地和国际一流粮油江海联运核心枢纽港建设，提升粮食流通能力。

五是加快推动高效能治理。突出依法治理，认真贯彻落实《粮食流通管理条例》《浙江省粮食安全保障条例》等法规，细化粮食安全质量监管制度规范。加强重点环节执法监督，开展粮食重金属、呕吐毒素监测关口前移，强化对超标粮食全过程闭环管理，杜绝超标粮食流入储备库存和口粮市场。传承和弘扬"四无粮仓"精神内涵，深化以"平安、绿色、智慧、人文"为核心的"星级粮库"创建，推广"四化粮库"，全面提升粮食仓库管理水平。突出数字赋能，加快建设"浙江粮仓"，建立全省统一的粮食安全大数据，打造粮食"产购储加销"全产业链高质量发展一张网，使粮食安全保障更加高效安全可控。

当前，浙江省正在中央支持下先行探索高质量发展建设共同富裕示范区，打造新时代全面展示中国特色社会主义制度优越性的重要窗口。粮食安全是共同富裕示范区建设的重要基石。放眼未来，浙江省粮食和物资储备系统将自觉以习近平新时代中国特色社会主义思想为指导，在省委、省政府领导下，锚定粮食和物资储备安全总体目标，突出深化改革和高质量发展两大抓手，聚焦建立和发挥改革创新领跑者、高质量发展先行者、安全保障引领者三大优势，为高质量发展建设共同富裕示范区贡献积极力量。

大力发展粮食产业经济
打造高质量发展的"齐鲁样板"

山东省粮食和物资储备局

2018 年以来，山东认真落实习近平总书记关于抓好"粮头食尾、农头工尾"和"延伸粮食产业链、提升价值链、打造供应链"的重要指示要求，按照国家局安排部署，以优质粮食工程引领粮食产业高质量发展，成效显著。

一、提高站位，聚力打造粮食产业强省

山东是全国 13 个粮食主产省之一，粮食产量居全国第 3 位。2018 年 6 月，习近平总书记视察山东省时指出："农业大省的责任首先是要维护国家粮食安全。"总书记重要讲话重要指示，是对山东工作的极大鼓舞和鞭策，进一步坚定了我们深入实施国家粮食安全战略的信心和决心，为我们壮大粮食产业、释放经济活力、扛牢粮食安全重任提供了重要遵循，指明了发展方向。我们牢记总书记嘱托，认真落实国家局要求，聚焦"加快发展现代产业体系"，突出"三链协同""五优联动"，抓住全国粮食行业转型发展和山东省实施新旧动能转换的重大机遇，立足粮食产业基础优势，着力高质量建设粮食产业强省，推进粮食产业转型发展、提质增效。2020 年，全省粮食深加工能力 2775 万吨，饲料年生产能力 5096 万吨，年处理小麦能力 4576 万吨，食用油年油料处理能力 2569 万吨；全年粮食产业工业总产值超过 4600 亿元。2021 年第一季度，粮食产业完成工业总产值 1100 多亿元，同比增长 35.2%。

二、工程引领，壮大粮食产业发展实力

近年来，山东把实施优质粮食工程作为保障国家粮食安全和服务乡村振兴战

略的重要抓手，助力产业高质量发展。2017 年以来，山东省总投资 82.66 亿元，中央和省财政累计支持专项资金 22.59 亿元，其中中央财政 15.17 亿元，撬动社会资本投资 60 亿元，提升粮食产业发展新动能。目前，粮食产后服务、质检体系建设项目已全部建成使用，其中，86 个县建设 280 家粮食产后服务中心；新建及功能提升 83 个粮食质检机构；13 个示范县、80 家示范企业开展"中国好粮油"行动计划。2020 年度优质粮食工程提升项目已完成投资 7 亿元，综合进度 77%。全省粮食产业经济工业总产值比工程实施前增加近 1000 亿元。

（一）加强规划，完善顶层设计。2018 年将优质粮食工程列入省委常委会重点工作任务、全省乡村振兴战略规划，2019 年将优质粮食工程和齐鲁粮油品牌建设列入省委 1 号文件。山东省粮食和物资储备局成立"优质粮食工程"推进领导小组，及时完善实施方案并报国家局备案，市、县相应成立领导机构，统筹负责工程建设。同时，会同省财政厅建立健全工作机制，按照"全省推进、分步实施、资金拉动、高效有序"的原则统筹规划，全力推进。省委书记刘家义视察滨州中裕、香驰、鲁花等"中国好粮油"示范企业，勉励企业为老百姓提供更加优质、健康的产品；常务副省长王书坚对粮食工作多次批示指示，对"中国好粮油"示范企业西王集团玉米果糖等产业给予高度关注。国家局张务锋局长高度关注山东粮食工作，视察项目建设企业，并给予充分肯定。

（二）加强管理，保障工程质量。采取的措施主要是坚守三个"严格"：一是严格申报评选。研究制定申报指南等系列制度文件，严格实施项目评审，相关县市负责同志率队参加评审现场答辩，多次召开党组会议专题研究工程建设工作，并向省政府常务会议专题汇报。二是严格工程实施。制定三个子项管理办法、不定期派出督导组，检查指导各地规范推进项目建设。每年组织召开全省"优质粮食工程"建设推进会、举办培训班，聚焦目标任务，总结经验，加强业务指导，培树典型，推动工程实施。三是严格考核验收。发挥考核指挥棒作用，将"优质粮食工程"纳入粮食安全省长责任制考核，推动"优质粮食工程"项目高质量、高效率建设。

（三）加强跟踪，确保建设效果。制定全省"优质粮食工程"绩效评价指标体系和方法，按照"谁申请资金，谁设置目标"的原则，在组织申请项目资金时指导项目单位科学合理设置项目绩效目标。落实绩效监控主体责任，采取项目执行中期评价和项目完成效果评价相结合的方法，委托第三方机构对优质粮食工程项目现场评价全覆盖，压实绩效管理责任，加快项目实施进度。建立评价结果应用、反馈、公开和问题整改制度，定期通报绩效评价情况，对优质粮食工程绩效评价结果较好的东营、烟台、青岛、威海、临沂、泰安 6 市，每市予以 100 万元奖励，专项用于推进优质粮食工程及粮油品牌建设工作。

三、注重质效，提升产业发展服务水平

"优质粮食工程"的实施，促进了全省粮食产业强劲发展，优产优价助推提质增收，优粮优加实现全新突破，全省粮食安全保障能力显著增强。2021 年 1 月，中国粮油学会公布"中国好粮油"产品遴选结果，山东 24 家企业 37 款产品成功入选，产品数量排名全国第一。2020 年、2021 年，山东省连续两年在全国优质粮食工程现场会上作典型发言。

一是优化供给，粮食品质向好。发挥粮油龙头企业带动作用，推动"产购储加销"五优联动，引导调整调优品种结构，实现优质粮源供应和优质粮油产品供给双提升。目前，全省优粮优产发展优质粮食种植面积 621 万亩，新增优质粮食503 万吨；优粮优加、优粮优销带动企业增收 339 亿元，好粮油示范企业辐射带动效应进一步放大。滨州市近三年新增优质小麦订单种植基地近 120 万亩，积极开展优质品种规模化种植，实现优质粮源基地面积、产量快速增长；肥城富世康公司优质粮油产品比例达到了 40% 以上，绿色粮油产品供给能力显著提升。

二是促进融合，经济效益向好。支持有条件的企业向上游延伸建设原料基地，向下游延伸发展精深加工，建设物流、营销和服务网络，推动粮食"产购储加销"多方主体建立利益联结机制，促进一二三产业融合发展。例如，滨州中裕公司，通过抓优"一产"，大规模流转土地，通过订单种植自建优质麦基地；通过提质"二产"，以小麦加工为"主干"，对小麦进行深度开发与综合利用；通过提效"三产"，以服务业为"枝叶"，积极介入餐饮服务终端，产业链条由初加工向精深加工、主食加工等下游项目不断延伸，最终将一粒小麦"吃干榨净"，形成高端育种、订单种植、仓储物流、初加工、深加工、废弃物综合利用、生态养殖等十大产业板块，延伸了产品价值链，1 吨小麦的"最终身价"提高了4000 元左右。

三是科技赋能，产品质量向好。与大众报业集团联合成立全国粮食行业首家品牌研究院，与省农科院战略合作成立"齐鲁粮油"产研孵化中心，为产业发展注入"科技芯"。山东商务职业学院深化产教融合，科研支持中储粮、中粮、鲁花等 200 多家企业，以创新链提升粮油加工价值链、丰富供应链；省粮油检测中心入选国家粮食和物资储备局科学研究院《粮食品质营养数据库》核心实验

室，并发布《山东小磨香油》《山东浓香花生油》《山东高油酸花生油》等7项团体标准，"花生饼中黄曲霉毒素研究"项目通过中国粮油学会技术评价。全省粮食行业拥有省级以上科创平台85个，其中，国家级平台33个。在玉米深加工方面，全省玉米深加工产品达到300多个品种，西王集团食用葡萄糖、无水葡萄糖、麦芽糊精生产规模亚洲最大。在小麦加工方面，滨州中裕食品生产的无水乙醇纯度达到99.999%，每吨2万元左右，高出普通产品3倍以上；小麦蛋白粉产品每吨最高1.6万元，高出同类产品3000～5000元。山东十里香芝麻制品公司获得全国"科技助力经济项目"并顺利完成一期建设。

四是助农增收，社会效益向好。通过优质小麦基地实行优质优价，提高农民收入，与农民形成利益共同体：鲁花集团通过推广高油酸花生种植，保障了高端花生油产品原料供应，2019年销售收入同比增加30亿元以上；德州发达面粉集团完成优质粮食收购13万吨，助农增收3000万元；济宁金利康面粉有限公司发展"基地＋农户"的产业化经营模式，与家庭农场合作土地5万余亩，吸收当地农民1200人作为种植工人，带动农户纯收入1200余万元；与县农商银行合作开展"丰收贷"业务，根据粮食收购资金需求，一次授信3年，最大额度30万元，可随用随贷，循环使用，手续简便，按日计息，2021年累计发放"丰收贷"贷款156户，3210余万元。全省"中国好粮油"行动计划年助农增收30亿元以上。

近年来的粮食产业发展实践，给了我们很多有益启示，主要是"三个必须"：一是必须深入贯彻习近平总书记重要指示重要讲话精神，体现大省担当，坚决落实"农业大省的责任首先是维护国家粮食安全"的政治责任，严格按照国家局安排部署做好工作。二是必须严格按照坚持改革创新、系统观念，善谋实干，狠抓落实，高点定位，争创一流。三是必须尊重基层创造，更好发挥"滨州模式"、科创平台和领军企业、优秀企业家等典型示范作用。

"十四五"时期是粮食和物资储备安全重要性的凸显期，"深化改革、转型发展"的重要机遇期，治理体系和治理能力现代化的攻坚期。山东将按照国家局安排，坚持系统观念，统筹发展和安全，认真落实国家局"五句话"总要求和"两决定一意见"，履职尽责抓落实，守正创新求突破，乘势而上争一流，全力推动各项工作，为粮食产业高质量发展贡献山东力量！

深入贯彻落实习近平总书记重要指示精神 坚决扛稳粮食安全重任

河南省粮食和物资储备局

党的十八大以来，习近平总书记先后 4 次视察河南，1 次参加全国两会河南代表团审议，并发表重要讲话、作出重要指示，每次都会提到粮食工作。尤其是 2019 年 3 月 8 日参加十三届全国人大二次会议河南代表团审议期间、2019 年 9 月 16～18 日视察河南时，习近平总书记指出：河南要"扛稳粮食安全这个重任"，"确保重要农产品特别是粮食供给"，"抓住粮食这个核心竞争力，延伸粮食产业链、提升价值链、打造供应链"，"深入推进优质粮食工程"，"做好粮食市场和流通文章"等。作为粮食生产大省、消费大省、流通大省，河南粮食和物资储备系统深入贯彻落实习近平总书记重要指示精神，不忘初心、牢记使命，为实现粮食安全和现代高效农业相统一，进行了大量艰辛的探索，努力扛牢粮食安全重任。

一、"三链同构"，提升粮食核心竞争力

习近平总书记强调，要牢牢抓住粮食这个核心竞争力。河南作为全国重要的粮食生产核心区，及时出台了《河南省人民政府关于坚持三链同构加快推进粮食产业高质量发展的意见》，并围绕"三链同构"作了许多有益的尝试，取得了较好效果。

（一）围绕"四大"主粮，加快延伸产业链。紧紧抓住粮食生产这个优势、这张王牌，持续深化农业供给侧结构性改革，围绕小麦、玉米、稻谷和油料四大主粮，推动粮食全产业链、全价值链建设。一是加快延伸小麦产业链。在豫北、豫中、豫南分别重点布局优质强筋、中筋、弱筋小麦产业链，积极发展与小麦筋度适应的产品，引导发展特点突出、特色鲜明的小麦加工产业聚集集群，加快形

成小麦粉、面制主食及其副产物综合利用的循环经济模式，推动河南省小麦产业成为全国的"排头兵"。二是加快延伸玉米产业链。深入挖掘玉米的食用价值、饲用价值、工业价值和能源价值，大力发展玉米精深加工，形成饲料加工和玉米深加工"两轮驱动"的发展模式。例如，河南金丹乳酸科技股份有限公司充分利用当地玉米资源优势布局玉米精深加工，成为亚洲最大的乳酸生产企业，拥有国家专利 20 多项。三是加快延伸稻谷产业链。发挥沿黄河、沿淮河等稻谷区域生产优势，支持企业发展稻谷加工产业，逐步形成优质稻谷全产业链发展模式。连续两年争取中央财政稻谷补贴资金的 10%，共计近 1 亿元用于支持稻谷产业发展，成为全国首个统筹利用该项资金支持加工企业的省份，且使用比例最高。四是加快延伸油料产业链。大力发展花生油、芝麻油等传统食用油，鼓励发展米糠油、玉米油、油茶籽油等新型健康食用油，支持发展花生、芝麻等休闲食品。例如，河南正康粮油有限公司引进国际先进水平的生产工艺，开发富硒芝麻油，产品远销日本、韩国、加拿大等十多个国家。

（二）坚持"四化"方向，着力提升价值链。坚持绿色化、优质化、特色化和品牌化"四化"发展方向，适应消费升级需求，加速粮食产业质量变革、效率变革、动力变革，推动粮食向价值链中高端迈进。一是坚持绿色化发展。鼓励生产有机粮油产品，增加绿色有机粮油供给能力。筹集财政资金 5000 万元，实施"绿色储粮"工程，支持企业改善粮食仓储设施条件，推广应用绿色储粮新技术，逐步实现储粮绿色化，提升储粮品质。以"吃干榨净"为目标，发展粮食绿色循环经济。例如，豫申粮油加快发展稻谷产业循环经济，加大副产物综合利用力度，形成了稻谷生产、大米加工、稻壳利用、米糠油生产、谷维素提取等循环经济产业链。二是坚持优质化发展。累计投资 64 亿元实施优质粮食工程，帮助 138 家企业融资 174.5 亿元，对 43 家优质粮油企业设备进行升级改造，支持示范县发展粮食产业经济，将更多产业链、价值链留在县域。例如，三全集团组织近 200 家关联企业成立产业伙伴卓越质量联盟，开放企业过去 30 年质量体系和标准，共同搭建速冻行业质量体系，实现速冻行业品质的全面提升；南街村集团利用补助资金对加工设备进行升级改造，鲜湿面日产量达到全国第一。三是坚持特色化发展。推广特色品种，促进新乡小麦、原阳大米、正阳花生、平舆芝麻等地理标志产品规模化加工。适应市场多元需求，支持企业开发幼儿系列、老人系列、低糖系列等功能性定制粮食产品。例如，想念食品开发出近 400 个挂面单品，让消费者可以一年 365 天享用不同的味道；好粮油示范县临颍县建成了中西部最大的休闲食品基地；好粮油示范县永城市加快由"中国面粉城"向"中国食品城"转变步伐。四是坚持品牌化发展。实施河南粮食品牌培育计划，开展品牌宣传和产品推介，每年集中推广 3～5 个大型企业。结合实际制定条件和标准，遴选"河南好粮油"产品 108 个，推荐 13 个产品入选"中国好粮油"产品，展现了河南粮食大省的形象。成功承办第二届中国粮食交易大会，深入开展豫沪农业领域合作，组织"河南粮油全国行"活动，擦亮"河南粮食王牌"金字招牌，不断提升粮油产品附加值和市场竞争力。

（三）完善"四大"体系，积极打造供应链。加强粮食产储运销体系建设，重点建设和完善原粮供应、仓储物流、市场供应和质量安全四大体系，打造各环节有机衔接、协同联动的高质量供应链。一是完善优质原粮支撑体系。支持企业建立优质粮源种植基地，开展订单式种植业务，引导优质小麦和优质花生布局区域化、经营规模化、生产标准化、发展产业化，基本实现专种、专收、专储、专用。2020 年，全省优质专用订单小麦 1350 万亩，优质花生 1893 万亩，均位居全国第一。按照"一县一品"原则，成功打造了"中国第一麦延津小麦""中国弱筋小麦第一县淮滨县""世界花生看中国，中国花生看正阳"等一大批优质粮油生产县。二是完善现代仓储物流体系。大力建设现代仓储体系，建设 365 个智能化粮库和 961 个粮食产后服务中心，全省粮食仓容突破 9000 万吨，位居全国第一。畅通粮食流通渠道，充分发挥中原地区公路、铁路运输优势，建设淮河、沙颍河、唐白河航运码头，打造无缝衔接的多式联运体系。三是完善粮食市场供应体系。支持郑州商品交易所发展，发挥期货价格发现、价格指导作用，打造粮食期货价格中心。支持郑州粮食批发市场等现货市场发展，促进粮超对接、粮批对接，打造布局合理、辐射全国的粮食交易市场体系。实施"数字豫粮"工程，大力发展电子商务，疫情期间成功应对传统销售渠道受阻挑战，打通了粮食供应"最后一公里"。四是完善质量安全保障体系。完善和提升省市县三级粮食质检中心建设，切实满足政策性粮食质量检验需求，大力开拓第三方检验服务，努力拓宽市场化经营粮食质检服务渠道。例如，省粮油质检中心被国家局认定为第三方粮油质检单位；辉县市粮食质检中心积极开拓第三方检测市场，开展粮油科技研发，多项科技成果获得省市科技进步奖。

二、"三向发力"推进优质粮食工程

习近平总书记强调，要深入推进优质粮食工程。"优质粮食工程"主要包括三个子项：一是粮食产后服务体系建设；二是粮食质量安全检验监测体系建设；

三是"中国好粮油"行动计划。河南省结合实际，统筹三个子项协同推进。

（一）以实际需求为导向，夯实优粮产后服务基础。在全省建设粮食产后服务中心项目 961 个，全省新增优质粮食专储仓容 205 万吨，烘干设施 116 台/套，清理、输送设备 8291 台/套、检验检测设备 5158 台/套，实现产粮大县全覆盖。项目实施以来，全省粮食产后服务中心优质粮食订单种植面积达到 210 万亩，订单粮食收购数量超过 100 万吨，市场化收购优质粮食 350 万吨，清理烘干粮食 540 万吨，节粮减损 37.8 万吨，助农增收超过 7.8 亿元。

（二）以质量保障为前提，提升粮食安全监测能力。新建和提升 90 个粮食质检中心，支持质检中心业务向展产购储加销全领域拓展，健全覆盖省市县三级的粮食质量安全监测网络。例如，开封市质检中心创新经营模式，在做稳做强政策性粮食质量检测业务的基础上，加快转型粮食质检新模式新业态，积极拓展搭建粮食质检合作新平台，质检业务逐年增加，主营收入稳步提升。

（三）以产业发展为目标，激发优粮企业发展动力。通过贴息帮助 138 家粮油加工企业融资 174.5 亿元，解决企业"融资难、融资贵"问题。筹集资金 3.5 亿元，对 43 家优质粮油企业设备进行升级改造，助力企业迅速发展壮大，辐射带动上下游产业全链提升、产品升级。筹集资金 2500 万元，对好粮油企业品牌宣传进行专项补助，引导企业走品牌化发展道路。规范遴选确定河南放心粮油产品 150 个，河南好粮油产品 88 个，制定产品标识并实行动态管理，开展广泛宣传，全省 16 个省级示范企业、112 家好粮油加工企业发展态势良好。

三、"三位一体"做好粮食市场和流通文章

习近平总书记强调，要做好粮食市场和流通的文章。全省粮食和物资储备系统坚持购销、储备和保供同步发力、一体推进，切实发挥维护国家粮食安全"稳定器"的重要作用。

（一）扎实做好粮食收购工作，确保粮食市场平稳有序。一是认真落实国家粮食收购政策，把握好价格形成机制改革的节奏，既给市场发挥作用让渡空间，又通过在特定时段启动最低收购价保障农民种粮收益，稳定形成了以市场化收购为主的局面。二是针对小农户产后服务缺失和小规模生产标准化低、清理晾晒难等问题，建立和完善粮食产后服务体系和粮食质检体系，在粮食产后止损和提质、增值方面取得了有效进展。三是针对小农户与收储企业对接难问题，培育发展粮食经纪人队伍，结合推广采取各种信息化手段，解决粮食季节性集中交售问

题。四是设立粮食收购贷款信用保证基金，完善基金管理办法，降低企业进入门槛，通过各种手段解决市场化收购主体收购资金短缺问题。

2016～2020年，全省各类粮食企业市场化收购超过2500亿斤，占到总量的2/3强。2016～2020年，全省种植小麦亩均现金收益分别为443元、546元、277元、414元和493元，除2018年因粮食受灾而明显减少外，农民种粮收益保持稳定。粮食经纪人队伍发展到14336个，粮食收购的组织化和信息化程度明显提高。

（二）加强粮食储备管理和粮食市场调控，成功保障了全省近1亿人口的口粮消费。一是深化粮食储备制度改革，认真落实地方粮食储备任务，加强储备粮管理，国家下达河南省的地方粮食储备任务落实到位，省级储备数量真实，质量良好，储存安全。成品粮油储备取得进展，郑州市成品粮油储备全面完成。二是储备能力得到有效提升，河南省目前入统粮食仓储企业3850家，完好仓容8488.52万吨；食用油罐总罐容149.7万吨；投资56亿元建成省级平台与365个智能化粮库互联互通的仓储信息化管理系统；粮食物流骨干通道全部打通，公路、铁路、水路多式联运格局基本形成，物流能力大幅提升。三是建立完善粮食应急体系，确定应急供应企业2320个，成功举办全省粮食应急演练，粮食应急供应网络基本形成。四是有效推进产销对接，先后与22个省（市、区）建立了长期产销合作关系，积极参加中国粮食交易大会，并承办了第二届中国粮食交易大会，成果丰硕。

通过长期建设和积累，河南省粮食保价稳市能力得到有效提升，粮食价格尤其是口粮和主食价格没有出现大的波动。不仅如此，河南省每年向省外调出原粮400多亿斤、制成品粮食超过200亿斤，为保障国家粮食安全做出了突出贡献。

（三）大力发展粮食产业，粮食和食物供给从解决"吃得饱"向满足"吃得好"转变。立足食品工业大省的产业基础，充分发挥资源优势、市场优势和区位优势，通过全社会公开征集、遴选等形式，选定和发布了"河南好粮油""河南放心粮油"产品标识，对使用企业实行动态管理；筹集专项资金500余万元开展全省粮油品牌集中宣传，涌现出一大批粮油企业知名品牌和龙头企业，市场占有率达到较高水平。促进粮食产业转型升级，在全国率先建立了总规模5亿元的粮油深加工企业扶持基金，152家粮油加工企业入围基金项目库。省财政贴息1亿元，累计支持94家主食产业化和粮油精深加工企业改造升级。2020年，全省以主食加工为主体的入统粮油加工企业1727家，实现总产值2405亿元。小麦年处理能力4973万吨，生产面粉1691万吨，居全国第一。粮油加工能力（含食品、饲料和深加工）超过 1 亿吨，主食产业率 48%，粮油加工转化率达到 86%。小麦粉及其工业化馒头、挂面、方便面等年产量均占全国的 1/3，速冻食品年产量占全国的 2/3。

深入学习贯彻落实习近平总书记重要指示精神永远在路上。下一步，河南省粮食和物资储备系统将继续以习近平总书记指示批示精神为指引，按照国家局的安排部署，立足河南省情粮情，锻长板、补短板、强弱项，坚决扛稳粮食安全政治责任。

全力以赴应对大战大考
抗疫保供交出合格答卷

湖北省粮食局

2020 年，面对突如其来的新冠肺炎疫情，湖北省粮食系统坚决贯彻落实习近平总书记关于疫情防控和确保粮食等生活必需品供应的重要指示精神，扛稳粮油应急保供重任，各级粮食部门闻令而动、密切配合，形成强大保供合力。疫情期间，全省粮油供应始终保持量足价稳质优，得到了社会各界普遍认可，受到国家粮食和物资储备局表彰以及省委、省政府领导同志肯定。

一、勇于担当克难，扛稳保供重任

一是部署动员立足于"快"。按照国家局安排，第一时间组建应急保供领导小组和工作专班，及早谋划，迅速行动。全系统全行业紧急动员，迅速进入"战时"状态。二是形势研判立足于"准"。启动领导包片督办和日监测日报告机制，省局领导带队深入加工和供应一线调研督导，坚持每天组织相关处室进行会商，不断完善和强化工作措施。三是协同联动立足于"实"。在国家局五省联动机制框架内，迅速建立"重点保武汉、统筹保市州"的协同工作机制，制定粮源调度、应急保供联动方案，组织市县粮食部门协同行动。加大部门协调力度，协调省财政安排 1.7 亿元专项资金，解决企业实际问题。发布新闻消息 120 余篇，及时应对处置负面舆情，稳定社会预期。

二、坚持多点发力，全力保供稳市

一是复工保供。湖北省疫情防控指挥部将 274 家粮油加工企业纳入"停不得"企业名单，2 月底复工企业达 321 家、日产能 4.7 万吨以上。"封城"期间，全省粮油加工企业复工复产 675 家，米面加工量达 113.7 万吨。二是增储保供。落实中央指导组要求，建立增储保供督办服务专班，7 天内将全省成品粮库存由 15 天供应量提高到 30 天。迅速落实省级储备成品粮，专门支援武汉和恩施等销区，确保增储任务落实落地。三是限价保供。明确地方储备粮轮换成交价格不高于上年同期，限价成交地方储备粮 24.9 万吨。组织引导省内 435 家重点粮油生产企业，作出"不涨价、不限购、不降质"承诺。疫情期间粮价保持了基本稳定。四是服务保供。在国家局支持下，紧急投放 80 万吨托市粮，帮助解决饲料企业、酒精企业竞拍政策性玉米 7.35 万吨。对疫情防控期间成交的地方储备粮油免收交易手续费，为应急保供粮油检测开辟"绿色通道"，帮助企业降低成本。

三、强化党建引领，践行初心使命

一是提高政治站位。要求全系统党员干部提高政治站位，自觉把思想和行动统一到党中央、国务院以及省委、省政府关于防疫保供的决策部署上来，严守政治纪律和工作纪律，冲锋在前、带头奉献。二是强化线上党建。指导督促各支部认真开展线上活动，及时传达学习和贯彻落实上级指示精神和防疫保供措施，线上指令和线下行动紧密配合、高效运转。三是发挥党员作用。各级粮食部门党员干部积极投身防疫保供，领导始终靠前协调指挥，两名党组成员分别带队支援社区，170 多名党员就近下沉社区，主动担负起防控各项工作。党员干部踊跃捐款捐物，省粮食行业协会动员粮油企业捐赠款物 1377 万元。

四、奋战疫后重振，促进产业发展

我们全面落实党中央关于统筹疫情防控和经济社会发展，以及"六稳""六保"要求，主动作为，在危机中育新机，于变局中开新局，加快推动粮食产业重振和高质量发展。一是积极争取政策。抢抓政策机遇窗口，主动对接落实党中央"一揽子"支持政策，争取中央预算安排的各类专项资金对湖北予以倾斜支持，加强粮油仓储、物流、加工、供应等各类项目建设。二是坚持优化服务。出台促进粮食经济发展 18 条措施和责任分工，局领导带队走访联系 62 家重点粮食企业，听取意见建议，落实帮扶措施。对受疫情影响的农民余粮收购工作进行特别安排，组织指导粮食企业积极入市收购。深化"放管服"改革，持续优化发展环境。三是强化发展动能。深入实施优质粮食工程，推进龙头企业培植计划，加强菜籽油和优质稻米产业链建设，重点打造产值百亿元企业 1 家、50 亿元企业 5家、20 亿元企业 15 家。加大"荆楚大地"公共粮油品牌营销力度，持续实施"走出去"行动计划，推动"放心粮油"市场体系与应急体系融合发展，加快粮油产业转型升级。

五、补齐短板弱项，提升应急能力

一是统筹谋划。联合省发改委印发《全省粮食应急储备保障中心建设实施意见》，谋划实施省、市、县三级粮食应急保障中心项目建设，并纳入省委、省政府重点工作清单。印发《省粮食局关于推动"放心粮油"融入粮食应急保障体系促进应急保供工作的意见》，整合用好现有"放心粮油"供应网络，充实完善粮食应急保障体系。二是强化督导。建立定期通报调度机制，组织召开现场推进会，要求年底前"结硬账"，确保项目建设平稳有序推进。全省共有粮食应急储备保障中心项目 166 个，总投资 25 亿元，争取中央预算内投资 1.24 亿元、省级财政补助资金 2.764 亿元。目前，项目已完工 20 个，开工 52 个，其他项目正在办理相关手续，共完成投资 9.7 亿元。

六、铭记援鄂恩情，回馈最美天使

为进一步表达对援鄂人员的崇敬之心和感激之情，我们组织开展了荆楚儿女用"荆楚大地"好粮油回馈"最美天使"的感恩主题活动。一是精心组织实施。认真收集整理 4.7 万多名援鄂人员名单，分别在 2020 年端午节、中秋节，2021年春节和 4 月 8 日（武汉解封 1 周年）4 个重要节点，通过寄送的方式，向各地援鄂的医务工作者、新闻工作者、部队官兵等对象馈赠湖北优质粮油产品。所有产品均委托省粮油检测中心现场逐一复检，确保品质优良、绿色健康。二是彰显湖北特色。馈赠的湖北优质粮油产品以获得"中国好粮油""荆楚好粮油"称号的湖北优质大米为主，兼顾各类湖北特色优质粮油产品，统一印制"荆楚大地"好粮油公用品牌标识，并精心制作不同主题的感恩卡，随产品一并寄送。三是创新活动方式。我们在央视频、长江云等 5 个直播平台开展了"荆楚好粮油·感恩赠亲人"的网上直播。在 2021 年元宵节之际，组织开展"东西南北一桌饭"大型新闻直播活动，在全国5个城市开展接力直播报道，创新开展"荆楚大地"好粮油短视频比赛。在各类展会上开设"感恩回馈展区"和专场活动，向全国人民介绍湖北粮食企业的爱心义举，推介参与回馈活动的企业和优质粮油产品。四是社会广泛关注。活动开展以来，共收到援鄂人员5500余条网络和电话留言反馈，纷纷表达对湖北省委省政府、湖北人民和湖北粮食行业的感谢，以及对"荆楚大地"好粮油的赞赏。一年来，活动的社会关注热度不减，各类媒体累计刊发活动报道91篇，全网络、全媒体累计观看直播人数147万人，阅读量255万人次，今日头条"荆楚大地好粮油在行动"话题，阅读量达1509万人次。活动在充分传递湖北感恩之情的同时，也进一步提升了"荆楚大地"好粮油公用品牌的影响力。

这次疫情期间，湖北省粮食应急保供能够经受历史性大考，得益于国家局的有力指导和各兄弟省份的大力支持，我们深受感动、深表感谢。下一步，我们将以此为新起点，以感恩之心和担当之为，奋力谱写粮食行业疫后重振、浴火重生新篇章，为保障国家粮食安全贡献湖北力量！

打造优质粮食工程升级版
让农民和市民两头都得实惠

贵州省粮食和物资储备局

习近平总书记2021年初到贵州视察时，提出了贵州广大干部群众要"在新时代西部大开发上闯新路，在乡村振兴上开新局，在实施数字经济战略上抢新机，在生态文明建设上出新绩，努力开创百姓富、生态美的多彩贵州新未来"的总体要求。贵州省粮食和物资储备局认真贯彻落实习近平总书记的殷切嘱托和关于粮食安全的重要指示精神，在国家粮食和物资储备局的大力支持下，以打造优质粮食工程升级版为抓手，推动全省粮油产业转型升级加快发展，不断满足人民群众消费升级需求，为确保省内粮食安全、打赢脱贫攻坚战做出了积极的贡献。

一、以提高站位为引领，坚定行动自觉

提高政治站位是做好工作的根本前提。粮食工作一头连着农业农村农民，一头连着城市居民。我们在深入学习、贯彻落实习近平总书记关于"要扛稳粮食安全这个重任，确保重要农产品特别是粮食供给，是实现乡村振兴战略的首要任务"，"江山就是人民，人民就是江山"等重要讲话精神，进一步树牢以人民为中心的思想，提高政治站位，深化对打造优质粮食工程升级版重大意义的认识，为加快特色粮油产业发展的行动自觉奠定了坚实的思想基础。

首先，打造优质粮食工程升级版是确保国家粮食安全的迫切需要。确保国家粮食安全，生产是基础。打造优质粮食工程升级版，有利于通过优粮优产、优粮优价解决种粮比较效益偏低的问题，有利于保护和调动重农抓粮积极性、稳定和提高粮食综合生产能力。其次，打造优质粮食工程升级版是满足人民粮食美好生活消费需求的重要举措。打造优质粮食工程升级版，有利于践行"为耕者谋利、为食者造福、为业者护航"的行业使命，推出一大批绿色优质粮油产品，促进粮

食消费从"吃得饱"向"吃得好""吃得营养健康"转变，不断满足人民美好生活对粮食消费的新需求。最后，打造优质粮食工程升级版是促进脱贫攻坚、搞好脱贫攻坚与乡村振兴有效衔接的必然选择。乡村振兴，关键是产业要振兴。打造优质粮食工程升级版，有利于培育粮食产业化联合体、利益共同体，加快小农户有效对接大市场；有利于强化产业集聚，丰富乡村经济生态，实现一二三产业融合发展；有利于就近就地实现转化增值，让农民更多分享产业增值收益，持续巩固提升脱贫成效。

二、以项目建设为主线，凸显发展质效

项目建设是推动粮食产业经济发展的强大引擎。一是强化项目申报。积极向国家申报"优质粮食工程"建设项目，加大与省财政厅的对接协调力度，确保省级资金匹配到位。全省优质粮食工程项目总投资21.7亿元，获批中央资金6.5亿元，省级资金1.5亿元。"中国好粮油"示范县项目投资20亿元，在15个示范县实施340个"五优联动"项目；产后服务体系项目投资0.46亿元，建设55个产后服务中心；质检体系建设项目投资1.06亿元，建设12个粮食质检中心。二是强化规范管理。省粮食和物资储备局、财政厅、林业和草原局及时制定项目建设及资金管理办法，对标准规范、品牌培育、宣传引导、项目实施、资金管理、资金拨付等作出规范化要求。三是强化示范引领。结合召开优质粮食产业发展会、半年工作会，先后在兴仁、湄潭等市县召开"中国好粮油"行动项目推进暨优质粮食产业发展推进会，总结经验，推动项目建设。四是强化督促指导。建立调度通报和联合督查机制，对项目建设、资金拨付进行检查。对项目建设、验收和资金拨付慢的县及时进行约谈，督促限期整改。

截至目前，项目建设任务基本完成，建设成效不断显现，贵州省特色粮油产业粮源基地化、加工规模化、产品优质化、经营品牌化、服务多样化、产业融合化迈上新台阶，超额完成240万吨优质粮油增量任务。共改造升级示范企业30多万吨仓储配套设施和90多条粮油生产线，全省粮油加工业总产值从2017年的858亿元增加到2020年的1435亿元，实现了大幅增长，粮食产业呈现出良好发展态势。例如：贵州竹香米业通过项目实施带动，2020年实现产值3.3亿元，比2017年增加0.5亿元；兴仁市投资6473万元将"中国好粮油"示范项目建在大普、百德、老里旗等村，建成扶贫加工车间和电商平台，增加就业岗位，让贫困农户足不出户就能在家门口就业，方便农户就近卖粮，用生动的实践诠释了优质

粮食工程是兴粮之策、惠农之道、利民之举，让贫困农户真切地感受到党和国家的政策好。

三、以订单种植为基础，助力脱贫攻坚

发展优质订单是企业获得粮源、打造品牌、加快发展的基础，是带领农户脱贫致富的桥梁和纽带。一是因地制宜选品种。结合全省种植结构调整，鼓励各地因地制宜实施优质粮食订单种植，品种涵盖优质稻、油菜籽、酿酒高粱、香禾糯、薏仁米、苦荞、芸豆、茶油、茶叶籽油等，依托生态优势开展"一地一品"建设，种粮比较效益大幅提升。例如，兴仁市依托"中国好粮油"项目建成"国家绿色食品原材料（薏仁米）标准化种植基地"项目10万亩，亩均产值2400元。二是建立利益连接机制。推动组建农业产业化联合体、帮助农户参与"保底收益＋二次分红"和"入股分红"等多种形式发展订单，提升农户参与度和受益度，极大地调动农户开展订单种植的积极性。三是建立目标考核机制。省局将订单种植列为粮食安全省长责任制的考核内容，多数区县政府将其列为政府工作目标考核，切实增强各级各部门抓好订单种植工作的主动性和自觉性。

通过发展，全省涌现出一批天然、绿色、原生态示范粮油基地，优质粮油订单发展到780万亩，带动农民创收95亿元。例如，兴仁市把薏仁米产业作为农业主导产业来抓，2020年薏仁米种植35万亩，年产量达10.5万吨，薏仁米及相关产业实现产值50亿元，贫困农户1/3的收入来源于种植薏仁米，为兴仁市实现脱贫发挥了重要作用；湄潭优质稻"大粒香"种植，每斤收购价比普通稻高出2.5元以上，近年来年均助农增收4.5亿元，同时进行农旅结合开展观光旅游，仅2020年就助农增收1000多万元，人均收入超2.5万元。

四、以品牌建设为抓手，推动转型升级

品牌是市场的敲门砖。一是打造"贵州好粮油"品牌。突出种植好、质量好、品牌好、营销好、管理好、效益好"六好"要素打造，以无公害、绿色、有机为方向，认真执行系列质量标准体系。建立"贵州好粮油网"信息平台，统一发布符合"贵州好粮油"标准的优质粮油产品信息，开展"贵州好粮油"

线上销售服务，进行营养健康知识科普宣传，推广普及好粮油产品。二是打造区域品牌。鼓励支持各地实行统一品种、统一技术、统一加工、统一包装、统一价格"五统一"管理，指导黔西南、遵义等地打造区域公共品牌，涌现出"兴仁薏仁""湄潭大米"等具有一定影响力和知名度的公共品牌。三是强化产品促销。在淘宝、京东等平台建立销售网店116个，建设"好粮油"专柜和直营店、展示店169个。借助国家局每年举办的中国粮食交易大会和扶贫展平台，全方位、立体化展示贵州省优质特色粮油产品。投资1400多万元，在西南粮食城建设"贵州好粮油"线上线下展示中心，该中心集产品体验展销、粮食安全教育、农耕文化展示于一体，即将竣工投入使用。

经过打造，兴仁市获"中国薏仁米之乡"称号，榕江县获"中国原生态锡利贡米之乡"称号；向全社会推出100个"贵州好粮油"产品，涵盖大米、菜籽油、茶油、薏仁、米粉其他杂粮及主食产品，其中"侗粮牌锡利贡米""茅贡牌大米""茅坝万万岁大米""聚丰薏仁米""十里香大米"5个产品获得"中国好粮油"产品称号；在2019年第二届全国粮食交易大会评出的《中国好粮油——大米》食味值3个一级产品榜单中，贵州省入榜大米品牌就占两席，展现出"山地公园省，贵州好粮油"强大的品牌实力。

五、以科技创新为驱动，满足多元需求

创新是加快产业发展的内在源泉和不竭动力。一是建立人才培养基地。投资近10亿元，以原省粮食学校、省贸易经济学校为基础升格建成贵州食品工程职业学院，开设22个高职专业，为粮食物资储备部门、粮油食品产业及省十二大农业产业培养专门人才。二是加大产学研融合。广泛与学校、科研单位联合，强化品种选育，提高单产和产品品质。贵州食品工程职业学院成立黔菜学院、黔菜研究院和薏仁米研发中心，加快产学研结合，开发薏仁米白兰地、薏仁米护肤精油、薏仁米酒等新产品，满足消费者多元需求。三是提升产品附加值。大力发展主食产业化，开发薏仁米、荞麦等药食两用杂粮，葛根、茯苓、山药等中草药资源开发深度融合，研发系列功能性面条、粉条、冲剂、馒头、饮品、精油产品等，扩大大健康产业中的粮食份额。例如，惠水县金晨公司建成年产10000吨干米粉加工生产线，开发的黔味速食米粉、牛肉粉、酸汤粉、酸辣椒拌粉、辣鸡粉、五脆拌粉等产品特色浓郁，深受省内外市场青睐；贵阳市粮食集团投资2500万元，建设6条馒头、包子、饺子生产线已进入试产，10小时生产40万个产品，

进一步丰富了居民营养消费需求。

下一步，我们将认真贯彻落实本次会议精神，把打造优质粮食工程升级版与加快粮食产业高质量发展贯通，与服务乡村振兴和保障人民群众舌尖上的安全贯通，努力让农民和市民两头都得实惠，抓好建设三大粮食产业集群，发展五大特色粮油产业，做强贵州特色粮食加工，大力打造贵州粮食品牌，推动粮食全产业链发展，实现贵州粮食产业高质量发展新突破。

坚守初心使命　加强科技创新
为国家看好库　为人民管好粮

河北柏粮粮食储备有限公司

河北柏粮粮食储备有限公司（原河北柏乡国家粮食储备库，简称"柏粮"）位于河北省邢台市柏乡县，是一家国有独资粮食购销企业，现有员工119人，占地600亩，仓容量68万吨，是全国粮食系统的一面旗帜。

几十年来，柏粮始终坚持和加强党的全面领导，始终把为国家看好库、为人民管好粮作为自己的初心和使命，坚持走改革路、打创新牌、吃市场饭，爱粮敬业、诚信担当，在粮食经营、管理和科学保粮等方面创下10项全国之最，连续6届获得全国文明单位称号，连续14届被评为省级文明单位，先后荣获"全国五一劳动奖状""全国模范职工之家""全国粮食系统先进集体"等荣誉。

2016年，国家粮食局作出决定，在全国粮食系统开展向柏乡粮库学习活动，确定柏乡粮库为全国粮食系统党校教育基地，组织柏乡粮库先进事迹宣讲团赴全国各地巡回宣讲，制作6000套宣讲会光盘发放至全国粮食系统，在全行业弘扬柏粮精神。2017年，张务锋局长到柏粮考察时，称赞柏粮是全国粮食系统一面生动鲜活的旗帜，希望柏粮不忘初心、再创辉煌。2019年，柏粮又被国家粮食和物资储备局、农业农村部、教育部、科技部、全国妇联确定为全国粮食安全宣传教育基地。

一、党建引领，打造"红色柏粮"

柏粮能够取得今天的成绩，最为关键的就是始终坚持和加强党的全面领导，始终坚持不折不扣、不讲条件地贯彻落实党中央关于粮食安全和粮食工作的各项决策部署，始终坚定不移坚持为国家粮食安全大局服务、为种粮农民服务，牢牢把住了企业发展的正确方向。

我们充分发挥党组织领导核心和政治核心作用，在决策上把方向、在执行上管大局、在监督上保落实。凡是柏粮改革发展重大事项、重要项目、中层以上经营管理人员任免和大额资金使用，必须首先经过支委会研究通过，才能提交领导班子会进行决策。支委会成员都是领导班子成员，领导班子成员都是党员干部，承担"一岗双责"。党企班子"双向进入"，始终把纪律规矩挺在前面，认真落实管党治党主体责任，促进了党企相互融合、无缝衔接，实现了企业党建和发展"互动共赢"。

我们重视加强党员干部队伍建设，发挥党员先锋模范作用。每年对职工进行政治业务培训；每天三次点名，讲评当前重大政策和当日重大工作；每年进行一次军训，培养干部职工令行禁止、雷厉风行的工作作风，带出一支"铁军"队伍。我们划分"党员责任区"，设立"党员先锋岗""党员示范库"，开展以"关键岗位有党员、技术创新有党员、困难面前有党员，党员身边无事故、党员身边无违规、党员身边无困难"为主要内容的"三有三无"活动，使广大党员在企业管理和生产经营的各个环节，最大限度地发挥先锋模范作用。我们还通过为党员过"政治生日"、重温入党誓词、"1＋N"党员联系群众等形式增强党员身份意识，让普通党员"无职似有职、有职更有为、有为更自豪"，带领大家学政治、学文化、学技术，让柏粮各项工作、各个角落都有党员在发挥作用，真正做到一个党员就是一面旗帜。在柏粮评选出的51名柏粮好人中，其中22名是共产党员，占全体党员的2/3以上。"职工学模范、模范学党员"已经成为柏粮所有干部职工的自觉行为。

二、科技兴库，培育"创新柏粮"

民以食为天。粮食是老百姓的命，保管好粮食，责任比天大。正是凭着这种责任意识，柏粮人坚持"实践出题目，科研作文章"，发扬首创精神，刻苦钻研，不懈攻关，完成16项科学保粮项目，其中3项填补国内空白，4项填补省空白，主动将工作标准由"不坏一粒粮"提升到"保鲜粒粒粮"。

为了防虫治虫，我们用3年时间养虫子，观察其生存习性、繁殖过程和危害规律，研究出一系列少用药或不用药的绿色防虫杀虫技术。

为了全面把握科学保粮规律，我们花了整整6年时间，对气候变化与虫霉鼠雀危害粮食的关系进行了8700多次观察记录，获取了62000多个真实准确的数据，编绘出简单易记、便于操作的"粮食保管一年早知道示意图"，被业界称为

"科学保粮小词典",填补国内空白。

为了破解高水分玉米不易保管的难题,我们用5年时间创造出"金钱孔"式通风垛,试验完成"高水分玉米自然通风降水技术",实现了不用烘干、不用晾晒,就可以使高水分玉米降水、保鲜、保质,与传统方式相比可降低费用50%~70%,填补了国内空白。

为了解决东北大豆不耐高温容易走油的问题,我们根据用棉被裹着木箱卖冰糕的原理,研究出"大豆包衣安全储存技术",三伏天大豆仓内粮温最高不超过22℃,最低温度只有8℃,创造了东北大豆在冀中南储存保鲜的新纪录。

2016年8月,柏粮带头人尚金锁在北京APEC/PPFS会议上,分享柏粮搞好粮食保管工作的经验,受到与会13个经济体代表的一致好评。9月,他的报告文稿在秘鲁皮乌拉APEC/PPFS会上印发,反响良好。这标志着柏粮科学保粮的成果走出中国,走向了世界。

现在,为了适应人们由"吃得饱"向"吃得好"转变的新要求,柏粮紧紧围绕绿色储粮、智能储粮、精细储粮,在小麦绿色保鲜储藏上寻求突破,力争实现更长时间的小麦保质保鲜。

三、诚实守信,塑造"诚信柏粮"

早在1987年,柏粮就提出"经商如做人,诚信为本"经营理念,并且制定12章86条《诚信经营守则》,把诚实守信的道德要求纳入企业制度化规范化管理之中,一以贯之坚持30余年,做到对国家、农民、客户、职工、银行"五讲"诚信,铸就"人人讲诚信、事事讲诚信、时时讲诚信"的金字招牌。

经营过程中,柏粮对客户讲实情、交实底,不欺瞒、不糊弄,始终站在客户角度分析行情、掂量利害,诚诚恳恳待客户,明明白白做生意。凡是外销的粮食,装运前都要过风过筛,做到"五不销":超水杂不销、虫粮不销、质次不销、破包漏袋不销、不符合合同要求不销。遇到市场波动,即使面对巨大的利益诱惑,宁肯自己吃亏少赚,也要严格履行合同。运输途中遇到突发事件,哪怕多花费用绕远道,也要千方百计把粮食按时送到。在同银行的业务交往中,每笔贷款到期都做到了本息双结零,没有挪用过一分钱,也没有发生过一次欠息欠贷,更没有发生过一笔呆坏账。

几十年来,柏粮靠诚信赢得了信誉和口碑,做到了收购有粮源、贷款有支持、销售有市场。在市场多变经营困难的情况下,实现了连续34年盈利上台阶,在国家三次清理亏损挂账中没有一分钱经营性亏损挂账，诚实守信的无形资产真正转化成了实实在在的企业效益，不是黄金胜黄金。

四、人民至上，铸造"担当柏粮"

柏粮始终把农民当亲人，主动把服务范围延伸到农民种粮、存粮、卖粮的全过程，真心实意为农民群众谋利。从1979年起柏粮就成立志愿服务队，帮助农民种好粮、管好粮、卖好粮，帮助农民增产增收、减损降耗，成为乡亲们的"贴心人"。

扶贫路上，柏粮积极帮助当地修路通水、建校助学、改造用电线路，改善村民生活条件，与父老乡亲们一道脱贫致富奔小康。从2015年起，柏粮积极帮助柏乡县的一个省级贫困村——北大江村发展特色农业，建起"支部＋基地＋合作社＋农户"的富民新模式。到2018年底，北大江村贫困人口全部脱贫，被评为河北省美丽乡村样板村。柏乡县委、县政府将该村命名为"柏粮小镇"。

疫情面前，柏粮迅速响应、担当作为。党员积极交纳特殊党费，职工捐款购买米面油等生活保障物资送到抗疫一线，柏粮还出资为全县4089名抗疫一线人员购买抗疫情专属保险，主动申请复工向市场供应小麦2亿多斤，为保供稳价贡献国企力量，助力打赢疫情防控阻击战。

柏粮带头人尚金锁作为连续五届的全国人大代表，长期关注"三农"和粮食安全问题，积极建言献策。他提出设立农民节的建议被采纳，全国农民在2018年9月23日欢乐庆祝第一个中国农民丰收节。从2018年开始，他连续4年提交加快制定粮食安全保障法的建议。2018年9月7日，《中华人民共和国粮食安全保障法》被列入十三届全国人大常委会立法规划一类项目，2019年中央一号文件明确提出要"加快推进粮食安全保障立法进程"，2021年全国人大常委会报告指出，2021年将制定《中华人民共和国粮食安全保障法》。

在全面建设社会主义现代化国家新征程上，柏粮人将更加紧密地团结在以习近平同志为核心的党中央周围，大力发扬"三牛"精神，不忘初心、砥砺前行，为确保国家粮食安全贡献新的柏粮力量，以更优异的成绩向中国共产党百年华诞献礼。

弘扬老粮食精神　开创新工作局面

玉田国家粮食储备有限公司

玉田国家粮食储备有限公司的前身是玉田县粮食局直属库，简称玉田粮库，始建于1949年，1992年被原国家粮食储备局命名为"河北玉田国家粮食储备库"，2007年改制成立国有独资公司。粮库现有员工70人，占地134.5亩，固定资产总净值8879万元，总仓容量12.5万吨，下属东六村、彩亭桥和军粮供应三个分站。

70多年来，与中华人民共和国同龄的玉田粮库，发扬"宁流千滴汗，不坏一粒粮"的精神，咬定艰苦奋斗的信念不动摇，勤俭办库，勇于创新，开拓进取，从72年前的旧当铺发展成为现在的大型国家粮食储备库，累计为国家安全保粮40多亿斤，先后36次受到国务院及省部级表彰嘉奖。伴随共和国前进的步伐，玉田粮库见证了在党的正确领导下，中国粮食事业发展的心路历程，在创业发展过程中形成的"宁流千滴汗，不坏一粒粮"的优良作风，成为粮食行业宝贵的精神财富，并激励着粮食职工在企业发展建设中建功立业。

一、秉承传统，打造独特企业文化

坚定信念，一以贯之。多年来，粮库一直坚持以人为本，致力打造以"艰苦奋斗、勤俭节约"为特色的企业文化。1966年3月6日，《人民日报》为玉田粮库发表《发扬艰苦奋斗的作风》的专题社论，号召全国各行各业向玉田粮库学习，我们把这一天定为企业荣誉日，在这一天组织职工和干部重温《人民日报》社论，回顾企业艰苦奋斗的创业史。每逢新职工进库，上的第一堂课就是艰苦奋斗的传统教育课，并安排老职工对他们进行"传帮带"，即传技术、帮思想、带作风。粮库一直倡导的"勤俭节约十个一""精神文明十个一""三个自己干"的理念，在几代职工中得到不断传承，已形成了粮库职工的自觉行动，实现了从用制度管人到用文化管人的蜕变。在玉田粮库有个不成文的规定，那就是外来装卸工不进库。班子成员更是和职工一样干在一线，发挥先锋模范作用，带动了全库职工的工作积极性。2019 年，收购小麦 18000 吨，轮换玉米 5000 吨，接收大豆 15000 吨，全部是粮库领导班子成员带领职工自己干的。在时间紧、任务重的情况下，高峰时每天接收入库 800 多吨，全库职工们夜以继日，轮班作业，有的职工实在太疲劳了，就自己偷偷地去打吊针、靠吃止痛片坚持奋战在粮食入库第一线，在全体干部职工的共同努力下，不但为粮库节约了 10 多万元费用，也使员工们勤俭节约的优良作风在实践中得到了发扬。

打造基地，弘扬传统。2018 年，在国家局及省局的指导下，我们在原"玉田县艰苦奋斗教育基地"的基础上，建设了以艰苦奋斗为主题的玉田粮库历史陈列馆，成为弘扬粮食行业优良传统的生动课堂。该馆自对外开放以来，累计接待包括粮食系统工作人员、党政机关干部、中小学生等各类人员 8000 多人次，在"不忘初心、牢记使命"主题教育活动和粮食安全宣传教育活动中，发挥了积极作用。2019 年 10 月，粮库被国家粮食和物资储备局等五部委命名为全国粮食安全宣传教育基地。2020 年 12 月，粮库再次被省委、省政府评定为省级文明单位。

二、严细认真，坚守粮食安全红线

玉田粮库是从保管粮食起家的老先进单位，多年积累的粮食仓储管理经验和严细认真的工作作风就是企业的优势，我们把精细化管理理念贯穿于仓储管理全过程，确保了储备粮的数量真实、质量良好、管理规范。

稳定队伍，提高素质。仓储不是高精尖的技术，但需要严细认真的工作作风。公司把提高仓储人员素质作为粮食管理工作的基石，对仓储人员在工资待遇、教育培训上给予政策倾斜，每次仓储人员调动都要经过班子集体研究决定，确保了仓储队伍更加精干和相对稳定。同时，为仓储人员制订了岗位专业技术培训计划，每季度安排专题业务知识讲座，进行业务考核。鼓励职工利用业余时间自学专业技能，并定期组织参加专业技能考试。通过设立"标兵岗"、评选"红旗仓"等活动，营造争先创优的良好氛围，培养出了一批严细认真的业务骨干。仓储部王建伟同志参加工作 25 年来，收集储粮害虫 70 多种，并自己制成标本，研究其习性，为粮食害虫防治提供了可靠的技术支撑。在储粮工作中，实行专人、专岗、专仓全程精细化管理。制定了"四定五包"责任制（定岗、定员、定责任、定奖惩，包数量、包质量、包防治、包器材设施、包规范管理）和单仓全程管理操作规程，从粮食验质、检斤、入库、装卸、储存、出库各个环节严格控制费用支出，费用指标、岗位责任落实到班组，细化到个人，进行百分制考核，结果与职工的效益工资挂钩。每季度组织一次集中检查评定，按照业务量、工作质量及其他内容从严从细评定得分，并根据分数落实奖惩。

坚守底线，确保安全。安全问题最关键的就是责任心。在日常工作中，我们坚持"四个到位"：安全责任落实到位，认真贯彻执行"一规定两守则"，夯实"第一责任人"的责任，逐级签订安全生产责任书，建立健全安全生产和安全储粮的规章制度和操作规范，形成安全管理网络全覆盖；安全生产宣传教育到位，组织消防知识竞赛和消防安全演练，并利用宣传栏、标语等方式广泛宣传安全知识及安全法规；安全生产措施落实到位，坚守"不安全不生产"原则，强化作业现场管理，粮食收购、出入仓、登高和粮面作业规范操作，危险部位设置警示标志，重要部位、重要环节实行安全员现场监护，配备消防水池和消防栓，严格储粮药剂管理，重点区位实行24小时监控；安全生产排查治理到位，坚持每月两次安全卫生联查、排查，及时发现问题、消除隐患。多年来，粮库未发生一起安全生产事故。

三、勇于创新，提升仓储管理水平

多年来，粮库坚持艰苦创业与科技创新相结合的思路，提出"科技为先、绿色储粮"的理念，加大基础设施改造和功能提升力度，研究探索高效低耗、节能实用的科学保粮方法，用科技创新提高企业管理水平，降低粮食损耗，节约保管费用，为"宁流千滴汗，不坏一粒粮"的艰苦奋斗精神赋予新的时代内涵。

改造提升，打牢基础。我们抓住近几年国家加大粮食行业基础设施投资的机遇，通过多种途径积极取得各部门支持，争取到县以上各级支持资金2562万元，新增仓容4万吨。投资700多万元，完成危仓老库维修改造任务，翻修地坪道路13400平方米、维修仓房容量4.3万吨，添置新型粮机52台（套）。库区环境干净整洁，仓房完好率、机械设备完好率、晒场地面硬化率均达到100%，仓储条件更加符合规范化管理要求。投资184万元完成粮库智能化升级改造，实现库区网络全覆盖、仓房全部安装内环流设备，出入库全部实现智能化，为安全储粮、科学保粮打下了良好的物质基础。

积累经验，不断创新。在仓储实践中摸索出间歇通风和低压缓速通风方法，不仅提高了通风效果，而且使通风能耗降低了50%～60%。通过对谷物冷却机进行生产性试验，形成了《谷物冷却机试验报告》，在保证粮食水分、均衡粮温、夏季应急处理等方面积累了宝贵的经验。结合冷心利用技术，自主研制内环流膜下环流通风技术，通过蓄冷、环流、熏蒸等一系列实验，实现了一机多用，既解决了以往因仓内高温高湿引起的虫害问题，又解决了专机专用造成的成本投入高、风机利用率低的"短板"。根据本地区气候状况和粮温随气候变化呈现的规律，结合实际，摸索出切合储粮工作实际的"三低"绿色储粮模式，使储粮工作做到了有的放矢、高效低耗，不仅减少了用药、通风、倒仓的盲目性，而且有利于延缓粮食陈化，保持粮食品质，降低保管费用。保管人员还利用害虫的趋光、趋波、趋色性、群聚时产生的性信息素等特点，进行了频振式杀虫灯诱杀试验，取得一定效果。日常管理中加强清洁清消辅助防虫，推广使用含有氯氰菊酯类成分的喷雾药剂，在不增加仓内湿度的情况下，加大清消力度，减少虫害抗药性的发生，降低防治成本。2019 年 10 月，粮库接收进口大豆 1.5 万吨，面对保管经验不足、仓容量小的实际情况，粮库投资安装制冷设备，仓储人员采取检测设备与脚踩、手扒相结合，严密监控粮情变化，及时采取有效措施，经过大半年的摸索，保证了粮情稳定，并总结出了大豆储藏的实践经验。2019 年 12 月，粮库被中储粮秦皇岛直属库确定为辖区示范库。

四、开拓进取，注入发展新活力

近几年来，粮库以"深化改革，转型发展"为契机，立足"为耕者谋利，为食者造福"的时代新使命，调思路、定举措，在转型发展的实践中奋力前行。

整合资源，扩大规模。粮库确立了"一库多点，扩大规模，占领市场，提高效益"的工作思路，采取并购、联营、合作等多种方式，积极开展代收代储业务，实行多元化发展，不断扩大经营规模，提高市场占有份额。将原改制留下的东六村、彩亭桥等分站合并到粮库，与当地 7 家粮食饲料加工企业、12 家农业合作社建立了稳定的供需关系，与全县 200 多个粮食经纪人和县区周围二十几个收粮点建立了长期稳定的合作关系。利用粮库良好的资源和信誉优势，与吉林期货交易中心建立了交割库合作平台，并与北京、天津、秦皇岛等几个粮食加工企业也建立了长期业务关系，为企业的规模化发展奠定了坚实基础。

发挥优势，延伸服务。2020 年，在国家粮食政策指导下，投资 950 万元完成了"玉田县林南仓镇粮食产后服务中心"和"玉田县彩亭桥镇粮食产后服务中心"项目建设。针对农民储粮和产后服务需求，提供专业化的清理、干燥、分类等服务，提高粮食保质能力，为保障粮食供给、带动农民增收创造条件，2021年这些设施将全面投入使用。同时，以粮库基础设施为依托，争取上级投资200万元，建设了玉田县粮油质检站，配备了全项目粮食检验监测仪器设备，面向粮食企业及相关单位，开展检验检测服务，保障粮食质量安全。通过这些举措，做到收粮让农民放心、储粮让国家放心、卖粮让消费者放心，实现经济效益与社会效益双丰收。

我们将借助这次座谈会的东风，学习和借鉴兄弟单位的好做法、好经验，在国家局及省主管部门的指导下，继续发扬"宁流千滴汗，不坏一粒粮"的精神，履行好保管好国粮这一天职，为振兴粮食事业、实现中国粮食梦作出新的更大贡献！

传承"四无粮仓"精神
开启绿色储粮新时代

浙江余杭区粮食收储有限责任公司

"人在四无在,四无代代传",这几个大字在余杭四无粮仓陈列馆的旧仓房墙壁上历久弥新。每一代人有每一代人的担当和使命,余杭粮食干部职工始终秉承"四无粮仓"精神,不忘初心,一以贯之,本着对国家和人民高度负责的态度,做好粮食仓储保管工作,确保粮食库存安全和质量良好,牢牢守好粮食安全"第一道防线"。随着人民生活水平不断提高,人民群众对粮食的需求也在从"吃得饱"向"吃得好""吃得健康""吃得放心""吃得便利"跃升,余杭粮食干部职工紧跟新时代要求,干在实处,因地制宜全面探索推进绿色储粮,守住管好余杭粮仓,确保国家粮食安全,把中国人的饭碗牢牢端在自己手中。

一、一以贯之,秉承"四无粮仓"精神

余杭是全国"四无粮仓"发源地。中华人民共和国成立之初,缺衣少食,百废待兴,仓储设施简陋,大部分是由祠堂、庙宇、民房改建的,储藏技术落后,虫、霉、鼠、雀危害大,造成巨大的粮食损失损耗,严重危及粮食安全。余杭粮食仓储职工自力更生,艰苦奋斗,苦干加巧干,1953 年创造了"无虫粮仓",1954 年创建出无虫、无霉、无鼠、无雀的"四无粮仓",各地也为"四无粮仓"的改进和推广创造了宝贵经验,1955 年粮食部正式向全国粮食系统推广"四无粮仓"的做法和经验。"四无粮仓"的创建是余杭第一代粮食人的伟大创举,如今的余杭粮食仓储职工接过这块"传家宝",传承接续"四无粮仓"精神。一是守住根脉。以余杭四无粮仓陈列馆为文化阵地,讲好四无粮仓故事,留住优秀传统文化的根,深入挖掘粮食传统文化、党史、旅游等方面内容,发挥精神文化的引领作用,促进新时期粮食仓储工作提升。目前余杭四无粮仓陈列馆已

成为全国粮食物资系统广大干部职工接受传统教育的红色基地，"四无粮仓"精神成为粮食和物资储备系统的红色血液，流淌在每个粮食人的血管里，激励着一代又一代粮食人为国保粮接续奋斗。二是深化基因。积极发挥余杭本位优势，开展"四无粮仓"学习教育，实施"青蓝助跑"工程，建立新老职工"一对一"的"师徒"授业模式，以老带新、以新促老，目前余杭区内拥有保管员中高级职业资格证书人员47名，省粮油仓储管理专家6人，杭州市粮油仓储管理专家6人，杭州市职工经济技术创新能手7人，杭州市粮食行业协会金牌职工1人。同时定期进行"蓝领沙龙"交流实践活动，每年组织以"传承四无精神，立足本职做贡献"为主题的岗位练兵，开展"四无粮仓"传承为主要内容的优秀员工评比，通过系列活动提升队伍思想认识，使四无粮仓精神理念深入到每一个人的文化基因里。三是强健筋骨。将"四无粮仓"精神传承和粮食管理日常工作紧密结合，合理优化组织机构，对职能职责、管理制度、考核办法、操作流程等根据形势变化进行修订完善，规范现场工作流程，严格仓储管理制度，促进工作质量提升，让学有方向、干有标准、行有规范。

二、坚持不懈，打造"绿色储粮"生态

目前是余杭粮食工作转型发展的重要时期，外部世界正在快速变化，储备品种调整，粮食收购激增，仓储管理模式迭代升级，粮食储藏要求日益提高。在这样的背景下，顺应以人民为中心的发展思想，满足人民对美好生活的向往，是每个粮食人都必须深入思考和努力践行的重要课题。余杭粮食干部职工围绕绿色储粮工作，攻坚克难，实现粮食储存过程中绿色无公害，满足群众吃得更健康的迫切需求。

（一）把好入库质量关口。粮食质量是实现绿色储粮的先决条件，为有效把控入库粮食质量，余杭粮食干部职工从源头做起，扎实开展"关口前移"工作，深入田间地头，对订单粮食开展监控检测，摸底质量安全风险，提前掌握粮食质量情况，对超标地区重点跟踪，并逐步完善粮食质量数据库，加强储备粮和政策性粮食收购、储存、出库等环节的质量信息采集，为强化粮食库存质量管理提供信息支撑。同时引导种粮户加强田间管理，做好虫害预防和霉菌防治，在小麦抽穗扬花等时段加大谷物真菌污染的防控力度，从源头上减少污染。粮库负责人、检验员、保管员在新粮入库过程中合理分工，各司其职，各负其责，密切配合，相互制约，严格按照登记、扦样、检验、检斤、入仓、结算这套具体的业务流程

进行操作，以逐车或逐批次的检验方式，委托权威检测机构进行满仓鉴定，确保入库粮食质量。另外，积极稳固储备粮源，与安徽南陵、山东济宁、黑龙江牡丹江三个粮源基地签订共4.5万亩粮食生产合同。同时贯彻落实国家"优质粮食工程"，积极推动粮食产业链"五优联动"，开展粮食质量安全政策法规宣传，全面构建从田间地头到餐桌全链条追溯监管体系，促进优质、绿色粮油供给。

（二）优化仓储管理机制。在传统"四无粮仓"标准的基础上，不断完善、发展和提升，推动粮食仓储工作从传统管理方式向现代化管理方式转变。一是认真执行仓储管理制度，落实安全储粮责任制，严格按照企业安全生产标准化要求，明确责任，层层签订《安全生产责任书》和《储粮安全责任书》，形成环环相扣的责任链。二是坚持一、三、七查粮制度，做好春秋季粮油普查，在粮食储存过程中加强粮食质量监控，保证储存粮食质量指标达到中等质量标准，品质指标达到宜存标准。三是加强台账管理，做好代储粮检查考核，保证各级储备粮均符合"一符、三专、四落实"的要求。四是深入开展规范化考评活动及星级粮库创建活动，以政策性粮食库存数量质量大清查为抓手，有效提高仓储管理规范化、精细化水平。目前区内考核通过杭州市规范化管理水平粮库4个、省四星级粮库1个、省三星级粮库3个。

（三）做好设施设备提升。近年来，随着储备规模增加，余杭区以"管好储备粮"这一目标为重心，建立起专项仓储设施维修改建资金。一方面，整合老旧小库区，逐步推进瓶窑、舟枕、永建等粮库的扩建改造，同时认真贯彻上级基础设施建设管理办法，实施年度库点维修计划，通过全过程监督管理完善基础设施建设。另一方面，对符合条件的仓房实施改造提升，仓房设计坚持高标准、高要求，建筑材料和施工工艺保证严选择、严管理。自2017年起已投入资金600多万元对仓房墙体、槽管、风道等进行改造，增强仓房气密性能。合理增加低温储粮、充氮气调等相关绿色储粮设备，其中，投入180万元为余杭区中心粮库、良渚中心粮库、瓶窑中心粮库、径山中心粮库共10.02万吨仓容安装空调，投入194万元购置制氮设备5台，在"一主三副和若干收购库点"的仓储布局基础上，打造区内现代化绿色储粮生态。

（四）探索储粮技术应用。充氮气调技术作为公认的绿色储粮技术，自2016年起余杭区便开始逐步推广使用，从密封材料的选用、充氮时机的把握、充氮方式的选择、充氮效益的管控等多方面、多层次、多角度开展探究性试验，为气调储粮工作的开展提供有力依据。余杭区粮食干部职工贯彻绿色环保储粮理念，积极开展科学保粮试验，2017年以来，共申报科学保粮试验项目17个，并不断加强外部交流，深化绿色储粮、信息化应用等领域的产学研合作。2020年全年实现绿色储粮4.7万吨，储备粮绿色储粮率近100%。

为进一步巩固绿色储粮成果，下一步余杭区将着重提升绿色储粮数字化管理水平，积极落实"浙江粮仓"建设要求，率先在浙江储备大平台的基础上全面拉通业务流程，无缝接入省局平台，在统一的库平台下管理智能仓储作业、智能物流作业、智慧储粮监管、智慧安全监管四种智能（慧）应用。做到政令一键智达、执行一贯到底，覆盖储备管理、库存管理、轮换管理、订单收购、安全管理、库存清查在内的粮食收储主要业务，实现业务流程一体化，为绿色储粮数字化变革贡献创新实践。

重温中央苏区粮食工作历史
走稳中国特色粮食安全道路

江西瑞金中央粮食人民委员部旧址粮食史料陈列馆

中央苏区是第二次国内革命战争期间中国共产党在赣西南、闽西两块红色割据区基础上创建和发展的中央革命根据地，时间从 1931 年 11 月宣布成立"中华苏维埃共和国临时中央政府"，至 1934 年 10 月中央机关和红军主力被迫撤离苏区开始长征。在建立和发展中央苏维埃红色政权的革命实践中，苏区各级党委和苏维埃政府先后通过组织创办粮食合作社、组建粮食调剂局和粮食人民委员部等粮食互助、调剂、管理机构，积极筹集和调剂粮食，为确保苏区军民粮食供应和开展武装斗争提供了坚强保障。2019 年，习近平总书记在江西赣州视察时特别提到，"早在中央苏区时期，中华苏维埃共和国就设有粮食人民委员会，负责粮食生产工作"。

一、重温苏区时期粮食工作历史，深刻感悟跨越时空的苏区精神

一是中央苏区政府始终高度重视粮食工作。1932 年 8 月，苏区临时中央政府人民委员会发出《发展粮食合作社运动问题》的训令，要求在中央苏区迅速创办粮食合作社来调节粮食价格，稳定粮食市场；1933 年 3 月，苏区临时中央政府人民委员会发出《为调节粮食、接济军粮》的命令，要求抓紧做好粮食调剂工作，之后又就创办粮食合作社等工作先后发出 5 个文告，经过各级政府努力，中央苏区的粮食合作社有了较快发展。在中央苏区创建和发展的几年间，仅中央政府及有关部委负责同志发表关于粮食工作的专论就有 10 多篇。苏区政府的调控措施和粮食合作社的互助行动，使中央革命根据地粮食供应紧张的局势得到缓解，保证了苏区反"围剿"战争和根据地群众对粮食的基本需求，为中央苏区的创建和发展做出了贡献。

二是中央苏区粮食机构在探索中逐步健全完善。1930年3月，闽西苏维埃政府成立，第一个在地方政府中设立粮食人民委员会。1933年3月，临时中央政府人民委员会发布命令，成立中央粮食调剂局，"以调节各地民食，以接济前方的军粮"，由新成立的中央国民经济部管理。1934年2月，中华苏维埃第二次全国代表大会决定设立中央粮食人民委员部，任命陈潭秋为中央粮食人民委员（粮食部部长），并在"省县二级设立了粮食部，区设粮食科，乡设粮食委员"，苏区政府的粮食组织体系基本形成。中央粮食人民委员部成立后，主要负责并领导粮食的征收与保管、分配等工作，先后组织进行了多次大规模的粮食征集和群众性借谷运动。正是凭着健全的组织体系和粮食干部队伍的高昂革命热情，有效保障了革命战争时期的粮食需要，筹集了红军战略转移所需的军粮，较好地完成了中央苏区交给的各项任务。

三是中央苏区粮食部门在实践中锤炼干部队伍。中央苏区粮食干部，有从井冈山下来的革命骨干，有来自各级工会、贫协、农会选调的积极分子，有红军家属和红军退伍战士。面对苏区粮食干部队伍成分复杂、素质不一的状况，苏区粮食部门采取了一系列措施，锤炼了一支坚强有力的中央苏区粮食干部队伍。强化理想信念，要求各级粮食干部保持"日穿草鞋干革命，夜走山路打灯笼"的苏区干部作风，"把粮食部的工作提高到政治的高度"，提高到与苏区共命运的高度。坚持实践锻炼，倡导"从斗争中学习管理政权"，让粮食干部深入第一线，在实践中锻炼和增长才干。陈潭秋部长身先士卒，"经常深入到粮食突击第一线，与突击队员一起下乡征收米谷"。严格工作纪律，建立严格的个人负责制，要求每个工作人员对自己所担负的任务绝对负责，同时建立相应的审查工作制度、监督制度，督促各项任务的完成，"用斗争的方式来反对各种各式的破坏行为"，坚决肃清粮食干部队伍中贪污浪费的不法分子，保持粮食干部队伍的纯洁性和战斗力。

四是中央苏区粮食工作者形成了实事求是的工作作风。粮食工作是新生红色政权中的一项全新的工作，当时从事粮食工作的先辈们一无经验，二无前人指导，唯一的法宝就是坚持实事求是，一切从实际出发，"在战争中学习战争"的革命热情和科学态度。粮食调剂局的组织形式，就是在革命的实践中逐渐摸索形成，并被各地红色政权学习推广的；粮食合作社的组建，是在粮食市场价格不稳，又没有机动财力来调控的情况下，采取苏维埃政府牵头、民间互助，调剂余缺、稳定市场的一种有效形式；作为国家管理机构的中央粮食人民委员部，也是在不断总结经验教训、不断改进工作方法的过程中逐步成长的。中央粮食人民委员部组建初期，有些方面的工作也存在不足，如强行摊派，工作方式简单粗暴等，受到中央苏区政府的批评。中央粮食人民委员部虚心诚恳地接受批评意见，并迅速在工作中纠正错误，弥补不足。正是中央粮食人民委员部始终秉持实事求是的原则，敢于正视问题和失误，及时纠正，逐步形成和积累了做好苏区粮食工作的成功经验。

五是中央苏区粮食工作坚持紧紧依靠群众的根本路线。在创建和发展根据地的过程中，中央苏区政府和各级粮食部门解决粮食问题的主要方法，就是发动群众，依靠群众，争取群众支持。比如深入开展土地革命，在农民分得土地、得到最大实惠的基础上，通过互助组织耕田队、换工队、犁牛站、耕牛合作社等形式调剂劳力和畜力，大力发展粮食生产；中央苏区政府先后组织了3次大规模的粮食征集和借谷运动，充分的政治动员和宣传鼓励，使"借谷运动成了真正的群众运动"，征集粮食的任务得以顺利地完成。1934年秋开展的粮食突击运动中，下达借谷任务的20个县中，有18个超额完成了任务，群众自愿退回的借谷票达10余万担。中央苏区政府和粮食工作人员充分发动群众的有效措施，极大地激发了群众的革命热情。

二、赓续传承苏区粮食工作者精神血脉，走稳中国特色粮食安全之路

一要坚持和加强党的全面领导。革命战争时期"为粮食而斗争，也就是为着前线胜利而斗争"，中央苏区政府和各级苏维埃政府对粮食工作的高度重视和直接指导、大力支持，是苏区粮食工作得以顺利开展并取得成效的政治保证。我们必须坚决贯彻落实好党中央、国务院关于粮食工作的各项决策部署，以更加强烈的政治担当，坚决扛稳粮食安全政治责任。

二要打造信念坚定的干部队伍。坚定信念是苏区精神的灵魂。中央苏区老一辈粮食工作者在坚定的共产主义信仰支撑下，置生死于度外，积极应对战争的需要和调剂群众日常生活的需要，做好粮食各项工作。当前，面对新形势新任务，要扛稳粮食安全政治责任，必须培养打造一支忠于党、忠于人民，适应新时代要求的粮食干部队伍，大力发扬苏区精神，为确保国家粮食安全提供坚强政治保障。

三要践行为人民服务的根本宗旨。中央苏区的老一辈粮食工作者秉持全心全意为人民服务的根本宗旨，通过真心实意为群众谋幸福取得了人民群众的理解和

支持，保障了战争和根据地群众的粮食需求。作为新时代的粮食工作者，我们要始终践行全心全意为人民服务的根本宗旨，做到"为耕者谋利、为食者造福、为业者护航"。

四要弘扬求真务实的工作作风。实事求是、一切从实际出发的基本路线，求真务实的科学态度，是苏区精神的精髓，也是中央苏区粮食战线先辈们做好粮食工作坚守的原则。近年来，江西省粮食安全保障水平明显提升，但仍存在一些短板弱项，必须坚持解放思想、实事求是，突出问题导向，强化发展意识，通过创造性地开展工作，努力克服和解决，全面提升粮食安全保障能力。

五要传承艰苦奋斗的优良传统。当年，中央苏区粮食战线的先辈们节粮惜粮，勤俭创业，保障军需民食。苏区广大干部和群众在生活极其困难的条件下，勒紧裤带，开展群众性节省运动，干部每天节省二两米，群众每月节省三升米，全力支持前方反"围剿"战争。今天，国家经济实力增强，人民群众生活得到极大改善，但勤俭创业的传统不能丢，艰苦奋斗的本色不能变。必须坚决贯彻落实习近平总书记关于节约粮食的重要指示精神，大力开展节约粮食行动，做好仓储、运输、加工等环节减损工作，大力营造爱粮节粮、健康消费的新风尚。

第二部分　2020 年中国国际服务贸易交易会粮食现代供应链发展及投资国际论坛

同心合作共赢　维护粮食安全

张务锋　国家粮食和物资储备局局长

尊敬的各位嘉宾，女士们，先生们，朋友们：

九月的北京，天高云阔，叠翠流金。在这美好的时节，以 2020 年中国国际服务贸易交易会为契机，举行粮食现代供应链发展及投资国际论坛，共商全球关注的粮食安全大计，很有现实意义。我代表国家粮食和物资储备局对此表示热烈祝贺，向多年来关心支持我国粮食安全事业的国内外朋友们表示真诚的感谢！

民为国基，谷为民命，中国始终将保障粮食安全作为治国安邦的首要任务。中国是一个人口众多的发展中国家，党和政府历来高度重视粮食安全。习近平主席多次强调"解决好吃饭问题，始终是治国理政的头等大事"，亲自部署实施国家粮食安全战略，我国粮食生产、储备、流通能力全面提高，中国特色粮食安全之路越走越宽广。全国粮食总产量连续 5 年站稳 1.3 万亿斤台阶，人均占有量远高于国际粮食安全标准线，库存消费比远高于联合国粮农组织提出的安全警戒线，稻谷、小麦库存量均能满足一年以上消费需求。我们有基础、有条件，有信心、有能力，确保"谷物基本自给、口粮绝对安全"，把 14 亿中国人的饭碗牢牢端在自己手中。

仓廪丰实，粮安天下，中国粮食安全经受住了疫情的大考和检验。习近平主席深刻指出："这次新冠肺炎疫情如此严重，但我国社会始终保持稳定，粮食和重要农副产品稳定供给功不可没。"面对突如其来的疫情，各级各有关部门和企业闻令而动、协同联动，我国粮食市场供应充足、总体保持平稳态势，有效服务了疫情防控和经济社会发展大局。实践证明，党中央、国务院确定的保供稳价政策举措是科学有效的，关于国家粮食安全战略的决策部署是完全正确的。这些都是我国制度优势在粮食安全领域的生动体现。

悠悠万事，吃饭为大，粮食安全仍是世界性的重大课题。多年来，中国致力于落实联合国 2030 年可持续发展议程，不断深化粮农领域国际合作，积极促进世界粮食贸易发展，提供力所能及的国际紧急粮食援助，为维护全球粮食安全贡献了中国力量。一年前，在庆祝中华人民共和国成立70周年和第39个世界粮食日到来之际，国务院新闻办公室发表了《中国的粮食安全》白皮书，集中展现了我国保障粮食安全的成就，系统宣示了我国粮食安全的政府立场和政策主张，在国内外产生了良好反响。

女士们，先生们，朋友们！

同舟共济扬帆起，乘风破浪万里航。作为全球首个服务贸易领域综合性展会，中国国际服务贸易交易会，特色鲜明，备受瞩目。习近平主席在全球服务贸易峰会上的致辞，展现了我国实行更高水平开放的坚定决心。2020年的中国国际服务贸易交易会，搭建了"全球服务，互惠共享"的广阔舞台，提供了"加强危机防控合作，守护国际粮食安全"的交流平台。供应链稳定是粮食安全的重要基础。全球新冠肺炎疫情发生以来，一些国家和地区粮食供应链受到冲击，引发了国际社会对粮食问题的关注和忧虑。我们将坚决落实国家粮食安全战略，立足"两个大局"，在新发展格局中，加快构建更高层次、更高质量、更有效率、更可持续的粮食安全保障体系。

第一，大力推动粮食产业高质量发展，提升完善粮食供应链。紧紧围绕"粮头食尾""农头工尾"，深入实施优质粮食工程，延伸粮食产业链、提升价值链、打造供应链，促进优粮优产、优购、优储、优加、优销"五优联动"，推动粮食产业创新发展、转型升级、提质增效，加快建设粮食产业强国。着力健全粮食产后服务体系，推广节粮减损技术装备，提高成品粮出品率、加工转化率和副产品利用率。

第二，积极构建粮食"产购储加销"体系，增强粮食供应链抗风险能力。着眼打基础、补短板、提效能，实施粮食应急保障、粮食现代物流、粮机装备提升等重点项目，健全产购储加销协同、产销合作、决策咨询等机制。精心办好中国粮食交易大会，创新完善粮食产销合作。完善粮食监测预警体系，加强精准调控，保持粮食市场平稳运行。

第三，不断深化改革强化监管，加强粮食供应链法律制度保障。积极推动粮食安全保障立法修规进程，为在更高层次上保障国家粮食安全提供法律支撑。不断强化粮食安全省长责任制考核，充分调动各级政府重农抓粮的积极性。改革完善粮食储备安全管理体制机制，加强粮食执法监管，确保储备粮数量实、质量好、调得快、用得上。

第四，扩大粮食国际交流合作，积极维护全球粮食供应链稳定。以"一带一路"沿线国家和地区为重点，积极发展粮食国际贸易，促进粮食进口来源、渠道和结构的多元化。支持更多有实力的粮食企业"走出去"，实现优势互补、合作共赢。认真落实与联合国世界粮食计划署等国际组织签署的谅解备忘录，深化粮食领域南南合作，加强粮食仓储管理、产后服务等方面的交流，在粮食流通领域提供中国方案、分享中国经验。

女士们，先生们，朋友们！

人类是休戚与共的命运共同体，粮食安全是世界和平与发展的重要保障。进入新时代、面对新挑战，让我们携起手来，激活合作动能，同心合力、共克时艰，谱写维护全球粮食安全的新篇章。

最后，祝愿本次论坛取得圆满成功！

强化国际交流合作　保障世界粮食安全

杨晋柏　北京市人民政府副市长

尊敬的各位来宾，女士们，先生们：

大家上午好！

很高兴与各位朋友相聚在金秋北京，共同出席"粮食现代供应链发展及投资国际论坛"。在此，我谨代表北京市人民政府对论坛的召开表示热烈的祝贺！对各位嘉宾参加 2020 年中国国际服务贸易交易会表示诚挚的欢迎！

粮食安全是关系国计民生的"压舱石"，是维护国家安全的重要基础。习近平主席指出："对我们这样一个有着 14 亿人口的大国来说，农业基础地位任何时候都不能忽视和削弱，手中有粮、心中不慌在任何时候都是真理。""这次新冠肺炎疫情如此严重，但我国社会始终保持稳定，粮食和重要农副产品稳定供给功不可没。"

自 2019 年首届粮食现代供应链发展及投资论坛举办以来，各方本着共商共建共享的原则，一道推动粮食贸易扩大开放、增加多元化服务供给、推动粮食安全合作，为国际粮食安全注入了新动力。2020 年，面对日益复杂的国际粮食安全环境，我们再次共襄盛举，就国际粮食安全议题进行沟通交流，凝聚发展共识，为全球粮食领域的发展和粮食安全分享智慧和经验，共同推动粮食供应链有效运转，构建更加安全、稳定、合理的国际粮食安全新局面。

当前，北京市正按照党中央、国务院决策部署，做好"六稳"工作、落实"六保"任务。围绕保粮食安全，充分发挥政府和市场两个作用，兼顾数量和质量两类安全，优化粮食流通现代产业链供应链的发展，培育粮食贸易新增长点，持续提升粮食和食品安全的治理能力，努力打造更高层次、更高质量、更有效率、更可持续的粮食和食品安全保障体系。

为进一步在粮食安全领域加强合作，我们提议：

——加强科技创新和资源投入，提高粮食供应链的风险预警和应急能力。提高粮食行业科技创新水平，推动全球粮食有关产业和贸易发展，加快推进粮食流通现代化，着力建设链条优化、衔接顺畅、运转高效、保障有力的粮食"产购储加销"体系，增强抗击各类风险的能力。

——优化粮食营商环境，推进粮食现代流通向更高水平迈进。继续推动粮食市场公平有序，维护粮食流通秩序。继续推进粮食市场更加畅通，消除不必要的贸易壁垒。继续放宽企业开展各项业务的条件，积极推进国际高端人才和高质量服务的流动。

——强化粮食服务贸易区域协同合作，共同维护世界粮食安全。利用好国际和国内两个市场、不同区域的比较优势，推动粮食区域合作。建立以信任、合作、共赢为基础的伙伴关系，互通有无，促进全球粮食贸易发展和农业能源互补，为各国人民带来更多的福祉。

女士们，先生们！

粮食安全是社会稳定的"压舱石"，习近平主席一直高度重视粮食安全，提倡"厉行节约，反对浪费"的社会风尚。作为粮食行业从业者，我们更要加强行业自律，带头弘扬勤俭节约的好风尚，争做节约粮食的引领者，"光盘行动"的践行者，抵制粮食浪费的推动者，让节约粮食成为一种社会潮流。

最后，祝本次论坛圆满成功。祝各位嘉宾在北京期间生活顺利，工作愉快。

中国特色的粮食安全之路必将行稳致远

张晓强　中国国际经济交流中心常务副理事长、执行局主任

女士们，先生们，朋友们：

很高兴有机会参加这个论坛，并与大家分享我的一些观点。

第一，因新冠肺炎疫情全球大流行等影响，引发严重的经济衰退，也造成对粮食生产供应、粮食安全的广泛关注，这涉及人民的生存与健康，事关重大。2020 年中国明确提出了全面落实包括保障粮食能源安全在内的"六保""六稳"，在党和政府领导下，全国人民共同努力，取得了疫情防控的战略性胜利，经济开始较强劲复苏。2020 年第二季度 GDP 同比增长 3.2%，全年预计能增长 2.5%以上，是全球主要经济体中表现最突出的。相应地，粮食生产也取得了好成绩。夏粮总产量达 1.43 亿吨，比上年增长 0.9%，虽有前一段汛情影响，但目前来看，全年粮食产量有条件保持在 6.6 亿吨或更高一些。粮食库存宽裕，稻谷、小麦作为口粮，库存量可供全国一年消费。由于粮食生产和库存的稳健状态，粮食价格较为稳定。2020 年上半年全国居民消费价格（CPI）同比上涨3.8%，但粮食价格仅上涨 1%。粮食及重要农副产品稳定供给，对中国抗击疫情，保持社会稳定发挥了重要作用；同时，对农民增收及实现今年脱贫攻坚也给予了有力支持。

第二，目前疫情仍在全球肆虐，经济复苏艰难，一些低收入发展中国家的粮食供应及饥饿问题较为严重。这更需要国际社会加强合作，在共同抗击疫情，维护全球产业链供应链稳定，加强宏观经济政策协调，反对保护主义等方面形成合力。同时也需要国际社会加大合作力度，为促进全球粮食安全创造良好条件。

首先，在经济恢复进程中，应把粮食生产作为重要的任务。中国作为世界人口第一大国，保障国家粮食安全意义重大。我们将始终高度重视农业的基础地位，越是面对风险挑战，越要稳住农业，保障粮食和重要副食品安全，确保谷物基本自给、口粮绝对安全。这件事做得好，也是对促进全球粮食安全的重要

贡献。

其次，与国际社会共同努力，保证全球粮食供应链及农产品贸易的畅通，携手维护粮食供应和价格稳定。支持联合国粮农组织、粮食计划署等机构发挥独特的协调作用，积极向有关国家提供人道主义援助，减少关税壁垒，畅通贸易。中国在与相关国家分享经验、提供农业及粮食生产技术支持、向遭受蝗灾国家派出工作组协助开展工作等方面已经并将继续在力所能及的范围内发挥积极作用。2020年上半年，中国进口谷物1260万吨，同比增长约34%；进口大豆约4500万吨，同比增长约18%，这体现了中国在粮食及农产品方面继续保持较旺盛的需求和对国际贸易的开放态势。在国际贸易低迷的情况下，中国市场不断扩大开放水平，对相关国家的企业和农民都是件好事。与此同时，中国的谷物进口主要是品种调剂，占年度世界谷物贸易量仅为5%左右，不会对其他粮食进口国的供应造成不利影响。

第三，习近平主席指出，"十四五"是中国实现第一个百年目标后，乘势而上，开启全面建设社会主义现代化强国新征程，向第二个百年目标进军的第一个五年。中国已进入高质量发展阶段，这是能够很好满足人民日益增长的对美好生活需要的发展，是体现"创新、协调、绿色、开放、共享"新发展理念的发展。在粮食及农产品方面，人民群众已经从"吃得饱"向"吃得好""吃得健康"转变，我们将在今后一个时期更加重视"提质导向"，同时要充分把握中国的粮食供需仍将维持紧平衡这一基本状态。因此，要深入推进粮食供给侧结构性改革，具体包括：加大粮食科技投入，加大农田水利建设力度；通过良种培育与应用推广、先进粮食耕作等方面技术的更广泛应用和机械化水平的提升，稳步提高单位面积产量。要优化粮食生产的品种结构，提升粮食品质，生产更多的绿色产品。我们将通过建设现代粮食流通体系及加强储存能力，保证粮食的高效配送和应急能力提升。我们将深化改革，完善粮食的市场价格形成机制，保护农民的种粮积极性。还需高度重视的是，据中国农科院的调查研究报告，全国每年粮食的损失与浪费约6200万吨，这不仅造成资源损失，还会恶化环境。对此，我们将加大对粮食在收获、运输、储存、加工和消费各环节减少损失与浪费的工作力度。

通过持续不断的开拓进取，中国的粮食安全保障能力将稳步提升，中国特色的粮食安全之路必将行稳致远，并为维护世界粮食安全作出更多的新的贡献。

开放合作
共同维护疫情冲击下的全球粮食安全

栾日成　中国粮食行业协会会长、中粮集团有限公司副总裁

各位来宾、同仁，女士们、先生们：

刚才，10位国内外嘉宾，通过现场演讲和视频方式，围绕"加强危机防控合作，守护国际粮食安全"的主题，从不同视角，为我们带来了非常精彩的分享，提出了很多好观点、好建议、好方法。从大家的精彩演讲中可以发现，无论从政府层面、行业层面，还是企业层面，大家对全球粮食安全都高度重视，对进一步加强合作，共同维护全球粮食供应链的稳定健康发展，都有着高度的共识。这更加坚定了我们持续扩大粮食领域开放合作、积极应对风险挑战、共同维护全球粮食安全的信心和决心。

刚才不少代表提到，粮食是人类生存之本，粮食安全对维系一个国家政治稳定、经济发展和人民安宁具有十分重要的意义。受各国农业资源禀赋和社会经济发展水平影响，生产粮食所必需的土地和淡水资源分布与全球人口分布存在显著的不平衡，以亚洲为例，人口占全球的60%，但耕地面积仅占全球的37%。因此，打造高效的粮食供应链，实现全球粮食资源和人口的有效匹配，就成为必然要求。

据联合国粮农组织统计，十年来，全球主要谷物贸易量累计增长超过40%，大豆贸易量累计增长超过50%，在此增长过程中，高效稳定的供应链发挥了重要支撑作用，不仅促进了农产品贸易蓬勃发展，更有效促进了农业资源在全球合理流动和优化配置。对进口国来说，既可以弥补国内粮食供需缺口，解决供应总量不足的问题，也可以更好地实现食物多样化，优化营养结构，提升国民生活品质。对出口国来说，可以将自然禀赋转化为现实价值，形成稳定的外贸收入，增强国家经济实力和发展动力，还可以有效解决本国农产品生产过剩风险，带动农业生产者持续增收，实现农业产业稳定发展。

中国是世界粮食贸易的重要参与者，随着中国经济发展、人口增长、城镇化推进和食品消费结构的持续升级，对高品质农产品的消费需求持续增长。受此推动，中国农产品进口不断增长，据世界贸易组织统计，2011 年中国成为全球最大的农产品进口国。据中国农业农村部统计，2019 年中国主要农产品进口量超过 1.3 亿吨，进口额达到 1510 亿美元。

展望未来，随着中国经济发展，人民群众对美好生活的期待将会更高，消费品质持续升级，中国仍将是全球最有发展潜力的农产品消费市场，也将为全球农产品自由贸易注入持久动力。中国的粮食供应需要世界，世界的粮食市场也离不开中国，中国与世界的联系将更加紧密。

近年来，受自然环境和国际政治经济社会形势变化影响，世界粮食市场和贸易格局正在发生深刻变化，单边主义和贸易保护主义思潮抬头，新冠肺炎疫情在全球蔓延，国际农产品市场价格出现剧烈波动，粮食供应链稳定运行面临一些挑战，世界粮食贸易不稳定性、不确定性风险有所增加。

面对新形势、新挑战，我们必须更大力度、更加努力地做强粮食产业链，在开放合作中，不断完善和强化全球粮食安全治理，共同构建高质量、多元化、可持续发展的粮食供应体系，确保全球粮食供应链有效运转，推动世界粮食贸易健康、稳定向前发展，更好地增进全球人民福祉。

在此，我愿代表中国粮食行业协会提出以下三点建议：

一是积极发挥国际组织、行业协会的协调推动作用。联合国粮农组织、世界粮食计划署等国际组织在推动全球粮食安全治理方面，发挥着不可替代的作用。我们要继续加强与国际相关治理机构和平台交流合作，在全球粮食安全和营养战略框架下，增强行动一致性和协调性，共建共享更加全面、更深层次的全球粮食合作新机制，促进全球粮食供应链实现高水平协作。中国粮食行业协会愿与中国其他行业组织一道，充分发挥桥梁纽带作用，定期举办行业论坛、研讨会、投资洽谈会等活动，分享各国粮食企业发展的经验成果，积极推动中国与世界各国优秀农业企业交流合作，进一步提升中国粮食产业发展质量和国际合作水平。

二是充分发挥粮食企业的市场主体功能，持续深化农业贸易和投资合作。中国粮食企业要积极融入全球农业产业链、供应链和价值链，扩大农业对外贸易投资合作，开展跨国经营，与全球粮食企业建立更加紧密的产业链上下游合作关系，推动农产品贸易均衡发展。通过贸易合作、产业投资等多种形式，提升粮食生产水平和流通效率，探索国际粮食合作新模式，促进农业资源在全球范围内有序自由流动，实现农产品供求市场深度融合。

三是积极顺应科技化、数字化发展趋势，推动全球粮食供应链高质量发展。一方面，要持续提升粮食供应链的科技化发展水平，积极运用新技术、新设备、新工艺，提升粮食的流通效率、加工的质量，有效减少粮食生产、储存、物流、加工等环节的损失浪费。本次论坛，我们还将专门发出"厉行节约，反对浪费"的倡议，努力推进全产业链节粮减损，构建更加节约集约、绿色低碳的现代化粮食流通方式。另一方面，随着5G技术、数字经济时代的到来，全球农业产业将进入新一轮的转型升级期，要积极运用数字信息技术，加快提升农业信息化水平，为全球粮食产业发展注入新动能。中粮集团目前正在与 ADM、Bunge、Cargill、路易达孚等国际粮食企业合作，探索通过人工智能和区块链等技术，提高全球粮油贸易的可靠性、高效性和透明度。

作为中国最大的农粮食品企业，70 多年来，中粮集团积极融入全球粮食供应链，持续扩大农产品贸易和投资合作，将全球供应链系统与中国国内粮食物流、加工、分销网络有机对接，为推动中国粮食行业与全球农产品市场深度融合发挥了积极的作用。未来，中粮集团将继续发挥自身产业和渠道优势，与国内外行业同仁加强深度合作，共同维护全球粮食供应链稳定，促进全球农产品贸易发展迈上新台阶。

女士们，先生们！疫情冲击下的世界正在发生深刻变化，此次论坛为我们搭建了全面协同、开放共享、互利共赢的合作发展新平台。衷心期望各位行业同仁能够齐心协力，携手合作，通过广泛的贸易与投资合作，共同构建更加安全、稳定、高效的粮食供应链发展新格局，推动全球农产品生产和消费达到更高水平，促进全球农粮产业实现高质量发展，为保障世界粮食安全做出我们的贡献！

谢谢大家！

Guests, colleagues, ladies and gentlemen：

Just now, 10 domestic and foreign guests, centered on the topic of "strengthening cooperation of crisis prevention and control, guarding international food security", put forward many good ideas, suggestions and methods from different perspectives through live speech and video. From everyone's wonderful speeches, it can be found that we all attaches great importance to global food security and have consensus to strengthen cooperation and maintain stable healthy development of global food supply chain, regardless of the level of government, industry or enterprise. It strengthens our confidence and determination to continue to expand our open cooperation in food supply, actively respond to risks and challenges and protect global food security together.

Many deputies mentioned that food is the foundation of human survival, and food security plays a significant role in a country's political stability, economic development, and national peace. Affected by the endowment of agricultural resources and socio – economic development of various countries, there is an evident imbalance between the distribution of land and freshwater resources necessary for grain production and the distribution of global population. Asia, for example, accounts for sixty percentage of the world's population, but its farmland only accounts for thirty – seven percentage of the world. Therefore, it is a necessary requirement to build an efficient food supply chain and realize the effective match of global food resources with population.

According to the statistics by the Food and Agriculture Organization of the United Nations, in the past decade, the global trade volume of major grains has increased by more than 40%, and the trade volume of soybeans has increased by more than 50%. In the process, the efficient and stable supply chain not only promoted the vigorous development of agricultural trade, but also contributed to the rational flow and optimal allocation of agricultural resources in the world. For importing countries, it can not only make up for the gap between domestic food supply and demand, and solve the problem of shortage of total supply, but also achieve better food diversification, optimize nutritional structure and improve national quality of life standard. For exporting countries, it can transform natural resources into realistic interests, by forming stable foreign trade income, enhancing national economic strength and development power on the one hand, and effectively solve the problem of overproduction of domestic agricultural products, promote the continuous increase of agricultural producers' income, achieve the stable development of agricultural industry on the other hand.

China is the important participant in world food trade. With China's economic development, population growth, urbanization and the continuous upgrading of food consumption structure, people will continue to improve their demand for consumption of high – quality agricultural products. Driven by this, China continues to expand the agricultural import. According to the World Trade Organization, China became the world's largest importer of agricultural products in 2011. According to the statistics of China's Ministry of Agriculture and villages, China's imports of major agricultural products exceeded 130 million tons in 2019, with the import account reaching to 151 billion dollars.

Looking to the future, with China's economic development, people will improve their expectations for a better life, and the quality of consumption will continue to upgrade. China will remain the most potential consumer market for agricultural products in the world and inject the lasting impetus into the global free trade of agricultural products. China's grain supply needs the world; the world's grain market is also inseparable from China. China will have a more close connection with the world.

In recent years, under the influence of the changes in the natural environment and the international political, economic and social situation, the world grain market and trade pattern have witnessed profound changes. The ideological trend of unilateralism and trade protectionism is on the rise, and the COVID – 19 epidemic has spread all over the world. In this year, the prices of the international agricultural products have fluctuated sharply, the stability of the grain supply chain has faced some challenges, and the world grain trade has faced a bigger risk of instability and uncertainty.

In the face of the new situation and challenges, we must make greater efforts to strengthen the food industry chain, constantly improve and strengthen the governance of global food security in the course of opening up and cooperation, jointly build a high – quality, diversified and sustainable food supply system to ensure the effective operation of the global food supply chain, promote the healthy and stable development of world food trade, and enhance the well – being of the global people.

Hereon, on behalf of the China Grain Industry Association, I would like to put forward the following three suggestions:

Firstly, give full play to the coordinating and promoting role of international organizations and trade associations. International organizations such as the Food and Agriculture Organization of the United Nations and the World Food Program play an irreplaceable role in promoting the governance of global food security. We will continue to strengthen exchanges and cooperation with relevant international governance institutions and platforms, enhance action coherence and coordination under the framework of the global food security and nutrition strategy, jointly build and share a more comprehensive and deeper cooperation mechanism for global food to promote the collaboration in the global food supply chain for a higher level. Together with other Chinese industry organizations, China Grain Industry Association is willing to fully exert its function as a bridge and regularly hold industry forums, seminars, investment fairs and other activities to share the experience and achievements of the development of grain enterprises in various countries and actively promote exchanges and cooperation between China and outstanding agricultural enterprises around the world, further improving the quality of the development of China's grain industry and the level of international cooperation.

Secondly, give full play to the market role of grain enterprises and continue to deepen the cooperation of agricultural trade and investment. Chinese grain enterprises should actively integrate into the global agricultural industrial chain, supply chain and value chain, expand cooperation of agricultural foreign trade investment, carry out transnational operations, and establish a closer cooperation with global grain enterprises in the upstream and downstream of the industrial chain to promote the balanced development of agricultural trade. Through trade cooperation, industrial investment and other forms, we will improve the level of grain production and circulation efficiency, explore new models of international food cooperation, promote the free flow of agricultural resources around the world in order, and realize the deep integration of supply and demand market of agricultural products.

Thirdly, actively embrace the trend of technicalization and digitalization, and promote the high – quality development of the global food supply chain. On the one hand, it is necessary to continuously improve the level of technicalization of the grain supply chain by using new technologies, new equipment and new technologies to improve the circulation efficiency and processing quality of food, and reduce the loss and waste of grain production, storage, logistics, processing and other aspects. In this forum, we will propose the initiative of "practice frugality and oppose waste", strive to reduce the loss in the whole food industry chain, and build a more economical, intensive, green and low – carbon modern mode of grain circulation. On the other hand, with the entrance of the era of 5G technology and digital economy, the global agricultural industry will enter into a new round of transformation and upgrading period. It is necessary to actively use digital information technology to speed up the upgrading of agricultural information level and inject new momentum into the development of the global food industry. Recently, Cofco is cooperating with international grain companies such as ADM, Bunge, Cargill and Louis Dreyfus to explore technologies such as artificial intelligence and blockchain for the purpose of improving the reliability, efficiency and transparency of global grain and oil trade.

As the biggest agricultural food enterprise in China, in the past 70 years, Cofco has actively integrated into the global grain supply chain and continued to expand trade and investment cooperation in agricultural products. The organic connection of the global supply chain system with China's domestic grain logistics, processing and distribution network has played a positive role in promoting the deep integration of China's grain industry and the global agricultural product market. In the future, Cofco will continue to give full play to its advantages of industry and channel, strengthen cooperation with domestic and foreign industry counterparts, jointly protect the stability of the global food supply chain, and promote the development of global agricultural trade to a new level.

Ladies and gentlemen! Profound changes are taking place in the world under the impact of the epidemic, and this forum has built a new platform for cooperation and development featured by coordination in all respects, openness and sharing, and mutual benefit. We sincerely hope that all colleagues in the industry will work together to build a more secure, stable and efficient food supply chain through extensive trade and investment cooperation. We will promote the global production and consumption of agricultural products to a higher level, facilitate the high – quality development of the global agricultural grain industry, and contribute ourselves to the world food security.

Thank you!

加强国际合作和创新
实现可持续粮食供应

洪　腾　联合国驻华协调员

国家粮食和物资储备局，中国国际经济技术交流中心，中国粮食行业协会，北京市粮食和物资储备局的同仁，

阁下，

联合国系统的同事，

女士们，先生们：

早上好！

首先，我要感谢各位同事在中国国际服务贸易交易会上组织了这次重要讨论。

饥饿，既是对人的尊严的侵犯，又是社会、政治和经济进步的障碍。因此，2030 年可持续发展议程将"零饥饿"作为第二个可持续发展目标。"零饥饿"旨在到 2030 年结束一切形式的饥饿和营养不良，确保所有人特别是儿童，全年都有充足数量和营养的粮食。

联合国贸易和发展会议的统计数据显示，全球贸易约 80% 是通过商业航运运输的，航运货物占比最高的是粮食、能源和原材料，以及制成品和部件。新冠肺炎疫情的传播造成旅行限制、边境关闭、隔离、市场和贸易中断，严重影响这些全球供应链、挑战粮食安全。论坛是在这样一个特殊时期举行的，在此，我与大家分享一些看法：如何加强国际合作和创新（包括粮食现代供应链），实现可持续粮食供应。

不幸的是，尽管世界上有足够数量的粮食养活每一个人，然而每 9 个人中有 1 个人晚上饿着肚子上床睡觉。根据联合国粮食及农业组织《2019 世界粮食安全和营养状况报告》，2018 年，每天有超过 8.2 亿人挨饿，这一数字在过去三年里一直在缓慢增加。近 20 亿人面临各种形式的粮食不安全，无法获得安全、营养

和足够数量的粮食。妇女、儿童和土著群体仍然最容易遭受饥饿。全球应对粮食危机网络和粮食安全信息网络《2020全球粮食危机报告》指出，2019年，55个国家和地区估计1.35亿人（四期年度报告的最高值）遭受严重粮食不安全，急需人道主义粮食和营养援助。新冠肺炎疫情带来对人们健康、社会经济方面的冲击，他们应对其中一个冲击的能力非常有限或者根本没有，最容易受到伤害。

我们不能让这样令人震惊的现状继续下去。我希望今天的论坛提供一个机会，更多思考如何采取行动，我们努力解决这种机会不平等的问题。

可持续发展目标二，涉及促进可持续农业，帮助小农场主平等获得土地、技术和市场。同时，加强国际合作，确保基础设施投资，提高农业生产力技术。获得粮食是一个重要问题，通过发展供应链等方面来帮助解决。但是，大多数粮食供应链服务范围仅限于大城市。联合国指导原则是，不让任何人掉队，但是，我们不能单独实现这一愿景。发展"最后一英里"供应链是一项艰巨任务，需要中央和地方政府、国际社会、私人部门等多方投资。

联合国作为世界上最重要多边主义和南南合作的倡导者及促进者，在这种合作中发挥着关键作用。

我们越来越多地与中国合作，制定国内和全球解决现有问题的创新方案，应对发展挑战。国际社会更加关注学习中国发展经验，包括减贫、南南合作和三方合作。粮食安全是联合国与中国合作的优先事项之一，我们继续与所有同行包括今天在座的各位嘉宾，携手合作。

联合国的许多服务机构、基金和计划，如世界粮食计划署、粮食及农业组织、可持续农业机械化中心、国际农业发展基金，在粮食供应链方面有专长，尤其是在"最后一英里"运输上。另外，所有这些组织认识到南南合作和三方合作对于实现可持续农业、"零饥饿"目标的深远意义。与其他发展中国家分享中国的丰富知识、经验、技能、资源和技术，以及在应对粮食安全挑战方面取得的成功经验，只是这种尽力合作的一个事例，应该进一步探讨如何消除世界饥饿。

联合国与中国为了共同应对新冠肺炎疫情，世界粮食计划署全球人道主义应急响应中心于2020年4月在广州启动，支持国际社会对全球新冠肺炎疫情应急响应，包括联合国、各国政府和其他人道主义组织。我相信，世界粮食计划署的同事会详细介绍这个中心，对推动人道主义援助和南南合作的国际合作有很好的参考价值。

上周，联合国粮食及农业组织召开了第35届亚洲及太平洋地区会议，尤其在粮食供应链方面，会议专门讨论了在该地区建立可持续和有韧性的粮食系统。

有一个话题引起了我的特别关注。按照过去传统做法，我们会制定许多政策，追求粮食安全、确保粮食供应、让消费者得到更实惠的粮食，加之起基础性作用的经济增长，使许多国家减少饥饿，实现粮食安全。但是，最近的证据表明，实现"零饥饿"最终目标的进展已经停滞，部分原因是传统的粮食安全方法忽视了开拓发展粮食系统，没有充分解决提高农产品产量后迫切需要的问题。我希望立即跟进上述议题，让讨论深入一个层次，重点放在创新思路上，减少粮食损失浪费，建立营养敏感型、公平、韧性的粮食系统，为可持续发展提供更有效的行动思想基础。这种创新思路需要公共和私人部门之间合作，我倡议，出席今天论坛的各位嘉宾，在这一方面提出具体政策措施的建议。

在出席今天论坛的嘉宾中，我很高兴看到不仅有联合国和中国政府粮食供应链专家，而且还有世界一流粮食工业私人部门的重要代表。饥饿问题大部分是因为分配、浪费和管理不善造成的，各国政府、国际组织和私人部门必须同心协力，我们有同样责任，集中我们的资源来解决全球饥饿问题。我们只有共享知识和专业技术，改善和发展粮食供应链，才能实现粮食安全。

女士们，先生们！

正如联合国秘书长安东尼奥·古特雷斯强调的那样，"从冲突到气候冲击，再到经济不稳定，在这个充满巨大全球挑战时刻"，我们必须"加倍努力战胜饥饿和营养不良"。获得足够数量的粮食权利，也是获得尊严和生命权利。可持续发展目标的核心思想是，我们所有美好明天的目标是互相联系的，实现一个目标不应该以牺牲另一个目标为代价。我们呼吁，大家同心协力保障粮食安全，这是实现可持续发展一个重要而不可或缺的目标，确保没有人掉队，特别是最弱势群体。

谢谢！

（中文翻译：肖春阳博士后、武彦，中国粮食经济学会）

by Dr. Babatunde Ahonsi, the United Nations Resident Coordinator in China, a. i.

Dear colleagues from CICETE, China Grain Business Association, Beijing Municipal Grain and Reserves Bureau and National Grain and Reserves Administration,

Excellencies,

My fellow colleagues from the UN system,

Ladies and Gentlemen:

Good Morning!

Let me begin by thanking colleagues for organizing this important discussion at China International Fair for Trade in Services.

It is generally acknowledged that hunger is both a violation of human dignity and an obstacle to social, political and economic progress. And this is why the 2030 Agenda for Sustainable Development gives such a prominent position to the goal of "zero hunger". As the second SDG, "Zero Hunger" aims to end all forms of hunger and malnutrition by 2030, making sure all people, especially children, have sufficient and nutritious food all year.

This forum is being held at an exceptional time. UNCTAD statistics reveal that around 80% of global trade is transported by commercial shipping, which moves the world's food, energy and raw materials, as well as manufactured goods and components. The spread of COVID – 19 has severely impacted these global supply chains and challenged food security due to travel restrictions, border closures, quarantines and market and trade disruptions. I will therefore share with you a few thoughts on how the world can achieve sustainable food availability through enhanced international cooperation and innovation, including modern food supply chains.

It is an unfortunate reality that although there is enough food in the world to feed everyone, around the globe 1 person in 9 goes to bed hungry at night. According to the State of Food Security and Nutrition in the World report issued by the Food and Agriculture Organization of the United Nations in 2019, more than 820 million people suffer from daily hunger and this number has been slowly increasing in the past three years. And almost 2 billion people face some form of food insecurity, meaning they lack access to safe, nutritious and sufficient food. Women, children and indigenous groups remain particularly vulnerable to hunger. The 2020 Global Report on Food Crises faciliated by the Global Network against Food Crises and Food Security Information Network pointed out that in 2019, an estimated 135 million people – the highest in the four years of the report's existence – across 55 countries and territories experienced acute food – insecurity and are in need of urgent humanitarian food and nutrition assistance. They are the most vulnerable to the consequences of the COVID – 19 as they have very limited or no capacity to cope with either the health or socioeconomic aspects of the shock.

We cannot allow this alarming reality to continue, and I hope that today's forum will provide an opportunity to think more about what real actions we can implement together towards overcoming this inequality of access.

Achieving SDG 2, will involve promoting sustainable agriculture, supporting small – scale farmers and equal access to land, technology and markets. It will also require strengthened international cooperation to ensure investment in infrastructure and technology to improve agricultural productivity. Access to food is an important issue that can be helped through many factors, including the development of supply chains. But, many food supply chains only reach large, urban areas. The United Nations is committed to the guiding principle of leaving no one behind, but we cannot achieve this vision alone. Developing "last mile" supply chains is a difficult task that requires investment from a number of players, from the government – both central and local levels, the international community, and the private sector.

The United Nations, as the world's foremost proponent and facilitator of multilateralism and South – South Cooperation, can play a key role in this endeavour.

We are increasingly engaged in partnering with China in finding new and innovative solutions to address existing and emerging development challenges, both domestically and globally. There is a growing international interest in documenting and learning from China's development experience, including poverty reduction experience and sharing through South – South and trilateral cooperation. Food security is definitely one of our priorities in our collaboration with China and the UN remains committed to joining hands with all our counterparts, including those present here today.

Many United Nations agencies, funds and programmes, such as WFP, FAO, CSAM and IFAD, have expertise in food supply chains and, in particular, last mile delivery to reach those left furthest behind. In addition, all these organizations have recognised the profound importance of South – South and Trilateral Cooperation towards achieving the goal of sustainable agriculture and zero hunger. Sharing China's wealth of knowledge, experiences, skills, resources and technological know – how, and its own successes in overcoming food security challenges with the rest of the developing world, is just one example of the sort of collaborative efforts that should be explored further to rid the world of hunger.

As part of the UN – China joint response to the global pandemic, the WFP global humanitarian hub was launched in Guangzhou in April 2020, to support the global COVID – 19 emergency response for the international community, including the UN, national governments and other humanitarian partners. I trust my colleagues from WFP will provide a detailed account of the hub; my point is that how the hub is being operated and managed, could be a good reference for us to further international cooperation on humanitarian aid and South – South Cooperation.

Last week, FAO convenved the 35th session of the regional conference for Asia and the Pacific. Specifically on food supply chain, there were dedicated discussions on building sustainable and resilient food systems in the region. One topic caught my special attention. The traditional approach, characterized by many of the policies and measures implemented to pursue food security to ensure the availability of food supply so that consumers may have access to more affordable food, in combination with broadbased economic growth, have enabled many countries in the region to reduce hunger and achieve food security. However, recent evidence suggests that progress toward the ultimate goal of zero hunger has stalled, partly because the traditional approach to food security neglects developments in the wider food system and does not adequately address the crucial need to enhance agricultural productivity and food supply. I hope there could be immediate follow up on the above topics that can bring our discussions to the next level, focusing on a food systems approach, which can provide a more effective basis for action toward a sustainable food system that reduces food loss and waste, is nutrition – sensitive, equitable and resilient. This new approach requires collaboration between public and private institutions and I encourage all of you present at today's forum to herald specific policies and measures in that direction.

Looking out over the participants at this forum here today, I'm not only very happy to see experts in food supply chains from the United Nations and from the Government of China, but also key representatives from leading regional private sector actors in the food industry. Governments, international organisations, and the private sector must come together and recognise that we all share equal responsibility and must pool our resources to overcome the problem of global hunger that in a large part stems from problems of distribution, waste, and mismanagement. It is only by sharing knowledge and expertise between us, that we can improve and develop our food supply chains, and realize food security.

Distinguished Ladies and Gentlemen!

As emphasized by the United Nations Secretary – General António Guterres, "At this time of immense global challenges, from conflicts to climate shocks to economic instability", we must "redouble our efforts to defeat hunger and malnutrition". The right to adequate food is the right to dignity and life. It is central to the idea of the SDGs that all our goals for a better tomorrow are interconnected, and achieving one should not come at the cost of another. We count on all of you for concerted efforts to achieve food security, an important and indispensable goal for achieving sustainable development for all, making sure that no one is left behind, especially the most vulnerable.

Thank you!

携手合作　确保粮食市场稳定

屈冬玉　联合国粮食及农业组织总干事

各位代表，

女士们，先生们：

我很高兴在此次论坛致辞。论坛为有关各方开展建设性对话和共建更具韧性的粮食体系提供了一个重要平台。尤其在当前新冠肺炎疫情之下，我们应更加关注粮食体系的薄弱环节。

新冠肺炎疫情导致各个国家在国内和国家与国家之间采取限制措施，从而阻碍与粮食相关的物流服务，扰乱粮食供应链，影响粮食供应。但是，在危机应对过程中，展示出粮食体系的许多部门能够迅速打破过去常规做法，采取创新解决方案。

女士们，先生们！

目前，我们应采取联合行动促进粮食体系转型：

——扩大并改进紧急粮食援助和社会保护方案。

——支持小农通过电子商务渠道开展生产和营销。

——突破物流"瓶颈"，保持食品价值链活力。

——出台贸易和税收政策，助力全球贸易开放。

——同时要对宏观经济影响进行管理。

面对新冠肺炎疫情，联合国粮食及农业组织迅速行动，开启"2019 冠状病毒应对和恢复计划"，并确定七个主要领域。其中两个主要领域与粮食体系相关：一个是贸易和食品安全标准；另一个是粮食体系全产业链转型。

我很高兴看到中国在这方面取得了长足进步。中国针对小农和消费者，出台了一系列稳生产、稳供应的政策。

中国电商企业采取许多新举措，不仅促进产品贸易量增长，而且还增加农产品交易量。

大数据平台通过监控全国各地滞销农产品信息，迅速将粮食供应链中的主要要素链接起来。

　　疫情期间，中国政府一直积极与其他国家及国际组织合作，打造强有力的粮食体系。中国是最早且一直强力支持联合国粮食及农业组织南南合作和三方合作的国家之一。

　　联合国粮食及农业组织—中国南南合作项目建立已超过 10 年，通过这一项目，中国向其他发展中国家派遣了数百名农业专家和技术人员。他们在农村基层一线，手把手向受援国农民传授农业知识和技术，引进数百项新技术，提高农民生产力、产量和收入，持续改善受援国的粮食安全和生活状况。

　　女士们，先生们！

　　我们必须采取联合行动，提供及时可靠的市场信息，确保粮食市场运行稳定。

　　此次论坛就是联合行动的典范。让我们携手保障粮食、产品、服务和投入品等农业粮食生产要素跨国流通。在实现这个目标过程中，联合国粮食及农业组织始终是值得信赖的伙伴。

　　祝愿本次论坛取得圆满成功！谢谢大家！

　　（中文翻译：肖春阳博士后，中国粮食经济学会；胡瑶庆，国家粮食和物资储备局外事司）

by FAO Director – General Qu Dongyu

Distinguished Delegates,

Ladies and Gentlemen：

　　I am pleased to address you at the International Forum. The Forum provides such an important platform to facilitate constructive dialogue among multiple stakeholders to forge joint actions towards building resilient food systems. Especially now, the COVID – 19 outbreak, great attention is given to the vulnerabilities of our food systems.

　　Restrictions on movement within and across countries due to the pandemic, can hinder food – related logistic services, disrupt entire food supply chains, and affect the availability of food. But the crisis has also shown us how quickly many parts of the food system have been able to overcome business – as – usual approaches, and embrace innovative solutions.

Ladies and Gentlemen!

We have an opportunity NOW to collectively define the path to food systems transformation by:

Expanding and improving emergency food assistance and social protection programmes.

Supporting smallholder farmers to produce and market through e – commerce channels.

Keeping the food value chain alive by focusing on key logistics bottlenecks.

Addressing trade and tax policies to keep the global trade open.

Managing the macroeconomic ramifications.

FAO is at the forefront of addressing the challenges posed by COVID – 19. We launched the COVID – 19 Response and Recovery Programme and have identified seven major priority areas. Two are specifically on food system: one is Trade and Food Safety Standards; the second is Food Systems Transformation along the whole value chain.

I am glad to note the impressive progress being made in this regard in China. With focus on smallholder farmers and consumers, China introduced a series of policies to stabilize production and supply.

Chinese e – commerce companies have implemented many new initiatives to facilitate trading of accumulated produce and increase transactions in agricultural products.

Big data platforms monitor information about slow – moving agricultural products across the country, and then quickly re – link the major elements in the food supply chain system.

Before and during the pandemic, the Chinese government has also been proactively partnering with other countries and international organizations in facilitating international cooperation on resilient food systems. For instance, China is a pioneer and highly committed supporter of FAO's South – South and Triangular Cooperation.

In over ten years of close cooperation through the FAO – China SSC Programme, hundreds of Chinese experts and technicians have been deployed at village level to work together with farmers. They introduced several hundred technological innovations; boosted smallholders' productivity, production and income; and sustainably improved food security and livelihoods of the host countries.

Ladies and Gentlemen!

Collective actions is needed to ensure that markets are well – functioning, and that timely and reliable information on market fundamentals is available to all.

This Forum is a good example of such collective actions. Let us work together to ensure the continued flow of food, products, services, and inputs that are essential for agricultural and food production across borders. You can always count on FAO as a trusted partner in these efforts.

I thank you for your attention and wish you a successful forum.

拯救生命　呼吁援助

阿米尔·穆哈默德·阿卜杜拉　联合国世界粮食计划署副执行干事

阁下，

女士们，先生们，

同事，朋友们：

早上好！

感谢此次论坛组委会邀请，我本想亲自出席致辞。在这艰难时期，我很高兴通过视频方式参加这样重要的粮食现代供应链发展及投资国际论坛。

世界粮食计划署是联合国和全世界最大消除饥饿的人道主义机构，在物流、航空和应急电信服务方面处于领先地位。

这些年来，我欣慰地看到世界粮食计划署与中国关系不断发展。20 世纪 80 年代，世界粮食计划署在世界上消除饥饿最大的项目在中国。此后，中国在减少贫困和饥饿方面进展迅速，不仅在国内取得巨大成就，而且现在是向联合国提供人道主义援助的主要贡献国、世界上最大的发展中国家。

自 2016 年以来，中国政府为世界粮食计划署的 30 多个国家粮食援助项目做出了贡献，提供专业技术在全球范围内拯救生命、改变生活。今年，我们将合作扩展到全球人道主义供应链这一关键环节。

新型冠状病毒肺炎（以下简称新冠肺炎）疫情使低收入者、弱势群体被折磨的苦难倍增，数百万人失业，破坏了生命供应链、危及社会组织。疫情加强了长期存在的不平等，加剧了饥饿、营养不良和易患疾病。我特别关注疫情对女企业家、中小企业带来的影响，尤其是农村地区。世界粮食计划署估算，到 2020 年底，严重粮食不安全的人数将增加 80%，达到 2.7 亿人。

这给世界粮食计划署的全球供应链和物流力带来了严峻挑战。我很自豪，世界粮食计划署建立了一个应对全球疫情的全面系统，包括提供共同后勤服务支持全球人道主义、医疗响应。

2020 年 5 月 18 日，习近平主席在第 73 届世界卫生大会视频会议开幕式上致辞，提出应对疫情六项建议，包括与联合国系统携手合作，在中国建立全球人道主义防疫物资储备中心，确保全球供应链运行。

应对危机，临时的全球人道主义响应中心在中国迅速建立。自疫情暴发以来，世界粮食计划署代表 51 个组织前往 165 个国家运送抗疫物资，覆盖超过世界 85% 的地区。到目前为止，全球疫情响应分发的超过 80% 的人道主义和医疗物资通过该中心运输。这是实现习近平主席建议的第一步，也是在中国建立一个长期的服务整个人道主义团体中心的重要里程碑。

此外，受疫情影响，世界粮食计划署正在努力满足多达 1.38 亿人的粮食需求，这是世界粮食计划署历史上最大的人道主义响应。前所未有的危机需要史无前例的响应，世界粮食计划署呼吁在接下来的 6 个月里援助 49 亿美元，在 83 个国家开展拯救生命的工作。世界粮食计划署继续呼吁我们的所有伙伴（包括中国）援助，一起帮助我们拯救生命。

阁下，女士们，先生们！

2017 年 5 月 14 日，我在北京和数百位世界领袖出席了"一带一路"国际合作高峰论坛。我们讨论了如何联通政策、设施、贸易、资金、民心，包括粮食供应链联通，这是可持续发展的关键。

我很高兴，世界粮食计划署和中国携手应对疫情带来的巨大挑战。中国能做出重大贡献、改变数百万人的生活。我期望继续加强我们的抗疫合作。同时，在今后的几年时间里，我们要更加关注实现 2030 年议程和可持续发展目标。

非常感谢大家，祝今天论坛成功。

谢谢！

（中文翻译：肖春阳博士后、李梓源，中国粮食经济学会）

by Amir Abdulla, Deputy Executive Director, WFP

Excellencies,

Ladies and Gentlemen,

Dear colleagues and friends：

　　Good morning!

　　Let me begin by thanking the Organizing Committee of the Forum for giving me the opportunity to deliver this message. While I would have liked to join you in person, I am delighted that a solution has been found for this important Forum on the Supply of Food to take place in these difficult times.

The World Food Programme (WFP) is the world's largest humanitarian organisation fighting hunger worldwide and the United Nations lead in terms of logistics, aviation, and emergency telecommunications services.

Over the years, I have had the pleasure of seeing WFP's relationship with China grow and evolve. In the 80s, WFP's programmes fighting hunger in China were the largest in the world. Since then, China has made rapid progress in reducing poverty and hunger; not only it has made progress withing its borders but it is now a main contributor to the United Nations' humanitarian and development efforts around the world.

Since 2016, the Government of China has contributed to WFP's food assistance programmes in more than thirty countries, as well as providing technical expertise to save lives and change lives across the globe. This year, we have been able to expand our collaboration into the crucial area of global humanitarian logistics.

The COVID – 19 pandemic is multiplying misery by preying on the weak and the vulnerable, pushing millions of people out of work, disrupting vital supply chains and threatening the very fabric of society. The pandemic is aggravating long – standing inequalities and heighten hunger, malnutrition and vulnerability to disease. I am particularly concerned about the impact of the pandemic on women entrepreneurs and small and medium business enterprises, especially in rural areas. WFP estimates that the number of acutely food insecure people could increase by 80%, to 270 million people by the end of 2020.

This creates immense demand on WFP's global supply chain and logistics capacities, and I am proud that WFP has set up a comprehensive system that enables a global response to the pandemic, including providing common logistics services to support the global humanitarian and health response.

On 18 May 2020, President Xi Jinping made remarks at the opening of the 73rd session of the World Health Assembly and presented five proposals relating to COVID – 19, including working with the UN System to set up a global humanitarian response depot and hub in China, ensuring the operation of global supply chains.

In response to the crisis, the interim global humanitarian response hub in China was established rapidly. Since the beginning of the pandemic, WFP has dispatched items to combat COVID – 19 to 165 countries on behalf of 51 organizations, covering more than 85 percent of the world. Over 80 percent of globally distributed humanitarian and health cargo for the COVID – 19 response so far has been transported through this hub. This has been the first step to realize the proposal of President Xi Jinping and a great milestone towards the establishment of a long – term hub in China serving the entire humanitarian community.

In addition, WFP is working to meet the food needs of up to 138 million people affected by COVID – 19—this requires the biggest humanitarian response in WFP's history. The unprecedented crisis requires an unprecedented response – WFP is appealing for 4. 9 billion of US dollars over the next six months to carry out this life – saving work in 83 countries. We will continue to call upon all our partners, including China, to come together and help us to deliver this life – saving assistance.

Excellencies, Ladies and gentlemen!

In May 2017 I was in Beijing with hundreds of world leaders for the Belt and Road Forum, where we all discussed how connectivity in infrastructure, trade, finance, policies and among people are key for sustainable development. This also includes connectivity for the food supply chain.

I am delighted that WFP and China have come together to respond to the immense challenges caused by COVID – 19. China can make a tremendous contribution and make a difference for millions of lives. I look forward to continuing to strengthen our joint response to COVID – 19, while also keeping our eyes focused on achieving the 2030 Agenda and the Sustainable Development Goals in the years to come.

Thank you and enjoy the rest of the Forum.

Xièxiè.

改善粮食供应链　解决饥饿的问题

屈四喜　联合国世界粮食计划署驻华代表/国别办公室主任

女士们，先生们，同事，朋友们：

上午好！

对每一位全球粮食供应链的参与者而言，本论坛是个交流观点、分享经验的绝佳机会。在当前新型冠状病毒肺炎（以下简称新冠肺炎）疫情的大背景下，这次论坛的意义尤为重大。为响应联合国世界粮食计划署副执行干事阿米尔·穆哈默德·阿卜杜拉先生的视频讲话，我想借此机会提出一些补充意见。

世界粮食计划署是联合国最大的人道主义援助机构，强大的供应链对于我们为近1亿人提供粮食援助的工作至关重要。面对如此巨大的需求，其供应链的产能可谓重任在肩。2019年，世界粮食计划署通过61000个集装箱运送了440万吨粮食，飞行航程达到了2000万公里，同时，世界粮食计划署还通过卡车运输粮食，行驶里程达840万公里。目前，我们拥有能够采购各种粮食和物品的系统，能够确保全球食品卫生，加强卫生供应链，严格执行供应商审查，利用数据和技术力求效率最大化，开发并执行风险管理及保险体系等。正因如此，世界粮食计划署受托引领全球物流中心网络，向广大合作伙伴提供人道主义物流服务。

尤其在当前抗击新冠肺炎疫情的背景下，确保粮食供应链的稳定对保障全球食品安全至关重要。全球范围内限制人员流动，边境管控日趋严格，商业运输被迫中断，这都打乱了人道主义和卫生组织的日常运输路线。国外卡车禁令，航班限行，各种卫生措施，人员流动限制，强制隔离期，主要港口和边境过境点工作人员数量减少等，都对粮食供应运输产生了负面影响。

世界粮食计划署提供全球物流服务，来支持应对新冠肺炎的全球人道主义和卫生行动，我们对此备感自豪。目前，世界粮食计划署已在广州（中国）、列日（比利时）和迪拜（阿联酋）建立起全球人道主义应急枢纽中心，这些中心距离物资生产地都非常近。此外，世界粮食计划署还在埃塞俄比亚、加纳、马来西亚、巴拿马、南非和迪拜建立了地区应急枢纽中心。

自2020年5月启动新冠肺炎公共服务以来，截至2020年8月31日，世界粮食计划署已代表51个组织机构向165个国家运送约56823立方米的抗疫物资。在全部货运中，有超过80%的物资都是从广州应急枢纽发出的，其中包括向联合国儿童基金会和世界卫生组织的大量货运。目前，全球60个受疫情影响的地区均已开通客运航线，来自300多个组织机构的2万多人已搭乘1100余架次客运航班安全抵达60多个目的地。

除在物流需求方面合作外，世界粮食计划署还与中国政府在粮食价值链的多个方面进行密切合作。世界粮食计划署中国办公室在国内开展项目时采用了一种创新模式。在2018年和2019年，世界粮食计划署在湖南省和广西壮族自治区启动了学龄前儿童营养改善试点项目，通过能力开发和技术支持，向营养不良的儿童提供相应帮助。在安徽，猕猴桃价值链的项目鼓励贫困农户积极参与猕猴桃价值链的全过程，以实现盈利创收目标。

2019年9月，世界粮食计划署启动了一个促进小农户种植富锌马铃薯的项目，旨在改善贫困地区人民生计，解决当地人缺锌的问题。世界粮食计划署在这些项目中予以技术和资金的支持，采用对营养敏感的价值链方法，关注小农在可持续粮食体系中的顺应力，促进农户创收。

通过在北京设立的世界粮食计划署卓越中心，世界粮食计划署与中国政府进行合作，致力于促进南南合作和三方合作，向其他发展中国家推广中国在粮食安全、改善营养状况和扶贫方面的技术经验。这些行动有助于整合各大资源，推动实现《2030年可持续发展议程》目标，特别是实现其中的可持续发展目标2（零饥饿）和可持续发展目标17（促进目标实现的伙伴关系）。

从以工代赈、农场市场联盟、校餐、粮食体系和小农支持项目，到世界粮食计划署南南合作倡议，这些项目都是在拯救生命、改善生计。在中国，为鼓励更多的私营部门参与到这些重要的工作中，我们创建了一个平台，目的就是整合资源，吸引优质投资到粮食供应链里来。

对于身处危机的不幸人群，世界粮食计划署会采取措施确保他们的粮食供应。2019年，世界粮食计划署得到了中国政府的支持，向津巴布韦、莫桑比克、纳米比亚、莱索托、也门、多米尼加共和国和刚果共和国提供了至关重要的粮食援助。2020年，世界粮食计划署将努力满足1.38亿人的粮食需求——这也是世界粮食计划署有史以来规模最大的人道主义援助。我们呼吁所有的合作伙伴能够携起手来，共同完成这项工作。

女士们，先生们！

很高兴能在这里介绍世界粮食计划署在中国和世界各地为改善粮食供应链、解决饥饿问题所开展的工作。尽管挑战艰巨，但我相信中国定会集聚全部资源，全力打赢这场攻坚战，改变数百万人的命运。我希望大家都能参与到我们的行动中来，提供援助，分享专业知识，持续关注（联合国）可持续发展目标。

谢谢大家！

by United Nations World Food Programme China Office Representative/Country Director Dr. Sixi Qu

Good morning, Ladies and Gentlemen,

Dear colleagues and friends,

This is indeed a great opportunity for an exchange of ideas and experiences among the many actors involved in the global food supply chain. It is of course particularly relevant against the backdrop of the ongoing COVID – 19 pandemic. To echo the video speech by WFP Deputy Executive Director Mr. Amir Abdulla, I would like to take this opportunity to make some supplementary observations.

As the largest humanitarian assistance agency in the United Nations system, a strong supply chain is critical to our work of providing food assistance to about 100 million people. This entails a huge demand on WFP's extensive supply chain capacities. In 2019, WFP delivered 4. 4 million metric tons of food, flying 20 million kilometres and shipping 61000 containers. Collectively, WFP's trucks drove 8. 4 million kilometres. We have the systems in place to procure a wide range of food and goods, ensure food safety around the world, strengthen health supply chains, rigorously vet suppliers, use data and technology to maximise efficiency, develop and implement risk management and insurance, and much more. This is why WFP is entrusted with leading the global Logistics Cluster and providing logistics services to a wide range of partners in their humanitarian efforts.

In particular, the role of sound supply chains in global food security is all the more prominent in the currently going – on battle against COVID – 19. Restrictions on global movements, tighter border controls and commercial transport disruptions mean that the usual routes for humanitarian and health organizations are disrupted. Challenges such as the banning of foreign trucks, reductions in flights, hygiene and sanitation measures, movement restrictions, mandatory quarantine periods and reduced staff at key ports and border crossings are factors that continue to affect supply routes.

We are proud that WFP is providing common logistics services to support the global humanitarian and health response to COVID – 19. WFP has set up Global Humanitarian Response Hubs in Guangzhou (China), Liège (Belgium) and Dubai (UAE), close to where supplies are being manufactured – alongside regional hubs in Ethiopia, Ghana, Malaysia, Panama, South Africa and Dubai.

As of 31 August, since launching COVID – 19 common services in May, WFP has dispatched 56823 m³ of COVID – 19 items to 165 countries on behalf of 51 organizations. Out of the total shipment, more than 80 percent has been dispatched from the interim hub in Guangzhou, including substantial shipments for UNICEF and the World Health Organization. Passenger routes have now been opened to 60 destinations globally. To date, more than 21000 passengers have been transported from more than 300 organizations on more than 1100 passenger flights serving more than 60 destinations.

Besides collaborating on this critical logistical need, WFP works closely with the Government of China on several aspects of the food value chain. WFP China employs an innovative approach for its domestic operations to identify targets and assist nutritionally vulnerable populations by providing capacity development and technical support through pre – school nutrition projects in Hunan and Guangxi launched in 2018 and 2019. The kiwi value chain project in Anhui supports poor households to actively participate in the kiwi value chain with the goal of increasing the income of poor households.

A project was launched in last September to promote the cultivation of zinc – rich potatoes by smallholder farmers as a sustainable approach to improving livelihoods and addressing zinc deficiency among local populations in poverty – stricken areas. WFP provides technical and financial support on these projects to enhance the income – generating capacity of targeted farmers taking a nutrition – sensitive value chain approach and giving due attention to enhance smallholder farmers resilience for a sustainable food system.

WFP also collaborates with the Government of China through the WFP Centre of Excellence in Beijing, which works to promote South – South and Triangular Cooperation and export Chinese technical expertise in food security, nutrition improvement, and poverty alleviation to other developing countries. These efforts help to join resources to work towards Agenda 2030, particularly SDG 2 on zero hunger and SDG 17 on global partnership.

Food for Assets, Farm to Market Alliance, Home – grown School Feeding, Food System and Smallholder Support and WFP South – South Cooperation Initiatives are among the workstreams contributing to our goal of Saving Lives and Changing Lives. In China, we work to engage the private sector in supporting these increasingly important areas of work; thereby we create a platform that brings together a range of actors to guide quality investments in the food supply chain.

For many people suffering from the impacts of crises and emergencies, WFP steps in to ensure their supply of food. Last year, WFP received support from the Government of China to provide crucial food assistance in Zimbabwe, Mozambique, Namibia, Lesotho, Yemen, Dominican Republic, and Republic of Congo. In 2020, WFP is working to meet the food needs of up to 138 million people – this requires the biggest humanitarian response in WFP's history. We will continue to call upon all our partners to come together and help us to deliver this life – saving assistance.

Ladies and gentlemen!

I am delighted to be able to outline what WFP is doing in China and around the world to improve the food supply chain and assist those most in need. While the challenge is great, I know that China has immeasurable resources to contribute to the battle and make a difference to millions of lives. I hope to be able to engage you all in our efforts to provide assistance, share expertise, and maintain focus on the Sustainable Development Goals.

Thank you for your attention!

农业机械化作支撑　助力世界粮食安全

森枸柯　联合国亚洲及太平洋经济社会委员会
可持续农业机械化中心项目官员

国家粮食和物资储备局，中国国际经济技术交流中心，中国粮食行业协会，北京市粮食和物资储备局的同仁，

阁下，

联合国系统的同事，

女士们，先生们：

我很荣幸代表联合国亚洲及太平洋经济社会委员会可持续农业机械化中心（以下简称机械化中心）在中国国际服务贸易交易会这个重要平台致辞。

在新冠肺炎疫情余波下，所有国家努力复苏社会经济，我很高兴代表机械化中心负责人李宇彤博士，祝贺中国在这关键时刻举办本次粮食现代供应链发展及投资国际论坛。这对整个亚洲及太平洋地区极为重要，因为新冠肺炎疫情给农业部门带来了史无前例的挑战。此次新冠肺炎疫情，不但可能影响可持续发展目标实现，阻碍目标一（无贫困）和目标二（零饥饿）实施，而且可能逆转近年来已经取得的成果，危及全世界"不让任何人掉队"的共同承诺。因此，我们迫切需要更广泛考察，进一步分析此次新冠肺炎疫情对农业和粮食系统的影响，特别要关注处在"最后面"的小农。为减轻新冠肺炎疫情影响，在确定措施前，要认真研究农业部门与粮食和营养安全、生计、社会和自然环境的可持续性之间的复杂关系。准确地说，这次新冠肺炎疫情在世界流行，是危及粮食安全独一无二的额外的挑战。我们知道，气候变化是加剧干旱、洪水和其他自然灾害的主要因素。农民注意到损失年年增加，他们不得不重新考虑目前采用的技术和方案是否有效，挑战来自现代技术匮乏、基础设施缺口。

可持续农业机械化可以提高投入使用效率、生产率，不但有利于粮食安全，而且是减少农场生产损失（包括自然灾害造成的）价值链的重要环节。面对各类运输限制，促进农产品冷链物流和仓储技术升级，是行之有效的应对措施，既

能减弱延长交货期的影响，又能降低农产品滞销和变质风险。引进减少产后损失的干燥和储存设备、对农产品进行分级和包装的商品化加工技术，既有助于农产品提高质量、降低价格，也有助于在交易减缓或消费者购买力下降时支撑农民收入。可持续农业机械化可以帮助小农有更好的生计，赋予女农业劳动力应有权力，为农民提供更好地应对风险和挑战的方法。同时，可以在实现复苏和建立农村社区长期恢复力方面发挥重要作用，通过保护性农业实践能够有助于保护土壤。

机械化中心是联合国亚洲及太平洋经济社会委员会区域机构之一，北京办事处服务于整个亚洲及太平洋地区。以中国合作伙伴为基础，包括通过今天这个平台，作为联合国促进亚洲及太平洋地区社会经济可持续发展整体的一部分，机械化中心努力推动可持续农业机械化。目前，亚洲及太平洋国家在采用农业机械化方面分别处于不同发展阶段，少数国家农业机械化达到很高水平，一部分国家正在奋起直追，其余国家落后于机械化进程或没有走入机械化正轨。同样，不同作物、不同生产阶段、不同社会群体之间存在很大差距。这就需要采取更加平衡的方法，满足不发达地区和作物需求，推动农业可持续性和恢复力，增强整个价值链，赋予妇女和农村社区边缘化群体应有权力。同样重要的是，发挥数字技术巨大潜力，优先考虑气候智能机械化。最近，机械化中心组织的区域活动，有助于各国确定哪些需求可以通过南南合作得到缓解，包括支持发展设施、能力建设、知识共享、使各个国家能够进一步获得新技术和标准，推进农业机械贸易。

机械化中心期待继续与今天出席论坛的所有机构和人员合作，"更好地重建"新冠肺炎疫情后世界，共同努力保障亚洲及太平洋地区的粮食安全，实现2030年议程中"不让任何人掉队"的愿望。

谢谢！

（中文翻译：肖春阳博士后、陆源，中国粮食经济学会）

by Programme Management Officer Marco Silvestri, on behalf of the ESCAP Centre for Sustainable Agricultural Mechanization（ESCAP – CSAM）

Dear colleagues from CICETE, China Grain Business Association, Beijing Municipal Grain and Reserves Bureau and National Grain and Reserves Administration,

Excellencies,

My fellow colleagues from the UN system,

Ladies and Gentlemen:

It is my pleasure to present remarks at this important platform of the China International Fair for Trade in Services on behalf of CSAM, the Centre for Sustainable Agricultural Mechanization of the United Nations Economic and Social Commission for Asia and the Pacific, or ESCAP.

On behalf of our Head, Dr Yutong Li, I am glad to congratulate the organizers for holding this Forum for Development and Investment of Modern Supply Chain of Food at a crucial time when all countries are working to engineer a sustained socio – economic recovery in the aftermath of the COVID – 19 pandemic. This is extremely significant for the entire Asia – Pacific region, where the impact of the pandemic on the agricultural sector has brought unprecedented challenges. The pandemic threatens to not only stagnate progress towards the Sustainable Development Goals including Goal 1 (No Poverty) and Goal 2 (Zero Hunger), but indeed has the potential to reverse the gains made in recent years, thus jeopardizing the global community's shared promise to 'leave no one behind'. There is a pressing need to further analyze the impact of the pandemic on agriculture and food systems more broadly – with particular attention to the needs of smallholder farmers who are amongst 'those furthest behind'. Any measures identified to mitigate the impacts of the pandemic should carefully look at the intricate linkages of the agriculture sector with food and nutrition security, livelihoods, and social and environmental sustainability. In fact, the global pandemic is only one additional challenge threatening food security. Climate change is well recognized as a common problem that intensifies droughts, floods and other natural disasters. Farmers notice every year growing losses that create an urge to reconsider current practices and technologies applied in agriculture. Challenges range from lack of modern technologies and capacity to infrastructure gaps.

Sustainable agricultural mechanization is not only beneficial to food security because it improves input use efficiency and increases productivity, but is also an important link in the value chain towards addressing farm production losses, including those caused by natural disasters. Promoting the upgrading of cold chain logistics and storage technology of agricultural products is an effective response to any traffic restrictions, easing the effects of prolonged delivery periods, and reducing the risk of unsalable and deteriorated produce. Improving the equipment for post – harvest loss reduction through drying and storage, and of post – harvest commercialization processing technologies such as grading and packaging, can help producing better quality and cheaper agricultural products, also helping support farmers' incomes when the trade slows down or purchasing power of consumers decline. Sustainable agricultural mechanization can support smallholders to achieve better livelihoods, while empowering women in the agricultural workforce and providing farmers with means to address emerging risks and better cope with future shocks. It can play a key role in enabling recovery and building long – term resilience of the farming community, andthrough conservation agriculture practices it can also contribute to the preservation of the soil.

The Centre for Sustainable Agricultural Mechanization (CSAM) is one of the regional institutions of ESCAP, serving the entire Asia – Pacific region from its office in Beijing. Building on the wealth of its partners in China, including through platforms as the one that gathers us today, CSAM is promoting sustainable agricultural mechanization as part of the United Nations overall efforts to enable sustainable socio – economic development in the Asia – Pacific region. Countries in Asia and the Pacific are currently at varied stages in relation to the adoption of agricultural mechanization. While a few have already attained a high level of adoption, others are experiencing rapid progress, while many others who left behind and/or have suffered from inappropriate and fragmented approaches to mechanization. Major gaps also exist among different crops and different stages of production as well as across social groups. This calls for a more balanced approach which can address the needs of underserved areas and crops, promote sustainability and resilience, strengthen the whole value chain, and empower women and marginalized segments of the farming community. It is also vital to leverage the significant potential of digital technologies and to prioritize climate – smart mechanization. Recent regional events organized by CSAM facilitated countries in identifying which of their needs could be eased with South – South cooperation efforts; these range from support for developing facilities, capacity building, knowledge sharing, enabling further access to the latest technologies and standards, and facilitating trade of agricultural machinery.

CSAM looks forward to continuing partnering with all institutions and agencies present today to 'Build Back Better' the post – Covid world and to working together towards food security in the region, to meet the aspiration of the 2030 Agenda of leaving no one behind.

Thank you!

共促进多双边团结合作
齐应对全人类粮食危机

张 翼 中国国际经济技术交流中心副主任

女士们，先生们：

大家上午好！

很荣幸在北京的金秋时节和大家相聚在 2020 年中国国际服务贸易交易会粮食现代供应链发展及投资国际论坛。首先作为论坛的共同主办方，我谨代表中国国际经济技术交流中心对各位领导和嘉宾的莅临表示衷心的感谢和热烈的欢迎！

2020 年的中国国际服务贸易交易会是在新冠肺炎疫情暴发以来我国以线上线下相结合方式举办的首场重要大规模国际经贸活动，受到国内外的广泛关注。中国国家主席习近平在服贸会全球服务贸易峰会暨开幕式上发表了重要讲话，充分体现了中国政府对服贸会的高度重视，充分体现了中国政府对扩大开放、支持全球化共赢合作的坚定立场，也充分体现了中国致力于共同营造开放包容的合作环境，共同激活创新引领的合作动能，共同开创互利共赢合作局面的信心、决心和期望。

粮食现代供应链发展与投资国际论坛于上一届服贸会首次举办，在联合国世界粮食计划署、粮食和农业组织等国际机构以及中国国内相关行业组织和企业的大力支持和密切协作下，赢得了积极的反响，凝聚了多方的共识，也顺利成为本届服贸会的重要活动之一。今年的粮食论坛举办于全球共同应对新冠肺炎疫情的特殊背景之下，自然承载了特别的意义。中国古语说"民以食为天"，联合国 2030 年可持续发展议程也将"零饥饿"摆在了十分突出的重要位置，粮食安全的重要性对于任何一个国家、一个民族乃至于全人类而言是再怎么强调都不为过的。根据联合国有关机构的统计数据，目前全球每十个人有一个人面临着饥饿。2019 年全球约有 6.9 亿人遭受饥饿，2020 年受新冠肺炎疫情的冲击以及蝗灾、旱涝灾害叠加影响，新增饥饿人口可能达到 1.3 亿，2019 年全球饥饿人口超过了拉丁美洲的全部人口，今年饥饿人口要超过欧洲的全部人口。与此同时，单边主义、贸易保护主义抬头，退群、脱钩等逆全球化的行为严重威胁着国际分工协作，干扰了全球供应链、产业链有效运转，全球粮食安全问题更是雪上加霜。

本年的粮食论坛主题是"加强危机防控合作，守护国际粮食安全"，与当下人类面临的共同挑战十分契合，希望与会嘉宾集思广益，为维护人类的共同利益、巩固和重塑全球价值链和供应链，鼓励投资便利化和贸易自由而分享真知灼见，共同推进构建人类命运共同体。

中国国际经济技术交流中心成立于改革开放之初，是中国参与国际发展合作的专业机构。交流中心从诞生伊始，接受联合国机构对华援助，到今天兼容联合国对华合作以及中国对外援助业务，在实践中我们深刻体会到国际合作对全球粮食安全有着十分重要的作用和意义。联合国机构和其他友好国家政府对中国的援助大大支持了我们的农业发展，提升了生产技术和管理水平，提高了产量和质量，助力中国解决了14亿人的粮食安全。与此同时，中国积极向其他发展中国家提供力所能及的援助，帮助缓解突发性的粮食危机和支持长效性的粮食生产发展，赢得了受援方和国际社会的充分肯定和高度赞誉，无论是通过双边渠道提供粮食援助、派遣专家还是生产合作，以及我们跟联合国系统，如联合国粮食和农业组织设立南南合作信托基金，与世界粮食计划署一起向非洲提供粮食援助等，都有非常多的成功案例。这是中国积极参与全球发展合作的成功范例。

粮食现代供应链发展和投资促进是实现全球粮食安全的重要路径，同时供应链的发展和投资促进也离不开技术革命和服务创新，大数据、云计算、人工智能、现代物流等技术和服务已经广泛应用于农业种水肥、产学研、耕养收、加售服等供应链和价值链每一个环节和角落，因此希望大家充分利用好服贸会这个平台，接触和了解服务贸易12大门类最新成果动态和前沿趋势，引他山之石可以攻玉，拓展破壁思维，探索跨界融合，实现跨越式的发展，协力推动和促进国际粮食领域稳定发展和共同繁荣。

最后衷心祝愿本次论坛取得圆满成功，也祝各位嘉宾在北京停留愉快，身体健康，工作顺利。

谢谢大家！

乌克兰在世界粮食安全中的地位和作用

斯蒂潘·娜塔莉娅　乌克兰驻华使馆一等秘书

女士们，先生们：

早上好！

粮食安全是世界各国发展的基础，同时是人类生存发展的前提。营养不良造成儿童生长发育不良，导致未来劳动力质量下降。营养不良同样影响生态，导致森林面积减少。虽然在现代化过程中，这种趋势正在减弱，但是即使在最发达国家，一部分人也无法获得健康生活的全部粮食。目前，粮食安全面临着人口增长、资源限制、土地耗竭和气候变化带来的风险挑战。现在最困难最艰巨的工作是确保供应粮食，不但要有充足的数量，而且还要有必需的质量。

未来几十年里，世界农业，一方面需求迅速增长。增长主要因素：人口增多，城市化进程加快，人均收入增加，生物燃料需求攀升。另一方面供应受到制约。制约主要因素：耕地短缺，农业生产力增长放缓，环境恶化。严重污染和土壤侵蚀限制农业增产。

世界各国农业尽力确保粮食安全。由于人口预期增长，这一社会经济重任在世界范围内显得更加重要。解决这一问题，需要全世界所有农民特别是经验丰富的农民参与。

我的祖国乌克兰，史称"欧洲粮仓"，为世界粮食安全做出了很多贡献。但是，还未成为"世界粮仓"。乌克兰气候环境适宜、靠近主要市场，是农业出口大国。

乌克兰国土面积60.3万平方公里，其中约70%用于农业生产，55%以上土地用于农耕。乌克兰耕地不是普通耕地，而是世界上最好的耕地之一。乌克兰近60%的耕地是极为珍贵的黑土或黑钙土，其中含有高比例腐殖质或已分解的有机质（有时含量高达15%），以及磷酸、磷和氨等植物必需养分。许多国家都有这种肥力高、非常适合植物生产的土壤，乌克兰黑土面积占世界黑土总面积的

33%，是种植小麦、大麦、玉米、甜菜、向日葵、大豆和油菜籽等作物最适宜的土壤。同时，乳制品和肉类的生产也越来越重要。

目前，乌克兰农业生产是包括谷物和饲料作物在内的多元组合，如小麦、玉米、大麦、向日葵、甜菜、烟草、豆类、水果和蔬菜，其中谷物、油籽分别占乌克兰农业总产量的 25%、20% 以上。

乌克兰是世界最大的向日葵种植国，年产量超过 1000 万吨；是世界第六大玉米生产国，年产量 3900 万吨；是世界第七大小麦生产国，年产量约 2700 万吨。此外，甜菜、大麦、大豆和油菜籽产量均位居世界前十。

乌克兰生产和物流的改善，以及新的贸易联系和协定，包括与欧盟联合协定，增强了出口能力。乌克兰地处黑海，粮食可以直接运往欧洲、亚洲和非洲主要市场。乌克兰是世界第一大葵花籽油出口国，第二大菜籽油出口国，第三大坚果出口国，第四大玉米、大麦、黑麦、蜂蜜和高粱出口国，第五大小麦出口国。乌克兰出口的玉米，中国是最大进口国。过去十年，乌克兰农业和粮食出口平均增长了 9%。

乌克兰优异的农业生产能力显示其为世界农业主产国。每公顷产量，小麦 4 吨，比 20 年前增长 1/3；玉米增加 150%，达到 6 吨以上。通过大量使用现代肥料和农作物保护产品，有助于保护农作物和提高产量。乌克兰超过 40% 的农田由面积大于 500 公顷的农场耕种，农田面积 2500 公顷及以上的农场并不罕见。然而，欧盟农场平均农田面积仅 17 公顷。

现在，乌克兰作为世界农业主产国，农业发展潜力巨大。人均耕地面积，乌克兰 0.7 公顷，与美国 0.5 公顷、德国 0.15 公顷、中国 0.08 公顷和埃及 0.03 公顷相比，高于这些国家。乌克兰世界农业主产国地位有助于转型发展，为改善农村道路、基础设施、学校和农村生活提供资金。随着世界各国对粮食需求不断增长，很少有国家能像乌克兰这样拥有如此众多的自然禀赋，因此，乌克兰世界农业主产国地位只会得到加强。

乌克兰农业具有生产成本低的比较优势：低廉的地租价格，肥沃的土壤，竞争力强的工资和物流。但是，乌克兰农作物单产低于欧美国家基准，农业生产还有很大增长空间。

随着在管理、教育、灌溉、农业技术、物流和加工方面投资的增加，乌克兰将实现粮食出口量翻番。

例如，乌克兰耕地，目前约 30% 配备灌溉设施。直接投资灌溉市场，作物产量能显著提高，按照作物种类不同，增加产量最高可达 95%。根据乌克兰国家农业科学院研究，重建全国现有灌溉基础设施，投资需近35亿美元。

乌克兰智能农业市场处于引进—增长生命周期阶段，只有3%～4%的耕地被严格监管，对于拥有1500万～3000万美元资本的外国投资者来讲，这是一个很好的投资机会，可以开发乌克兰价值2亿美元的潜在市场。这样，将通过积极降低生产成本、降低使用智能技术风险，提高农业生产率，如精准农业、全球定位系统监控、农场管理和无人机技术等。例如，斯维塔诺克农业公司在2014年是乌克兰最先使用这些先进技术的公司之一。从那时以来，该公司农作物单产一直远远超过全国平均水平，每公顷产量，该公司大豆3.0吨，全国1.8吨；葵花籽4.0吨，全国2.2吨；小麦7.5吨，全国3.8吨。

乌克兰在农业投资方面的优势包括：

1. 自然禀赋：优质肥沃的土地。

2. 合理发达的基础设施。乌克兰良好的基础设施支撑出口，与欧盟、美国、亚洲和澳大利亚相比，不相上下。整个运输网络包括2.17万公里铁路、16.58万公里公路、2.2万公里通往亚速海和黑海的内河运输航线。根据世界经济论坛数据，铁路基础设施质量，乌克兰4.4，而美国4.8，世界平均水平3.1。乌克兰有18个商船海港，仅敖德萨港、伊利乔夫斯克港和尤日内港三个海港商船货运量，就占全部商船货运量的56%左右。在黑海地区国家中，乌克兰港口潜力最大。

3. 优越的地理位置。乌克兰地处发展时期全球贸易区中心，位于欧洲和亚洲十字路口，地理位置十分重要。乌克兰直达黑海，有连接港口和航运的良好铁路网。凭借优越的地理位置，在向中东、亚洲、北非和欧盟等主要市场出口方面，有很强竞争力。

4. 潜在的投资高回报。乌克兰资源，粮食出口在十年内可以增长5～6倍。乌克兰粮食消费量远低于粮食产量，这与中国、印度、巴西、土耳其和墨西哥等世界粮食主产国截然不同，这些国家粮食产量主要用于供应国内市场。与发达国家比，乌克兰通过采用国外农艺技术（农业机械、肥料、种子和管理方法）开垦土地，可以挖掘潜力进一步提高粮食产量。

乌克兰粮食产量是消费量的2倍，其中1/3收入来自农产品出口，在世界粮食链中将发挥越来越重要的作用。未来十年，乌克兰能够轻而易举将粮食产量翻倍，粮食出口量增加3倍，或者将大量粮食转化为高附加值产品。如果有合适的外国投资，乌克兰土地生产率将提高更快。外国投资不仅能促进乌克兰粮食生产和出口，而且还将为世界粮食安全作出更大贡献。

谢谢大家！

（中文翻译：肖春阳博士后，中国粮食经济学会；王正友副主任，国家粮食和物资储备局标准质量中心）

by First Secretary of The Ukrainian Embassy in China, Stepan · Natalia

Ladies and Gentlemen:

Good Morning!

Food security as an occurrence is essential for any national and world development. It is an essential condition for any field activity development. Undernourishment causes children maldevelopment which can worsen their future labour quality. Famine problems can influence the ecology, too, malnutrition can cause forest area reduction, although, regarding the modern processes and outlook, this tendency is reducing. Even in the most developed countries, part of the population have no access to the full set of food products that could provide for the healthy life. The current population growth accompanied by resource limits, land exhaustion, and climate change may create potentially dangerous conditions for food security. The most difficult and impossible (for now) task is to ensure providing not only a sufficient volume of food, but also its necessary quality.

Over the next several decades, global agricultural demand will expand rapidly due to population growth, rapid pace of urbanization, increases in per capita income, higher demand for biofuels. On the other hand, global agricultural supply is being constrained by global shortage of suitable land, slowing agricultural productivity growth and environmental degradation. Pollution and soil erosion are already limiting the upside potential for further yield gains in agriculture.

Agriculture of each country is committed to providing food security. In view of the expected population's growth, this social and economic task becomes even more important in the global scale. Its solution requires involvements of all farmers around the world, especially the ones with the relevant experiences and results in this activity.

My country Ukraine, historically known as the "bread basket of Europe", is already contributing to world food security and is yet to become the "food basket" of the world. A favourable climate and proximity to key markets, Ukraine is becoming an agriculture export powerhouse.

Around 70% of Ukraine's land area of 603000 square kilometres is devoted to agriculture, with more than 55% of land used for arable production. And it is not just any old arable land, but some of the finest in the world. Nearly 60% of its arable land is the much – prized "black soil" or Chernozem, that contains a high percentage of humus or broken – down plant – material (up to 15% in some cases) and essential plant nutrients such as phosphoric acid, phosphorous and ammonia. Pockets of this soil occur in a number of countries, but Ukraine is home to 33% of the world's black soils, making it the ideal location to grow a large range of crops, including wheat, barley, corn, sugar beet, sunflower, soya beans and rapeseed. Dairy and meat production is also increasingly important.

Ukraine's present agricultural output consists of a diverse combination of cereal and forage crops including wheat, maize, barley, sunflowers, sugar beets, tobacco, legumes, fruits and vegetables. Cereals and oilseeds count for above 25% and 20% of the total agricultural production in Ukraine.

Ukraine is the sixth largest producer of corn, growing 39 million tonnes a year. It is also the seventh largest producer of wheat in the world, growing around 27 million tonnes a year. It is the world's largest grower of sunflowers, regularly producing more than 10 million tonnes a year and it is a top ten producer of sugar beet, barley, soya and rapeseed.

Improvements in production and logistics and new trade links and agreements, including an association agreement with the European Union, have helped increase Ukrainian exports. The country's location on the Black Sea, also allows it to ship grain to major European, Asian and African markets. Ukraine in No 1 exporter in the world of sunflower oil, No 2 – rapeseed oil, No 3 – nuts, No 4 – corn, barley, rye, honey, sorghum, No 5 – wheat. Ukraine is No 1 importer of corn to China. Its agro and food exports grow at average 9% for over 10 years.

Ukraine's standing as a major agricultural producer is being driven by better performance. The average wheat yield is 4 tonnes/hectare, up a third on 20 years ago, while corn yields have increased by 150% to more than 6 tonnes/hectare. Greater use of modern fertiliser and crop protection products are helping protect crops and deliver those higher yields. More than 40% of Ukraine's farmland is cultivated by farms that are more than 500 hectares, with farms of 2500 hectares or more not uncommon. This compares with an average EU farm size of just 17 hectares.

Now established as a major crop player, the Ukraine's agricultural potential is strong. There is currently the equivalent of 0.7 hectares of arable land per person in Ukraine. That is high, and compares with 0.5ha/person in the USA, 0.15ha/person in Germany, 0.08ha/person in China and just 0.03ha/person in Egypt. The growth of Ukraine's agricultural industry is helping to transform the country, providing funding for improved rural roads, infrastructure, schools and village life. With the world's demand for food continuing to increase and few countries with so many natural advantages, Ukraine's place as a major world agricultural power is only set to strengthen.

Ukrainian agriculture, already enjoying substantial cost advantages due to attractive land rent prices, extremely fertile soil, competitive wages and logistics, still has plenty of headroom for productivity growth as the yields per hectare remain below Western benchmarks.

With additional investments in management, education, irrigation, farming techniques, logistics and value added production, Ukraine is poised to double its food exports.

For instance, of the cultivated land in Ukraine, only roughly 30 percent is currently equipped for irrigation. Direct investments in the irrigation market may lead to significant yields increase—up to 95 percent depending on the crop. According to the National Academy of Agrarian Sciences of Ukraine, reconstruction of the country's current irrigation infrastructure requires a capital injection of nearly $3.5 billion.

Taking into account that the Ukrainian smart farming market is on the introduction – growth life cycle stage with only three to four percent of arable land under complex supervision, it is a great opportunity for foreign investors with $15 to 30 million check size to take advantage of this potentially $200 million market in Ukraine. Such initiatives will lead to an increase in agricultural productivity by reducing production costs and risks through the use of smart technologies, such as precision farming, GPS monitoring, farm management, drone technologies, etc. For example, in 2014 agricultural company Svitanok became one of the pioneers of these technologies in Ukraine. Since then, the company's yields have been far outperforming Ukraine's average—3.0 vs 1.8 metric tons per hectare for soybeans, 4.0 vs 2.2 metric tons per hectare for sunflower seeds, and 7.5 vs 3.8 metric tons per hectare for wheat.

Ukraine's Advantages in Agruculture Invesmnets include:

1. Natural Endowment of High Quality Fertile Land.

2. Reasonably Developed Infrastructure. Ukraine possesses good infrastructure to support exports, on par with the EU, US, Asia and Australia. The total transport network includes 21. 7 thousand km of railroads, 165. 8 thousand km of roads, 2. 2 thousand km of operational river shipping routes with access to the Azov and Black seas. Quality of railroad infrastructure in Ukraine according to World Economic Forum is 4. 4 compared to 4. 8 in US, and 3. 1 average in the world. Ukraine has 18 merchant seaports: Odesa, Illichivsk and Yuzhny ports alone account for around 56% of the entire merchant cargo turnover. Ukraine possesses the highest port potential among all countries in the Black Sea region.

3. Good Geographic Location. Ukraine is strategically located in the middle of a large and growing global trade zone, at the crossroads of Europe and Asia. It has access to the Black Sea and has a good rail network to ports and shipping. Given its location, Ukraine has a comparative advantage for exports to major markets, like the Middle East, Asia, North Africa and the European Union.

4. Potential for Superior Returns. Based on Ukraine's resources, export of grains could grow 5 – 6 times over ten years. Ukraine consumes significantly less than what it produces: This is unlike other large grain producing countries, such as China, India, Brazil, Turkey and Mexico, where domestic production is mostly used to supply local markets. Ukraine can increase yields, while developed countries are constrained by yield growth. Adopting foreign agronomic techniques (agricultural machinery, fertilizers, seeds, and management practices) and bringing uncultivated land back into production, Ukraine could potentially boost its grain production.

In a country that produces double the amount of foodstuffs it consumes and where every third dollar comes from agricultural exports, Ukraine is becoming an increasingly critical link in the global food chain. Over the next 10 years Ukraine can easily double its output; it can triple its grain exports, or better yet, convert a lot of grain into high value – added products. However, with a proper amount of foreign investments the land productivity is to grow much faster which will not only reflect in production and export but also will make a sufficient contribution to world food safety.

Thank you for your attention!

打造安全放心食品产业链
服务首都食品供应　引领健康美好生活

王国丰　北京首农食品集团有限公司董事长

尊敬的各位领导，各位嘉宾：

大家上午好！

值此秋风送爽、麦穗飘香的收获季节，非常高兴与粮食行业的各位领导、各位嘉宾相聚北京，共商发展思路，共享发展成果。

习近平总书记指出，"悠悠万事，吃饭为大"，"民为国基，谷为民命"，"洪范八政，食为政首"。粮食安全，历来是治国安邦的头等大事，不仅关系到一个国家的安全，还关系到世界的和平与稳定。在新冠肺炎疫情向全球蔓延，世界粮食安全问题引发各方担忧和高度关注的特殊时期，我们在全球粮食安全的大视角下，讨论粮食现代供应链发展和投资，强化危机防控合作，守护国际粮食安全，意义尤为重大。

作为首都大型食品企业，首农食品集团是于 2017 年底，由原首农集团、京粮集团、二商集团三家北京市属国有企业联合重组成立。在全球合作的大背景下，我们立足于服务首都粮油和食品供应保障，延伸产业链，提升价值链，整合供应链，实现重组以来收入、利润的连续两位数增长，全力打造具有国际竞争力、引领健康美好生活的现代食品集团。

第一，聚焦核心主业，构建农、粮、食一体化发展格局。原首农、京粮、二商三家企业，都拥有近 70 年的发展历史，具有深厚的农业、粮油、食品产业基础。三家企业联合重组后，我们聘请麦肯锡公司为集团量身定制了"2019—2025年发展战略规划"，着重谋划好产业资源的聚合、聚力、聚变。

从产业聚合上，我们明确构建以食品产业为"一体"，以现代服务、物产物流为"两翼"，以科技、金融、数据为"三平台"的"一体两翼三平台"开放型产业生态体系。其中食品产业的"一体"，涵盖了集团种业、现代农业、粮食、油脂、乳业、肉类及水产品、糖酒及副食调味品、物流产业八大产业板块，把农、粮、食有机聚合为一个整体，贯通了种、养、存、加、销、研等各个环节，初步构建起从田间到餐桌的全产业链条和一二三产融合发展的全产业格局。

从产业聚力上，我们围绕八大产业板块，加快同类业务或同一产业链上下游的企业重构，完成生物科技、肉类、乳业等子集团（事业部）改革，粮食贸易子集团正在抓紧筹建。京粮股份作为油脂板块的载体平台，已于 2017 年重组上市。2020 年在新冠肺炎疫情的考验下，京粮股份克服大豆贸易跌宕的不利因素，加强市场研判，把握采购时机，公司市值得到大幅提升。通过产业整合、企业重构，集团产业链的资源聚集效应得到发挥，一批发展前景良好、核心竞争力较强的优势产业集群正在形成。

从产业聚变上，我们明确"具有国际竞争力、引领健康美好生活的现代食品集团"企业新愿景和"收入利润翻一番，跻身世界 500 强"的战略新目标，明确市场化、专业化、资本化、数字化、国际化的发展新方向，向业内先进企业看齐，向世界一流企业奋进，强化市场思维，打开国际视野，服务美好生活，加快融入全球粮油和食品产业发展的大格局，实现集团农、粮、食产业发展的跨越式变革。

第二，聚焦开放合作，坚持农、粮、食融合化创新发展。在粮食安全已经成为构建人类命运共同体重要基础的大背景下，推动粮食现代供应链发展，离不开新技术、新投资，离不开各方携手、全球合作。多年来，首农食品集团始终在开放合作的道路上兼容并蓄、协作共赢。

我们加大科技创新的开放合作力度，着力构建全球化科技和产业协同发展体系。建成 19 个省部级重点实验室、院士专家工作站、博士后科技工作站等，建成国内规模最大的奶牛良种繁育基地、国内唯一掌握 SPF 技术的核心育种场和国家级蛋鸡核心育种场，成功培育出"红粉系列"蛋鸡品种，成为我国唯一一个不受国外控制的畜禽品种，将种源"中国芯"牢牢掌握在自己手中。集团坚持"科技为本、产业为翼、资本为用"的协同创新思路，与平谷区政府、瓦赫宁根大学、中国农大合作建设平谷农业科技示范区项目，探索了"政府＋企业＋科研机构"的科技"金三角"模式；集团联合中信农业、隆平高科申报的"国家生物种业技术创新中心"，被列入北京种业三年行动计划重点项目。目前，集团鸭种、蛋种鸡规模居世界第一，种牛规模居全国第一。科技创新已经成为集团产业发展的核心竞争力和重要驱动力，为加速传统产业转型、服务人民美好生活提供了科技支撑。

我们用开放性思维去打破经济与认知的局限性，加快对全球产业链资源的整合，推动发展的互联和互通、跨界和融合。与英国吉纳斯所属全球最大种猪育种公司 PIC 开展战略合作，第一批 PIC 品系曾祖代种猪已经入驻京郊，未来将成为 PIC 在华唯一原种供应商。联手中信农业全资收购英国樱桃谷农场公司 100% 股权，实现了这一流失海外一个多世纪的北京鸭品种重返祖国；近期，樱桃谷鸭原种场即将落户平谷，回到家乡，回到北京。与德国拜耳合作，建设"首农－拜耳示范农场"，打造绿色农业发展典范。我们还与日本丘比和罗森、法国安德鲁、泰国正大、中储粮、中信、复星等跨国企业、央企、民企合作，成功收购加拿大百年高端有机奶生产企业克劳利公司、法国健康食品品牌圣休伯特，在新西兰建设艾莱发喜公司第一家海外工厂，在开放合作中加快产业的全球布局。

第三，聚焦危机防控，打造农、粮、食立体化保障体系。成熟完备的粮油食品供应保障体系，是满足超大城市居民日常食品消费需求和应对各类重大活动、应急突发事件的必要保障，是城市治理体系中免疫系统的重要一环。首农食品集团作为首都的菜篮子、米袋子、奶瓶子、肉案子，在首都食品供应保障中发挥着重要作用。

从粮食供应保障上，我们构建起粮源采购、储备物流、加工生产、市场网络四大体系。在粮源采购方面，建设遍布东北、华北、华中等粮食核心主产区的粮源基地 200 多个，年收购"一手粮源"近千万吨；在储备物流方面，以铁路、公路、水路的物流整合为依托，建设遍布北京、覆盖产区、资源丰富的粮油仓储物流库点近百个，总仓容达到 550 万吨；在生产加工方面，持续扩大面粉、大米、杂粮生产规模，年粮食加工能力 800 万吨；在市场网络方面，以北京为中心、"三北"为重点，辐射全国，同时不断拓展市场，建立线上、线下销售渠道，深化产销合作，粮食贸易经营量突破 3000 万吨。

从食品安全保障上，我们着手构建代表安全、品质、健康，覆盖农产品种植养殖、生产加工、物流配送、批发零售等集团八大板块产业的"首农食品标准"和认证机制，构建起食品安全组织体系、标准体系、制度体系、检测体系、追溯体系和责任追究体系"六大体系"，形成全过程、全方位、全时段、可追溯的食品安全管控体系，确保广大人民群众"舌尖上的安全"。2020 年新冠肺炎疫情暴发后，我们主动承担社会责任，承接新增储备、异地储备转移进京、原粮加工应急出库任务，大年初二即组织吉林基地大米进京；创新货源组织、物资中转、物流保障模式，组织外埠蔬菜进京投放，确保了北京市场的稳定供应。

从供应服务保障上，依托集团生产、加工、物流基地的全国布局，构建沿北京六环的"1 小时生活保障圈"、沿京津冀的"3 小时应急保障圈"和沿环渤海的"6 小时应急响应圈"。在这三道首都安全放心食品供应保障圈的基础上，我们探索构建"控两端、带一链、三共享"的新型供应链体系，搭建信息"天网"和物流"地网"，掌控采买端、消费端信息，共享客户、渠道、物流资源，以精准化、便民化、体系化服务，建设更安全、更高效的新型供应链体系。2019 年，集团联手日本罗森集团，进军社区生鲜便利零售事业，围绕社区居民的一日三餐，提供包括肉禽蛋奶果菜等基础食材以及半成品、制成品和鲜食等日常生活必需品，打通服务百姓生活的"最后一公里"。2020 年，集团与普洛斯共同组建合资公司，投资总额达 300 亿元，建设北京鲜活农产品流通中心，打造"端到端"的食品供应链体系，加快由产品提供者向服务提供者转变，培育首都生活性服务业标志性品牌。

粮食安全，关系人类永续发展和前途命运。今天的论坛，为我们提供了分享经验、共享成果、强化合作的平台。未来，首农食品集团将继续秉承"食安天下，惠泽万家"的企业使命，立足首都，放眼全球，携手各方，联合共生，加强危机合作防控，守护国际粮食安全，共同推动粮食现代产业链发展，为全人类的和平与稳定贡献力量！

支持开放贸易　确保粮食供应

施孟泽　嘉吉公司全球执行副总裁

女士们，先生们：

你（们）好！我是施孟泽，现任嘉吉公司全球执行副总裁兼亚太区主席。感谢主办方邀请我发言。

每天，嘉吉全球的15.5万名员工在70多个国家努力工作，致力于通过生产食品和营养品来改善人们的生活。

我们的使命是以安全、负责任和可持续的方式滋养世界。

但如果没有贸易，这一切都无法实现。

嘉吉一直以来都支持开放贸易。开放贸易可以促进货物、服务和资本的跨境自由流通。

贸易使我们能够把食品从生产地运到消费地，进而促进经济增长，缓解饥饿和贫困，使生态环境可持续。

这些益处同样可以惠及广大的中国人民。

今天，全球几乎1/5的消费者来自中国。因此，在中国讨论粮食贸易这一话题是非常重要且适宜的。

嘉吉作为一家食品、农业和营养品公司，能够服务好中国的客户、生产者和消费者，我们深感欣慰。

我十分赞赏中国政府为举办此次全球粮食供应链发展国际论坛所做的努力。

在公共危机发生时，例如此次新冠肺炎疫情期间，有关各方应该如何携手合作，以确保粮食供应，这是非常重要的话题。

同等重要的是，我们要认真审视供应链的现代化，包括创新型的金融模式和工具，积极应用区块链等现代科技。

嘉吉非常高兴能够参加此次论坛，并且愿意分享我们的认识和想法。

由于疫情原因，我本人不能到场参会。希望从我的中国同事那里听到关于此次论坛的重要成果。

预祝论坛圆满成功，祝各位与会嘉宾身体健康。

谢谢大家！

by Executive Vice President of Cargill Marcel Smits

Ladies and Gentlemen:

Ni Hao! I am Marcel Smits, Cargill's Chairman of Asia. Thank you for inviting me to speak at this great event.

Every day, over 155000 Cargill employees go to work in 70 countries, inspired to improve people's lives through food and nutrition.

We are also driven by our purpose is to nourish the world, in a safe, responsible, and sustainable way.

And none of this can happen without trade.

We at Cargill support, open trade that facilitates the free movement of goods, services, and capital across borders.

Trade allows us to move food from where it is grown to where it is needed. This supports economic growth, alleviates hunger and poverty, and sustains our environment.

These benefits can be extended to the people of China as well!

Today, nearly one out of five consumers live in China. Having a discussion on grain trade and China here is significant and appropriate.

And as a food, agriculture, and nutrition company, Cargill is excited about what we can achieve for our Chinese customers, producers, and consumers.

I'd like to applaud the efforts of the Chinese government to hold this international forum on how to develop the global supply chain of grains.

It's important to discuss how all parties can and should work together to ensure grain supply during a public crisis such as the pandemic.

Equally important, if not more important, is looking at the modernization of the supply chain, including innovating finance models and tools, as well as adopting new technologies such as blockchain.

Cargill will be very happy to join the discussions and contribute our knowledge and thoughts.

Although I am unable to physically join in today's program due to the COVID – 19 pandemic, I look forward to reading and hearing from my colleagues about the great discussions.

Here's wishing the forum great success. And to today's attendees, I wish you good health.

Thank you all!

携手合作　开拓创新
共同守护粮食安全

马　征　嘉吉中国区副总裁

各位领导，各位嘉宾：

大家上午好！

丹桂飘香，秋风送爽。今天，各位来自政府、国际组织、行业协会和企业的代表欢聚一堂，共同探讨粮食供应链发展和粮食安全这一关系国计民生的重大话题。首先，我谨代表嘉吉公司感谢主办方的热情邀请，十分荣幸能够借此机会与各位领导和业内同仁沟通交流，为守护粮食安全和促进行业健康发展建言献策。我的发言将围绕两个话题展开：一是加强合作，共同守护粮食安全；二是积极应用现代科技和金融手段，提升粮食供应链效率。

首先，请允许我简单介绍一下嘉吉公司。嘉吉在全球范围内提供食品、农业、金融和工业产品及服务。我们携手农民、客户、政府和社区，通过运用全球化运营的深刻洞见和超过150年的业务经验和专长，共同致力于各国人民的不断发展。我们在70个国家和地区拥有155000名员工，致力于以安全、负责任与可持续的方式滋养世界。2019～2020财年，嘉吉全球营业收入为1146亿美元，是美国最大的非上市公司。对比今年刚公布的《财富》500强名单，相当于第57名左右。嘉吉中国的业务源于20世纪70年代首个《中美联合公报》发布之时。如今嘉吉的足迹遍布全国，拥有10000多名员工，40余家业务运营点。嘉吉中国的业务涵盖谷物油籽价值链，动物营养，动物蛋白，淀粉及淀粉糖，油脂解决方案，增稠稳定解决方案，结构金融，能源、金融与运输等。

一、加强合作，共同守护粮食安全

民以食为天，粮食安全是国际社会关心的永恒话题。目前对粮食安全的评价指标尚无统一标准，但联合国粮农组织、世界银行及各国学者普遍采用粮食储备率、粮食自给率、人均粮食占有量、粮食产量波动系数、低收入阶层粮食保障水平5个主要指标。其中，粮食储备率，也可以理解为库存消费比，联合国粮农组织建议不低于17%~18%。中国用占世界7%的耕地，养活了世界22%的人口，保障粮食安全的重要性和面临的压力不言而喻。美国农业部的公开数据显示，中国口粮（小麦和稻谷）的库存消费比近30年来都远高于这一标准，2020年，小麦高达125%，稻谷高达80%。在今年国内疫情发酵期间，个别地区出现了囤粮抢粮的不理性行为，国家有关部门明确指出，政策性小麦和稻谷库存足够全国一年以上消费量。正是因为有如此充足的库存，才能够在疫情期间保供稳市，稳定预期。

近年来，随着种子技术和农业现代化水平的不断提高，全球谷物和油脂油料的产量总体是稳定增长的，世界粮食安全总体是有保障的。但在发生公共危机的时候，例如，重大疫情和经济金融危机，有时导致政府限制出口、供应链运行不畅、市场借机炒作，并形成恶性循环。2006~2008年，由于国际原油价格飙升，一些国家开始大规模发展以粮食为原料的生物质能源，加之期货市场的炒作，结果导致粮价上涨。据联合国粮农组织统计，在2007年1月至2008年7月期间，各国小麦、稻谷、玉米的国内价格平均涨幅约40%，多个主产国实施出口管制，一些非洲国家则出现社会骚乱。2020年初，随着新冠肺炎疫情蔓延，越南、哈萨克斯坦、俄罗斯、乌克兰等国纷纷采取出口管制措施，加剧了市场对粮食供应的担心。危机发生时，出口管制能在一定程度上降低国际市场对国内价格的冲击，但政策的不可预测性给国内价格造成的影响更大。例如，越南在2008年初对大米实施了出口限制，但国内价格仍在当年4~5月飞涨了50%。此外，政府出口税等政策频繁调整，使贸易商面临更大的不确定性和风险，从而加剧市场波动。

展望未来，世界人口数量仍在增长，据联合国经济和社会事务部预测，2050年，世界人口将增至97亿人，确保充足的粮食供应仍然面临较大压力。希望我们携手同行，共同守护国际粮食安全。具体到中国应该怎么做，我在此提出以下四点建议，供大家参考：

一是藏粮于地、藏粮于技，落实最严格的耕地保护制度。中央一号文件连续提出要严守18亿亩耕地红线，全面落实永久基本农田特殊保护制度。同时，要借助金融工具，规避价格波动风险，大力推广"保险＋期货"，适度发展场外期权。嘉吉公司在这方面可以为上下游客户提供定制化的风险解决方案。

二是保证一定的粮食储备规模。丰则贵籴，歉则贱粜。政府储备可以发挥蓄水池的作用，熨平市场价格波动。在市场价格处于低位时，可以考虑通过国内收购和进口，适度补充储备库存。

三是维护公开公平的国际贸易秩序。非口粮品种可以适度依靠国际市场供应，充分利用国际国内"两个市场，两种资源"。嘉吉公司凭借全球布局的供应链和完善的风险管理手段，将一如既往地为世界和中国持续稳定地提供粮源和食品。

四是厉行节约，杜绝浪费。世界范围内，食物分布和消费不均衡，仍有约8亿人在忍受饥饿。中国作为全球负责任的大国，要进一步加强宣传教育，在全社会营造浪费可耻、节约光荣的氛围。

二、积极应用现代科技和金融手段，提升粮食供应链效率

当今世界科技突飞猛进，如火如荼，以互联网、大数据、区块链和人工智能等为代表的现代技术在很多领域都得到了充分应用。农业虽说是传统产业，但近年来也在不断地引入新技术，产业效率得到了很大提升。过去几年，嘉吉逐步将面部识别、云服务、智能眼镜等技术嵌入到养殖和加工等环节，大大提升了运营效率。此外，我们参与组建了Covantis公司，旨在依托区块链技术，简化贸易流程，应用电子化单据，节约交易时间和成本。在此，我倡议政府、行业协会和企业一道，制定统一标准，打通供应链堵点，提升供应链效率，以更精准、更顺畅的方式将粮油产品运送到最需要的地方。

随着粮食的金融属性不断增强，市场价格波动有所加剧。正确地利用期货期权等风险管理工具，可以很好地规避风险。国内油脂油料市场的期现货交易已经充分应用这些金融工具。未来在粮食领域，也应该审慎推进，在充分应用场内避险工具的同时，也应该鼓励有经验有能力的现货贸易企业开展场外交易。多样化对于整体风险管理十分必要。在过去几年里，通过期货和期权交易进行风险对冲被视为先进的做法。如今，风险管理者更需要更加个性化的策略。目前，嘉吉的风险管理解决方案，覆盖60个国家，涉及25种货币、70多种大宗商品。全球两大信用评级机构标普和穆迪对嘉吉评级均为A级。此外，农业产业链上的核心企业要加强与银行的合作，发挥桥梁纽带作用，大力发展供应链金融，缓解中小企业融资难的问题。

各位领导、各位嘉宾，守护世界粮食安全，提升粮食供应链效率，任重道

远，让我们并肩努力，开拓进取，为增进全人类福祉作出应有贡献。我的发言到此结束，预祝本次论坛圆满成功，祝大家身体健康，万事如意。

谢谢！

通力协作 保证食品供应链正常运转

安德烈·罗斯 路易达孚集团谷物油籽平台全球总经理

女士们，先生们：

大家好！

我非常高兴能够通过视频连线和大家见面。新冠肺炎疫情对全球粮食系统和农业产生了深远影响，并且引发了全世界对于粮食安全的关切。

作为全球领先的农产品贸易与加工企业，路易达孚正与员工和合作伙伴通力协作，确保食品和饲料原料民生物资供应链正常运转，履行我们为全球客户和消费者供应衣食所需的职责。

更重要的是，我们正在以安全、负责、可靠的方式实现这一目标，尤其是在新冠肺炎疫情的特殊时期，努力确保所有人的健康和安全，来防止病毒进一步传播和扩散。

新冠肺炎疫情暴发以来，中国采取了有效的防疫措施，及时报告了疫情进展，并出台政策和机制来支持在华企业。通过这些措施以及与当地政府密切合作，路易达孚在中国运营的七个油籽压榨厂在2020年2月都恢复了100%的产能，将食用油和饲料原料等运送到所需要的地方。

2020年2月，我们克服重重困难，向湖北运输近3万吨的豆粕，以满足当地畜牧养殖企业的需求，我们也向医院、餐饮业和社区捐款捐物，支持他们渡过难关。在后疫情时代，我们期待更加开放的国际对话，来实现共赢和可持续的国际贸易，在价值链中为利益相关方与合作伙伴创造公平、可持续的价值。

作为一家在中国扎根近50年的公司，我们将继续在中国投资，与中国市场共同成长，中国已经成为世界上最大农产品进口国之一，也已经成为全球经济发展的重要引擎。

感谢您的聆听。我在此预祝大会取得圆满成功！

by Head of Grains & Oilseeds, Louis Dreyfus Company Andre Roth

Ladies and Gentlemen:

Good Day!

It's an honor to be invited to address you today, and I am pleased to have the possibility to do so virtually. COVID – 19 has had a profound impact on the global food system and on agricultural value chains, creating worldwide concerns about food security.

As a leading global merchant and processor of agricultural products, LDC is working hard – with its employees and partners – to keep essential food and feed supply chains moving, fulfilling our role to provide sustenance to customers and consumers around the globe.

And importantly, we are working to do so safely, responsibly and reliably – especially in this extraordinary situation – to ensure the health and safety of all, and to prevent further spread of the virus.

Since the start of the outbreak, China has put in place effective anti – epidemic measures, reporting progress in a timely way and introducing policies and mechanisms to support companies that are active in the country. Thanks to these efforts, and working closely with local authorities, all seven of LDC's oilseed crushing plants in China resumed operations at 100% capacity in early February, bringing staples such as cooking oil, and feed ingredients such as soybean meal, to where they are needed.

In February, we transported close to 30000 tons of soybean meal to Hubei Province to meet the needs of local livestock companies, despite the challenges. We also donated to hospitals, to the catering industry and to wider local communities, supporting them in this very difficult situation. In a post – COVID – 19 environment, we look forward to promoting open dialogue toward win – win and sustainable international trade, in line with our commitment to create fair and sustainable value for all stakeholders and partners in our value chains.

And as a company rooted in China for almost 50 years, we will continue to invest in and grow with the country, which is one of the world's largest importers of agricultural products, and an engine of global economic development.

Last but not least, I wish the China International Fair for Trade in Services a great success. Thank you.

中国粮食行业协会中国植物油行业协会节约粮食反对浪费的倡议书

赵 奕 中国粮食行业协会总工程师

女士们，先生们：

早上好！

"国以民为本，民以食为天"，粮食是人类生存之本、经济发展之基，是关系国计民生的重要战略物资。党的十八大以来，以习近平同志为核心的党中央高度重视粮食安全问题，始终把粮食安全作为治国理政的头等大事，提出了"以我为主、立足国内、确保产能、适度进口、科技支撑"的国家粮食安全新战略，国家粮食安全得到切实保障，为中国和世界的粮食安全问题提出了中国解决方案，做出了中国贡献。"谁知盘中餐，粒粒皆辛苦"，习近平总书记一直高度重视粮食安全和提倡"厉行节约、反对浪费"的社会风尚，日前又对坚决制止餐饮浪费行为、切实培养节约习惯提出明确要求。节约粮食、反对浪费应该成为每个国家、每个行业、每个人的自觉行动。为此，中国粮食行业协会和中国植物油行业协会共同向全行业企业和同仁发起以下倡议：

第一，切实推动粮食生产减损。落实最严格的耕地保护制度，推进粮食播种、田间管理、收获等各环节的节约。大力推广新型种植技术，加大病虫草鼠害防治，推广粮食收获实用技术和设备，减少生产损失。

第二，切实促进粮食收购节约。粮食收购企业要做好收购准备工作，认真执行国家粮食收购政策，满足农民售粮需求。加强粮食质量检验检测，准确掌握粮食质量状况，及时发现粮食质量安全隐患，避免因质量问题造成粮食损失。

第三，切实规范粮食储存保管。粮食仓储企业要提高库房"智能化"水平，提高科学储粮水平，降低粮食污染，延缓粮油储存品质劣变。规范仓储管理，减少粮食储存环节损失损耗。落实农村粮食产后减损，加大农户科普宣传，着力推广农户储粮新理念、新技术、新设施、新设备。

第四，切实提高粮油加工转化。粮油加工企业要推广使用新技术、新工艺和新装备，加快淘汰高耗粮、高耗能的落后产能，促进粮油加工副产物的高效转化。引导和推进加工业规模化和集约化经营，发展粮食循环经济，延长产业链条，促进加工转化增值，提倡适度加工，发展低消耗、低排放、高效率的加工用粮模式，有效利用粮食资源。

　　第五，切实发展粮食现代物流。粮食物流企业要大力发展新型粮食运输装备，严格执行粮食装卸作业标准和运输管理规范，大力推广"四散"技术，提高粮食物流技术装备水平，简化运输环节，缩短运输周期，减少粮食运输环节的损失浪费。

　　第六，切实倡导粮食健康消费。全行业要坚持理性科学消费，加强宣传教育，切实培养节约习惯，营造浪费可耻、节约光荣的氛围。要以刚性的制度约束、严格的制度执行、强有力的监督检查、严厉的惩戒机制，坚决抵制公款消费中的各种违规违纪违法现象，切实引导解决机关、企业、学校等单位存在的食物浪费和节俭意识缺乏问题，培养勤俭节约的良好美德。加强餐厨垃圾管理，积极推进餐厨垃圾的资源化利用。

　　节约粮食，从我做起，从现在做起。

Ladies and Gentlemen：

Good Morning！

The people are the foundation of a country；food is the primary need of the people. It serves as a crucial strategic supply deciding national prosperity and the people's well-being. Since the 18th National Congress of the Communist Party of China（CPC）in 2012，the CPC Central Committee with Xi Jinping as its core has treated food security as a top state issue. The Chinese government has established a national strategy on food security featuring self – sufficiency based on domestic grain production, guaranteed food production capacity, moderate imports, and technological support. The Chinese solution to food security makes its contribution to China and the rest of the world. As a well – known Chinese verse goes, "Who knows that on the dining plate, every single grain means hardship". President Xi has attached great importance to food security and repeatedly called for promoting the social custom of practicing thrift and opposing waste. Nowadays, he also gives specific requirements for stopping food waste and promoting peoples' awareness and practices of being thrifty. Saving food and opposing waste shall become a conscious action for every people, every industry and every country. Given this situation, China National Association of Grain and China National Vegetable Oil Association have launched the initiatives as follows:

Firstly, advance loss reduction in food production. We will implement the strictest farmland protection system, practice thrift in each link such as sowing, field management and harvest, apply new planting techniques, practical harvest technologies and facilities, improve prevention and control of diseases, pests, weeds, rats to reduce production loss.

Secondly, push forward thrift in food procurement. Grain collection and storage enterprises should make full preparations and faithfully implement national grain procurement policies so as to meet the demands for food sales of farmers. Besides, grain quality inspection and monitoring system should be strengthened to accurately learn the situation and timely discover security risks of grain quality, preventing grain loss for this reason.

Thirdly, regulate food storage. Storage enterprises, in order to delay the decay of grain and oil, should promote smart development of their warehouses, increase storage capacity in a scientific manner, and cut food pollution. And storage management shall be regulated to reduce grain loss in storage and after production in rural areas. We will launch publicity and education activities on grain storage to spread new ideas, new technologies, new facilities and new equipment among rural households.

Fourthly, speed up processing and transforming of grain and oil. Processing enterprises should popularize new equipment and technologies. Backward and excessive production capacity that is grain and energy intensive will be phased out to facilitate the efficient transformation of byproducts in grain and oil processing. We will guide intensive operations on an industrial scale of processing industry, develop grain circular economy, extend industrial chains, accelerate transformation and value adding, advocate moderate processing, provide a processing model featuring low consumption, low emission and high efficiency, making full use of grain resources.

Fifthly, expand logistics capacity for grain. Logistics enterprises should step up grain transportation equipment, strictly follow operating standards on grain handling and transportation management specifications. We will vigorously promote grain storage, transportation, packaging and discharging in bulk, upgrade grain logistics technologies and machinery, simplify transportation, shorten transportation cycle and reduce losses in this regard.

Sixthly, propose moderate consumption. All industries should persist with scientific and rational consumption. It is necessary to further enhance public awareness of the issue, effectively cultivate thrifty habits and foster a social environment where waste is shameful and thriftiness is applaudable. We will make efforts including forceful institutional constraints, strict compliance with systems, strong supervision and inspection and severe punishment mechanisms to effectively curb various violations of rules, disciplines and laws regarding the consumption using public funds. We will reduce waste in schools and promote students' awareness and practices of being thrifty. In addition, the management and recycling of kitchen garbage as a resource shall be strengthened.

Save food, start from me, and from now on.

凝聚共识深化合作　保障世界粮食安全

——2020 年中国国际服务贸易交易会粮食现代 供应链发展及投资国际论坛在京举行

肖春阳　中国粮食经济学会党支部负责人

9 月 4 日，2020 年中国国际服务贸易交易会（以下简称服贸会）在北京隆重开幕，会议主题是"全球服务，互惠共享"。国家主席习近平在全球服务贸易峰会上发表了视频致辞。国务院副总理韩正、胡春华，北京市委书记蔡奇出席北京会场活动。

9 月 7 日，粮食现代供应链发展及投资国际论坛（以下简称论坛）作为服贸会的重要活动之一成功举行。论坛重点聚焦新冠肺炎疫情冲击下的全球粮食安全，以"加强危机防控合作，守护国际粮食安全"为主题，强化保障粮食安全的全球共同责任与使命，为提高突发事件中国际交流与合作水平创造条件。

一、突出国家级，打造高层次粮食合作平台

2020 年，服贸会已经升级为继中国进出口商品交易会（广交会）、中国国际进口博览会（进博会）之后第三个国家级展会。在过去的几个月里，全世界都在共同抗击新冠肺炎疫情，共同应对新冠肺炎疫情带来的全球性挑战。当前，全球范围新冠肺炎疫情尚未得到全面控制，各国都面临着抗疫情、稳经济、保民生的艰巨任务，保障粮食安全成为各国关心的焦点问题。论坛的举行为加强全球粮食安全合作，推动世界经济尽快复苏发挥了重要作用。

出席论坛的嘉宾有国家粮食和物资储备局局长张务锋，北京市人民政府副市长杨晋柏，中国国际经济交流中心常务副理事长、执行局主任张晓强，中粮集团有限公司董事长吕军，中国粮食行业协会会长、中粮集团有限公司副总裁栾日成，中国国际经济技术交流中心副主任张翼，联合国粮食及农业组织总干事屈冬

玉，联合国世界粮食计划署副执行干事阿米尔·穆哈默德·阿卜杜拉，联合国世界粮食计划署驻华代表屈四喜，联合国驻华协调员洪腾，联合国亚洲及太平洋经济社会委员会可持续农业机械化中心项目官员森枥柯，乌克兰驻华使馆农业官员斯蒂潘·娜塔莉娅，北京首农食品集团有限公司董事长王国丰，嘉吉公司全球执行副总裁施孟泽，嘉吉中国区副总裁马征，路易达孚集团谷物油籽平台全球总经理安德烈·罗斯等。

二、突出国际性，促进广泛性粮食安全合作共识

中国粮食行业协会、世界粮食计划署、中国国际经济技术交流中心共同主办论坛，北京市粮食和物资储备局承办，中粮集团有限公司、北京首农食品集团有限公司、中国植物油行业协会等协办。中国粮食行业协会会长、中粮集团有限公司副总裁栾日成主持论坛，并作总结讲话。国家粮食和物资储备局与北京市人民政府主要领导，有关国际粮食、农业合作组织负责人，部分驻华使馆官员，相关行业组织代表，粮食企业高管，智库专家学者等300余人出席论坛。嘉宾代表了粮食行业最高标准，演讲内容代表了粮食行业最权威声音和粮食产业发展最前沿思考，显示论坛国际性、专业性、广泛性的特点。

应对重大危机，论坛形成发挥各方优势、广泛加强合作的共识，并提出倡议：一是积极发挥国际组织、行业协会的协调推动作用，加强与国际相关治理机构和平台交流合作，促进全球粮食供应链实现高水平协作。二是充分发挥粮食企业的市场主体功能，深化农业贸易和投资合作，提升粮食生产水平和流通效率，探索国际粮食合作新模式。三是积极顺应科技化、数字化发展趋势，推动全球粮食供应链高质量发展。

三、突出综合型，取得多方面粮食合作成果

论坛积极响应党中央、国务院号召，向全世界发出"节约粮食、反对浪费"倡议。在第40个世界粮食日到来之际，通过论坛向社会公布国家粮食和物资储备局、农业农村部、教育部、科技部、中华全国妇女联合会五部门确定的粮食宣传周"端牢中国饭碗，共筑全球粮安"主题。设置扶贫签约环节，选取北京市优秀扶贫企业，通过论坛平台同受援地企业联合体签订扶贫采购协议。首次设立粮食科技创新和品牌推介活动，吉林省粮食和物资储备局、中化现代农业集团、

百世集团等介绍粮食行业新技术，宣传推介粮食发展理念、优质粮油产品和服务。

论坛首次采用线上线下相结合方式。领导和嘉宾 8 位现场演讲 4 位视频演讲穿插进行，形式灵活生动，时效性强，提升现场观感。首次进行全程网络直播，在服贸会官方指定直播终端"环球网"直播点击量 4 万多人次，居服贸会各论坛活动点击量前列，社会反响热烈。首次设置固定媒体专区，为中央电视台、新华社、经济日报社、中国粮食经济杂志社、《粮油市场报》、北京电视台、《北京日报》、《北京青年报》、《新京报》、《北京商报》、《证券时报》、《香港文汇报》等媒体提供优质服务，受到大家一致好评。

论坛签订多项粮食合作合同。按照国家粮食应急体系建设总体要求，北京市与黑龙江、吉林、辽宁、内蒙古、河北、河南、山西、山东 8 省（区）粮食和物资储备局（粮食局）签署粮食产销合作协议；北京市与天津市、河北省粮食和物资储备局签订重大危机粮食安全协同互助协议，有效提升首都区域粮食安全水平，开拓京津冀一体化发展新模式。中粮集团有限公司与平安银行、京东世纪、百世物流集团等企业分别签署银企战略合作、粮食金融服务、供应链合作协议，近 70 亿元人民币。北京首农食品集团有限公司与相关企业单位分别签署可循环农业项目建设、扶贫示范园区建设等合作协议，近 30 亿元人民币。

经服贸会组委会评估，论坛被确定为"2020 年中国国际服务贸易交易会优秀会议活动"。

第三部分　其他

解决好中国人自己的"饭碗"问题[*]

张务锋　国家发展改革委党组成员，国家粮食和
物资储备局党组书记、局长

民为国基，谷为民命。粮食安全事关国运民生，是治国理政的头等大事。党的十九届五中全会将确保粮食安全作为国家安全的重要组成部分，2020 年底召开的中央经济工作会议和中央农村工作会议均对粮食安全作出部署。"十四五"规划纲要着眼强化国家经济安全保障，对实施粮食安全战略作了总体安排。进入新发展阶段，必须坚定走好中国特色粮食安全之路，把 14 亿中国人的饭碗牢牢端在自己手中。

一、实施国家粮食安全战略取得举世瞩目的成就

党的十八大以来，以习近平同志为核心的党中央把保障粮食安全作为治国理政的头等大事，提出了"确保谷物基本自给、口粮绝对安全"的新粮食安全观，确立了"以我为主、立足国内、确保产能、适度进口、科技支撑"的国家粮食安全战略，走出了一条中国特色粮食安全之路。我国粮食生产能力不断增强，粮食流通现代化水平明显提升，粮食供给结构更加优化，粮食产业提质增效，粮食安全保障有力有效，经受住了新冠肺炎疫情等冲击的压力测试。

粮食安全制度体系更加完善。强化政策规划引领，新世纪以来中央一号文件连续 18 年聚焦"三农"，党中央、国务院出台了健全粮食安全省长责任制、建立粮食生产功能区等具有"四梁八柱"性质的政策举措。加大支持保护力度，各级财政把"三农"作为优先保障领域，中央预算内投资支持实施了良种工程、粮食安全保障调控和应急设施等重点项目。深化粮食收储制度改革，理顺了价格

---

　*　原文刊发于《求是》2021 年第 8 期。

形成机制和市场流通秩序，市场化收购比重明显提高。充分发挥考核导向作用，加强粮食安全省长责任制考核，对中央储备粮管理和中央事权粮食政策执行情况进行考核，压实了地方政府和承储企业的主体责任。

粮食综合生产能力稳步提升。党的十八大以来，我国粮食总产量跃上新台阶，连续 6 年保持在 1.3 万亿斤以上。实行最严格的耕地保护制度，划定永久基本农田 15.5 亿亩、粮食生产功能区和重要农产品生产保护区 10.9 亿亩。加快改善农业基础条件，建成高标准农田 8 亿亩，主要粮食作物机械化作业率超过80%。依靠科技实现内涵式发展，农业科技进步贡献率突破60%，粮食平均单产达到每亩 382 公斤。积极培育新型农业经营主体，全国家庭农场超过 100 万家，农民合作社超过 220 万家，社会化服务组织达 90 万个，较好地解决了"谁来种地"和"怎样种地"等问题。

粮食储备能力显著增强。推进粮食储备安全管理体制机制改革，建立中央储备在地监管体制、优化储备结构布局等任务取得积极进展。健全粮食储备体系，中央储备粮规模保持稳定，地方储备粮能够满足产区 3 个月、销区 6 个月、产销平衡区 4 个半月的市场供应量，36 个大中城市及市场易波动地区建立了一定数量的成品粮油储备。改善仓储基础设施，实施粮安工程，新建、改造和提升了一批仓储设施，全国标准粮食仓房仓容 6.8 亿吨，仓储条件总体达到世界较先进水平。

粮食流通能力持续保障。建立国家粮食交易中心和 30 个省级交易中心，连续举办三届中国粮食交易大会，初步形成了批发零售、期货现货、线上线下等多种方式协调发展的粮食市场交易体系。创新强化粮食宏观调控，加强监测预警和精准调控，粮食市场运行总体平稳。发展壮大粮食产业，自 2017 年实施优质粮食工程以来，建成粮食产后服务中心 4000 多个，新建和改造提升粮食质检机构1500 余个，扶持中国好粮油示范县 389 个，涌现出一批具有较高知名度和美誉度的区域性粮食品牌。

粮食国际合作全面加强。用好两个市场、两种资源，通过适度进口调剂品种余缺。推动粮食领域国际合作，与 60 多个国家和国际组织签订了 120 多份农业合作协议。落实 2018 年中非合作论坛北京峰会精神，与非盟签署合作备忘录，帮助非洲国家减少粮食产后损失。积极参与世界粮食安全治理，落实《联合国2030 年可持续发展议程》，为维护世界粮食安全和促进共同发展做出了积极贡献。

二、对新时代保障国家粮食安全的规律性认识不断深化

党中央历来高度重视粮食安全，在不同历史时期适时制定和调整粮食方针政策。党的十八大以来，以习近平同志为核心的党中央高瞻远瞩，统筹发展和安全，科学引领和有力推动了粮食安全的理论创新、制度创新和实践创新，深化了对保障国家粮食安全的规律性认识。

党的坚强领导是端牢中国人饭碗的根本保证。习近平总书记深刻阐述了粮食安全的极端重要性：一是指出"粮食安全是国家安全的重要基础"，"保障国家粮食安全是一个永恒课题，任何时候这根弦都不能松"；二是明确提出了保障粮食安全的战略举措，要求加快推动"藏粮于地、藏粮于技"战略落实落地，解决好种子和耕地等要害问题；三是特别强调了保障粮食安全的责任担当，指出地方各级党委和政府要扛起粮食安全的政治责任，实行党政同责，"米袋子"省长要负责，书记也要负责。习近平总书记的重要论述，为新时代保障国家粮食安全指明了正确方向、提供了根本遵循。党中央、国务院不断完善保障国家粮食安全的体制机制和政策，并将"保粮食能源安全"列为"六保"重要任务之一。实践证明，只有坚持和加强党的全面领导，充分发挥我国社会主义制度的优越性，才能牢牢把住保障国家粮食安全主动权，使中国特色粮食安全之路越走越宽广。

全面深化改革是增强粮食安全保障能力的动力源泉。党的十八大以来，涉及粮食安全的重点领域改革不断向纵深推进，农村承包地"三权分置"、土地承包关系保持稳定并长久不变等举措全面落地，以绿色生态为导向的农业补贴制度改革深入推进，粮食储备安全管理体制机制改革持续深化，粮食安全省长责任制、中央储备粮管理和中央事权粮食政策执行情况的考核体系先后建立。随着各项改革深入推进，我国粮食安全制度框架建立健全，粮食安全治理体系和治理能力现代化水平稳步提升。实践证明，只有始终保持开拓进取的锐气、攻坚克难的勇气，才能抓好改革落实，为保障国家粮食安全增添新动力。

坚持系统观念是落实国家粮食安全战略的重要方法。粮食安全事关经济发展、社会稳定、国家安全，必须全面系统认识国情粮情，统筹把握六对关系。一是"多"和"少"的关系。粮食多了是问题，少了也是问题，但多了是库存压力，少了是整个大局的压力。在粮食问题上，要算好大账，算好"政治账"和"社会稳定账"。二是"质"和"量"的关系。坚持数量和质量并重，坚定不移稳面积和稳产量，增加优质粮食供给，以优粮优产优价促进粮食稳产、农业增

效、农民增收。三是生产和流通的关系。统筹"产购储加销"各环节，毫不放松抓好粮食生产，增强储备和加工能力，延长粮食产业链条，更好发挥整体效应。四是当前和长远的关系。既着力解决当前的结构性矛盾，又着眼长远、强化弱项、巩固基础，保持粮食安全形势稳中向好。五是国内和国外的关系。坚持立足国内基本解决全国人民吃饭问题，同时积极开展粮食安全国际合作，有效利用国际市场资源。六是政府和市场的关系。既要充分发挥市场配置资源的决定性作用，也要更好发挥政府作用，实现有效市场和有为政府的更好结合。实践证明，只有系统把握、统筹协调，才能实现各项举措在政策取向上相互协同，在实际成效上相得益彰，增强保障国家粮食安全的总体效应。

创新引领和高质量发展是保障粮食安全的必然要求。创新是引领发展的第一动力。在保障粮食安全的过程中，坚持以创新激发活力、培育动能，研发推广新技术，推动粮食稳产提质增效。培育壮大新主体，实施家庭农场培育计划和农民合作社规范提升行动，支持发展粮食耕种、产后、储销等环节社会化和专业化服务，带动小农户进入现代农业轨道。积极探索新路径，深入推进优质粮食工程，加快粮食产业高质量发展，在稳定粮食产能、巩固拓展脱贫攻坚成果、全面推进乡村振兴等方面发挥重要作用。实践证明，只有加快政策创新、技术创新、业态创新步伐，提高综合效益和竞争力，才能在更高水平上保障国家粮食安全。

为民造福、扛稳重任是强粮兴粮的初心使命。人民对美好生活的向往，就是我们的奋斗目标。从粮食领域来看，具体体现为从"吃得饱"向"吃得好""吃得营养健康"转变。近年来，围绕"为耕者谋利"，严格落实收购政策，优化粮食产后服务，建立完善利益联结机制，多渠道让种粮农民分享改革发展红利。围绕"为食者造福"，完善城乡配送供应网络，推广新业态新模式，加强粮食质量监管，为消费者提供优质粮油产品和服务。围绕"为业者护航"，大力实施"放管服"改革，不断优化营商环境，促进企业增品种、提品质、创品牌。实践证明，只有切实抓好兴粮之策、惠农之道、利民之举，才能将粮食安全各项政策举措真正转化为人民的切身利益，得到群众认可，经得起实践检验。

三、粮食安全这根弦任何时候都不能松

粮食安全仍是当今人类面临的重大课题，实现《联合国2030年可持续发展议程》"零饥饿"目标面临着严峻挑战。新冠肺炎疫情全球大流行，给粮食贸易

合作带来诸多不确定因素，国际粮食供应链和物流链稳定存有风险。综合研判国内粮食形势，当前主要存在四个方面的风险压力，必须始终绷紧粮食安全这根弦。

一是粮食消费需求刚性增长和资源环境硬约束并存。虽然我国粮食生产连年丰收，但这仍是一个紧平衡，而且紧平衡很可能是我国粮食安全的长期态势。随着人民生活水平提高，食物消费结构升级，饲料用粮等将保持较大幅度增长。我国人多地少水缺，人均耕地和淡水资源分别仅为世界平均水平的40%和25%左右。随着新型工业化、城镇化深入推进，耕地、农业用水空间面临挤压挑战，对于增强粮食供给能力是不小的考验。

二是发展不平衡不充分问题在粮食领域有程度不同的表现。就品种而言，阶段性供过于求和供给不足并存。稻谷、小麦产需有余，玉米当年产需存有一定缺口，大豆产需缺口较大。就区域而言，粮食生产进一步向主产区集中，13个主产省区贡献了全国近80%的粮食产量；近年来，全国粮食跨省流通量保持在4000亿斤以上，约占全国粮食总产量的1/3。就各环节而言，一些地方从上游加工到终端商贸的衔接不够紧密，重要节点粮食接卸和集散发展不均衡，有的地方粮食应急设施规模偏小、保障能力较弱。

三是保护和调动"两个积极性"还需强化。人工、土地等成本增幅较大，粮食种植比较效益较低，对农民种粮积极性有所影响。随着粮食安全形势向好，有些地方重农抓粮意识一度有所放松，有的主产区粮食生产热情不够高。个别地方在结构调整中片面追求经济效益，调减粮食播种面积，改种其他作物。尽管全国粮食播种面积连续多年总体保持稳定，但稳面积的底线不容丝毫松动。

四是粮食产业存在部分品种外采率较高和市场竞争力较弱现象。近年来，我国口粮进口量仅占国内消费量的2%左右，但大豆进口量占国内消费量的比重较高，而且进口来源地相对集中。如果国际粮价出现大幅波动，可能通过贸易、金融或舆论等方式向国内传导，影响市场预期，波及下游产业。我国户均耕地面积少，粮食生产的规模化和组织化程度较低；粮食产业链和创新链协同不够，亟待增加高水平研发成果和优质专用精深加工产品；粮食企业"走出去"起步较晚，在国际市场上的竞争力和影响力有待提高。

四、坚定走好中国特色粮食安全之路

五谷者，万民之命，国之重宝。对于我们这样一个人口大国来说，保障国家粮食安全，是一项长期的战略任务，具有极端重要性。落实"十四五"规划纲要，提升粮食等领域安全发展能力，要加快构建更高层次、更高质量、更有效率、更可持续的粮食安全保障体系。

坚持"藏粮于地、藏粮于技"，进一步夯实保障粮食安全的基础。把中国人的饭碗牢牢端在自己手中，必须切实解决好"种子和耕地"等要害问题。强化种质资源保护和利用，加强种子库建设，开展良种重大科研联合攻关，实施现代种业提升工程，提高良种自主可控能力。严守耕地红线和永久基本农田控制线，坚持良田粮用，坚决遏制耕地"非农化"、防止"非粮化"。落实好第二轮土地承包到期后再延长30年政策，大力改善农业基础设施条件，实施高标准农田建设工程。积极构建多元市场主体格局，以国家粮食交易平台为龙头，促进粮食产销合作，支持成品粮批发市场和零售终端建设，加快形成统一开放、竞争有序的现代粮食市场体系。

深入推进优质粮食工程，加快粮食产业高质量发展。坚持"粮头食尾"和"农头工尾"，加快构建现代化粮食产业体系。以粮食生产功能区和重要农产品生产保护区为重点，建设国家粮食安全产业带。放大粮食加工转化引擎作用，培育一批示范市县、特色园区、骨干企业，推动产业链、价值链、供应链"三链协同"，建设粮食产业发展高地，实现粮食兴、产业旺、经济强的良性循环。启动新一轮优质粮食工程，持续开展"中国好粮油"行动。推广"湖州模式"，从仓储环节入手向两端发力；借鉴"阜南样板"，通过培育龙头企业、壮大粮食产业，助力实现巩固拓展脱贫攻坚成果同乡村振兴有效衔接。实施粮食绿色仓储提升、粮食品种品质品牌提升、粮食质量追溯提升、粮食机械装备提升、粮食应急保障能力提升、粮食节约减损健康消费提升"六大行动"，促进优粮优产、优购、优储、优加、优销"五优联动"，提升粮食供给体系韧性和对国内需求的适配性。

开展粮食节约行动，促进节粮减损和营养健康。加强全链条管控，推进粮食产后服务体系建设，最大限度减少损失。加强农业机械研制推广，提高机械化作业水平。加快仓储设施升级改造，大力推广绿色低温储粮技术，实施农户和居民科学储粮项目。引导水稻、小麦等口粮适度加工，注重副产品综合利用，鼓励发展粮食循环经济。把粮食安全教育纳入国民教育体系，开展世界粮食日和全国粮食安全宣传周等主题活动，倡导简约适度、绿色低碳的生活方式，营造爱粮节粮、健康消费的新风尚。

完善粮食"产购储加销"协同保障，在更高水平上实现粮食供需动态平衡。

科学确定储备规模，优化品种结构和区域布局；充分发挥中央储备粮"压舱石"和地方储备粮"第一道防线"作用；建立社会责任储备，实现功能互补、权责清晰、统筹高效。提升粮食收储调控能力，认真抓好政策性收购，推动主体多元、渠道多样、优粮优价市场化收购，保护和调动农民种粮积极性。强化粮食监测预警，加强精准调控和预期管理，保障市场供应和价格稳定。围绕优布局、调结构、强功能，改扩建和新建粮食仓储物流设施。

加强监管、压实责任，提高粮食安全治理现代化水平。实行党政同责，强化落实粮食安全省长责任制考核，压紧压实保障粮食安全政治责任，增强各级党委和政府重农抓粮的思想行动自觉。扎实开展中央储备粮管理和中央事权粮食政策执行情况考核，敦促承储企业严格内控管理。制定粮食安全保障法，深入宣传贯彻新修订的《粮食流通管理条例》。强化粮食监管执法，严查涉粮违法违规行为。深化粮食储备安全管理体制机制改革，进一步压实主体责任和监管责任，坚决守住管好"天下粮仓"。

粮食安全是国计民生的永恒主题[*]

白美清　原国内贸易部副部长兼国家粮食储备局局长、
中国粮食经济学会原会长

　　本文是 2014 年 7 月经济科学出版社出版的《白美清粮食论集》（上下卷）的续集，主要收集了 2017 年我退休后至 2020 年我写的主要文章、讲话和谈话，其中有 2013 年和 2014 年的七篇文章，实际上是原上下卷的补遗。本卷重点回顾和论述了我国粮食流通体制改革开放 40 余年的历史进程和积累的主要经验教训，以期对今后粮食行业进一步深化改革、扩大开放，促进全行业全产业链现代化、规模化、生态化、法制化协调发展，确保新时期国家粮食安全有新裨益和借鉴。

　　我于 1931 年出生于成都平原上华阳县（现双流县）一个世代务农的普通农家，现已年届九旬，从小就受到日出而作、日落而息的农村勤劳生活的熏陶，对旧社会农民的酸甜苦辣有切身的感受。千百年来，四川被称为"天府之国"，实际上主要指我家乡所在的成都平原都江堰流域自流灌溉地区，无水旱之虞，旱涝保收。

　　中华人民共和国成立之初，我即在川南参加了工作。一进入革命队伍，第一件工作就是参加县里组织的征粮工作队，下乡征收粮食，以稳定地方，支援前线。我先后在叙永、纳溪县的几个乡担任征粮工作的队长、副队长，上面的任务布置下来，我们基层工作人员千方百计去抓落实。从此，我即与中华人民共和国的粮食工作结下不解之缘，亲身参与了 70 多年来粮食工作的全过程，最后落叶归根，退休也到了国家粮食系统，可以称作地道的"老粮食"。

　　我在地方工作时，虽然未在粮食部门任职，但多次奉命深入农村主抓粮食工作。对我印象最深、影响最大的有好几次，至今难忘。

　　1953 年冬，我奉命参加中共四川省委统购统销工作队，在郫县新民乡搞试

点。我担任工作队副队长，分工在新民乡的胜利、金柏、新象三个村蹲点，要求落实在当时高估产背景下达的统购高指标到户，限期交卷。我和两个乡干部一道，陷入政策与任务的矛盾之中，无计可施，最后只得用开"熬夜会"的办法，好不容易把统购任务到户后，上交兑现。当时郫县是省委第一书记李井泉同志掌握的点，是通了天的。后来他建议采取统购统销与宣传过渡时期总路线相结合的办法，也得到上面的重视与推广。

1960～1962年，我又奉命参加省委书记许梦侠带队的省委农村工作团，到川南工作。先后在富顺县文井公社、迥龙公社基层蹲点，住在农民家里，亲眼目睹因缺粮而造成非正常死亡的痛苦景象，使我终生难忘。

1968年秋，在"文化大革命"初期，我们将要去"五·七"干校下放锻炼之前，我又奉命参加农村毛泽东思想宣传队，到川南泸县安宁公社三大队蹲点，任务是"抓革命，促统购"。那里是四川两派斗争的农村重点地区，工作根本很难开展。我和两位同志在该公社三大队蹲点三个月后，无果而终。然后到省委"五·七"干校报到。后来，我去泸县时重访旧地，原安宁公社的一个大队，该地已划归泸州市区管辖，并已建起了中储粮的"大粮库"，装上了中央和市县储备粮。

在党的十一届三中全会以来，40多年粮改进程中，我们也不是没有遇到过大的困难、大的波动。在20世纪末21世纪初，全国粮食行业就出现过一次相当大的波动。由于种种原因，全国粮食总产量由1万亿斤骤跌到2004年的8000多亿斤，是改革以来的最低点。粮食一下出现紧张现象，粮价波动，企业亏损，财务挂账大幅上升。当时粮食行业作为国务院整顿的重点行业之一，从原来500多万人的队伍，下岗分流、买断工龄达220万人之多，每个下岗的人只给了少量下岗补贴。真的是粮食部门改革中的彻骨阵痛。而且，当时又正是亚洲金融危机冲击袭来之际，更增加了工作的难度和艰巨。

党中央、国务院审时度势，下决心继续推行一系列改革措施，以扭转粮食大局。国务院发出《关于进一步深化粮食流通体制改革的意见》文件，采取一系列综合改革措施，指出：深化粮食流通体制改革的基本思路，要开放统购市场，直接补贴粮农，转换企业机制，维护市场秩序，加强宏观调控。再加上取消农业税等一系列重大举措。由于措施得力，各方努力，很快扭转了粮食形势，稳定了市场，安定了人心，调动了农民的积极性，粮食生产稳步回升，很快达到5亿吨以上的新水平，粮食战线的各项改革也逐步顺利展开，形势越来越好。粮食的改革开放并不是一帆风顺的，这给粮食全行业留下了深刻的教训。

在整个粮食流通体制改革中，回顾总结起来，当时我们在指导思想上还抓住了两条：在新形势下，在全行业总动员，实施"名牌战略工程"，与实施"放心粮油工程"紧密配合，扎实做好工作，迎接新时期国际国内粮食市场的新形势、新发展、新竞争。

名牌工程是当今世界经济发展的重要战略之一，是一个国家、行业和地区经济实力、科技水平、产品质量的重要标志。缺名牌，是我国粮油经济的"软肋"之一。迫切需要我们粮食系统审时度势，奋起直追，创名牌，攻尖端，开拓创新，逐步形成国际知名的名牌产品、知名企业、百年老店，使我们的大粮商进入世界大粮商之列，与世界跨国大粮商并驾齐驱，参与国际粮食市场的合作与竞争，进入世界粮界百强之列，切实把握主动权和话语权，这也是中国粮业作为世界粮食产销量和进出口量第一的大国的根本大计。经过各方面和企业的努力，我国粮食企业小、微、低的面貌有了根本的变化，一批新、大、强、稳的粮油企业正在崛起，屹立于世界的东方。

实施放心粮油工程，主要解决旧的粮食统销体制瓦解后出现的空白问题，迅速把适应粮食市场化改革的城乡粮食的零售网络搭建起来，及时供应城乡亿万户家庭包括穷乡僻壤各族同胞，使他们都能及时买到所需要的、符合国家质量标准的粮食，让群众买得方便，吃得放心。放心粮油的标准，就是以我国对口粮和食用植物油制定的"国标"为准，使全国各族、各地的群众无后顾之忧，在全国真正做到吃得安全，用得放心。在工作中进一步倡导实施粮油全程安全的产业链，以确保粮油安全可靠、真正落到实处。尤其是遇到天灾、病疫等特别事故突发事件，粮食部门均有应急预案的应对机制，及时到现场解决放心粮油的供应落实问题。这已成为各地粮食部门的应急预警机制重要内容，以防万一。应该说，中国的这套应急机制在世界粮食安全中也是得力的、有效的。

在解决放心粮油进农村的过程中，还注意解决农村粮食市场中连接产销、集聚粮源的众多粮食经纪人，即所谓粮贩子问题，对他们加以培训、提高，与当地粮库，粮油加工企业合作，开展正常的购销活动。为此，中国粮食行业协会和有关部门，还举办学习班、业务培训，提高服务水平，开拓服务领域，实实在在参加放心粮油活动，为种粮农民和粮食企业分担一部分服务，成为农民卖粮的帮手、沟通产销的桥梁，扩大了就业渠道，为放心粮油进农村做出了应有的贡献。

当时，在国家有关部门和中介组织的安排下，粮食系统的机关团体、中介组织的干部积极响应中央号召，掀起又一次到基层、到企业蹲点的新高潮，搞改革试验，与群众风雨同舟，共同探讨深化改革的新课题、新路子。大家不辞辛劳，没有假期，走南闯北，和基层群众打成一片，一心谋改革、求良策。一遇到灾害险阻，粮食系统干部就主动上岗，深入灾区，到现场办公，排难解困，切实安排好粮食供应、稳定市场，安定人心，从长计议。这种在基层蹲点，调查研究，为企业解困，为灾区险地粮食安全分忧的行为，是我国粮食行业优良传统的继承和发扬。永葆粮食系统队伍青春与活力，坚决抵制浮夸之风，绝不踏入腐败之门。成为一个真正的中国粮食人。我们粮食队伍没有辜负党的多年抚育和人民的衷心期待。在这次战胜新冠肺炎病毒大战役中，中国粮食队伍同样经受了严峻考验，在保证全民粮食供应，确保粮价基本稳定做出了应有的贡献。

在新时代粮食和物资储备工作中
大力弘扬伟大建党精神

方进　国家粮食和物资储备局办公室主任

习近平总书记在庆祝中国共产党成立 100 周年大会上的重要讲话，郑重提出了伟大建党精神，这就是"坚持真理、坚守理想，践行初心、担当使命，不怕牺牲、英勇斗争，对党忠诚、不负人民"。这是中国共产党的精神之源。一百年来，一代代中国共产党人弘扬伟大建党精神，在长期奋斗中构建起中国共产党人的精神谱系，锤炼出鲜明的政治品格。本文就学习理解伟大建党精神以及在粮食和物资储备工作中大力弘扬伟大建党精神谈几点认识。

一、深刻领会伟大建党精神的丰富内涵和时代价值

伟大建党精神，高度概括了中国共产党百年奋斗的历史逻辑、理论逻辑和实践逻辑，内涵丰富、意境深远，跨越时空、历久弥新。

坚持真理、坚守理想，就是坚持马克思主义的科学真理，坚守共产主义远大理想和中国特色社会主义共同理想。100 年前，中国的先进知识分子在艰辛探索中认识到，只有马克思主义才能救中国。心中有信仰，脚下有力量。不论道路如何坎坷，我们党始终坚信马克思主义的科学性和真理性，坚信社会主义、共产主义的光明前景。千千万万共产党人为了党的事业，前赴后继、流血牺牲，支撑他们的就是这个信仰。习近平总书记指出："中国共产党为什么能，中国特色社会主义为什么好，归根到底是因为马克思主义行！"

践行初心、担当使命，就是坚持为中国人民谋幸福、为中华民族谋复兴的初心和使命。中国共产党一经成立，就把为中国人民谋幸福、为中华民族谋复兴作为自己的初心和使命，这是激励共产党人不断前进的根本动力。习近平总书记指出："我们党近百年来所付出的一切努力、进行的一切斗争、作出的一切牺牲，

都是为了人民幸福和民族复兴。"一百年来，中国共产党始终将初心融入血脉，把使命扛在肩上，团结带领中国人民进行革命、建设、改革，战胜一个又一个风险挑战，创造一个又一个人间奇迹。

不怕牺牲、英勇斗争，就是始终保持斗争精神、顽强意志、优良作风，毫无畏惧地面对一切困难和挑战，坚定不移地开辟新天地。"为有牺牲多壮志，敢教日月换新天。"我们党在斗争中诞生、在斗争中发展、在斗争中壮大，遭遇了无数艰难险阻，付出了无数惨烈牺牲，在奋斗征程中焕发出强大生机活力，锤炼了不可战胜的强大精神力量，成为全国人民的主心骨和坚强领导核心。毛泽东同志说："从古以来，中国没有一个集团，像共产党一样，不惜牺牲一切，牺牲多少人，干这样的大事。"这是我们党最为鲜明的特质和特点。

对党忠诚、不负人民，就是无条件地对党的信仰忠诚、对党组织忠诚、对党的理论和路线方针政策忠诚，始终坚持全心全意为人民服务的根本宗旨。习近平总书记指出："全国广大共产党员要始终在党爱党、在党为党，心系人民、情系人民，忠诚一辈子，奉献一辈子。"对党忠诚，是共产党人首要的政治品质。中国共产党历经磨难而巍然屹立，靠的就是千千万万党员的忠诚。我们党始终代表最广大人民根本利益，始终保持同人民群众最密切的联系，始终把人民幸福放在心中最高位置，无论面临多大挑战和压力，都始终不渝、毫不动摇。

二、党领导下的粮食和物资储备事业取得的辉煌成就、展现的行业优秀传统，生动诠释了伟大建党精神

伟大建党精神集中体现了党的坚定信念、根本宗旨、优良作风，凝聚着中国共产党人艰苦奋斗、牺牲奉献、开拓进取的伟大品格，为我们党兴党强党提供了丰厚滋养。数十年来，在党的领导下，粮食和储备人坚守"为国管粮、为国管储"的初心使命，艰苦创业，顽强拼搏，取得了辉煌成就，在各个不同历史时期发挥了重要作用。在这个过程中，锤炼出了一系列具有行业系统特点的伟大精神，发生了很多可歌可泣的故事，涌现了很多先进代表。这正是党团结带领人民开辟伟大道路、建立伟大功业、铸就伟大建党精神的生动写照。

粮食领域——从苏区到余杭，从玉田到柏乡，一代代粮食人矢志不渝、艰苦奋斗，守住管好"大国粮仓"。

在中国共产党的领导下，经过几代人的不懈努力，中国创造了用全球9%的耕地、6%的淡水资源生产的粮食，养活了近20%人口的人间奇迹。中华人民共

和国成立之前，全国粮食产量只有2000多亿斤，人均粮食占有量不足420斤，粮食仓容只有114亿斤，且大多是由庙宇、祠堂改建的原始仓容。中华人民共和国成立后，我国粮食总产量逐步增加，到1978年超过6000亿斤，1996年首次突破1万亿斤；党的十八大以来，接连跃上新台阶，已连续6年稳定在1.3万亿斤以上；人均粮食占有量稳定在世界平均水平以上，全国标准粮食仓房仓容1.36万亿斤，仓储条件总体水平达到世界较先进水平，稻谷、小麦库存量均能够满足一年以上的市场消费需求。

早在20世纪30年代初，面对国民党反动派对中央苏区的"围剿"和残酷的经济封锁，中央粮食人民委员部的先辈们，靠着对中国革命光明前途的坚定信念和不懈追求，坚定贯彻落实党的粮食工作方针，克服重重困难，领导苏区粮食征收、保管和分配工作，有力地支持了根据地的革命和建设，保障了军需民食。包括粮食战线先辈们在内的无数革命先烈，靠着对中国革命光明前途的坚定信念和不懈追求，用鲜血和生命铸就了以"坚定信念、求真务实、一心为民、清正廉洁、艰苦奋斗、争创一流、无私奉献"等为主要内涵的苏区精神。这一精神是井冈山精神的继承和发展，是长征精神的直接源泉，为中华人民共和国的粮食事业积累了宝贵经验，为中华人民共和国的粮食文化积淀了巨大能量，也是指导我们做好新时期粮食工作的不竭动力。

中华人民共和国成立初期，缺衣少食，百废待兴。粮食仓储设施简陋，储藏技术落后，虫、霉、鼠、雀危害大，造成巨大的粮食损失损耗，严重危及中华人民共和国的粮食安全。以浙江省余杭县粮食干部职工为代表的中华人民共和国第一代粮人，继承和发扬苏区粮食前辈的优良传统，于1954年创建出无虫、无霉、无鼠、无雀的"四无粮仓"（后来推广为无虫、无霉、无鼠雀、无事故），锤炼形成了"四无粮仓"精神，集中体现为"艰苦奋斗、埋头苦干的创业精神，锐意改革、敢为人先的创新精神，崇尚节约、惜粮如金的节俭精神，心系国家、爱岗敬业的奉献精神"。

在"四无粮仓"精神的感召下，一大批优秀集体和个人不断涌现，其典型代表就是河北玉田粮库。面对建库初期极其简陋的条件，玉田粮食人咬定艰苦奋斗的信念不动摇，粮库18名创业者共同喊出了"宁流千滴汗，不坏一粒粮"的口号，自己动手改造仓库，把70多间旧当铺改造为外观整洁、内壁六面光、上不漏、下不潮的粮仓，成为全国第一批"四无粮库"，被中央授予"艰苦奋斗勤俭创业先进集体"称号。"宁流千滴汗，不坏一粒粮"，成为全国粮食行业传承和弘扬的最响亮的声音、最优良的传统。

作为新时代全国粮食行业的一面旗帜，河北柏乡粮库建库50余年来，发扬基层首创精神，完成16项科学保粮项目，其中3项填补国内空白，主动将工作标准由"不坏一粒粮"提升到"保鲜粒粒粮"，创下粮食经营、管理和科学保粮等方面的10项全国之最。2019年，柏乡粮库带头人尚金锁同志，被党中央、国务院授予中华人民共和国"最美奋斗者"称号，国家粮食和物资储备局党组专门印发通知号召全系统广泛学习。

粮食流通一头连着生产者，一头连着消费者，多年来，广大粮食工作者秉持"为耕者谋利、为食者造福、为业者护航"的行业宗旨，为农民兄弟和城乡居民服务。在历次抗洪抢险保粮过程中，舍小家保大家，牺牲自我，保粮安全，很好地践行了"万众一心、众志成城，不怕困难、顽强拼搏，坚韧不拔、敢于胜利"的伟大抗洪精神。在军粮供应工作中，坚持先前方后后方、先军队后地方，体现了无私奉献精神。这些优秀的精神，激励一代又一代粮食人接续奋斗、砥砺前行。

物资储备领域——储备高山，储备海洋，默默奉献在四面八方，储备人以实际行动诠释着对党的忠诚信仰。

我国的储备事业，从"一穷二白"艰难起步，初创时只有二三十个从日伪和国民党政府手中接管的旧仓库，仓储设施和作业条件十分简陋，战略储备规模只有40多万吨。走过近70年的历程，实现了长足发展，建立起中国历史上规模最大、门类最全的物资储备体系。物资储备系统有一首歌——"储备之歌"："神圣的使命，牢记在心上，平凡的岗位，追求着理想。为了祖国的和平安宁，筑起国防安全的屏障。为了祖国的经济腾飞，从容面对雨雪风霜。我们储备高山，储备海洋，默默奉献在四面八方。"这首歌很好地概括和展示了储备人的奉献精神。多年来，物资储备系统的广大干部职工牢记为国管储的使命责任，克服身处深山郊区的偏僻和办公生活的艰苦，斗严寒、战酷暑，确保了国储物资需要时调得出、用得上，在保障军需民用、服务宏观调控、维护社会稳定、应对突发事件等方面发挥了举足轻重、不可替代的作用。

2020年，面对突如其来的新冠肺炎疫情，全系统闻令而动，勇挑重担，不辞辛苦，连续作战，全力做好粮食保供稳市和应急物资供应，在大战大考中经受了考验，展现了担当作为，有力服务了疫情防控和经济社会发展大局。习近平总书记深刻指出："这次新冠肺炎疫情如此严重，但我国社会始终保持稳定，粮食和重要农副产品稳定供给功不可没。"这是对粮食和物资储备工作的充分肯定，是对粮食和物资储备行业奋斗精神的最高褒奖。这些成绩和荣耀，无不凝聚着粮食和储备人顽强拼搏、不懈奋斗的心血和汗水，充分体现了粮食和储备人对党的忠诚、对人民的热爱、对初心的坚守。

三、在新时代粮食和物资储备工作中大力弘扬伟大建党精神

历史川流不息，精神代代相传。新时代，我们要大力弘扬伟大建党精神，胸怀"两个大局"，心系"国之大者"，继承和发扬老一辈粮食和物资储备人的光荣传统和优良作风，勇于战胜前进道路上一切风险挑战，在新的征程上不断创造新业绩、铸就新辉煌。

从伟大建党精神中，汲取真理的力量。习近平新时代中国特色社会主义思想是马克思主义中国化的最新成果，闪耀着真理的光芒，我们要坚持用习近平新时代中国特色社会主义思想武装头脑、指导实践、推动工作。党的十八大以来，习近平总书记对粮食和物资储备作出了一系列重要论述，为新时代保障国家粮食和物资储备安全指明了正确方向，提供了根本遵循。我们要始终牢记："解决好吃饭问题，始终是治国理政的头等大事。""确保国家粮食安全，把中国人的饭碗牢牢端在自己手中。""保障国家粮食安全是一个永恒的话题，任何时候这根弦都不能松。"要始终坚持"谷物基本自给、口粮绝对安全"新的粮食安全观，深入实施"以我为主、立足国内、确保产能、适度进口、科技支撑"的国家粮食安全战略，坚决扛稳保障粮食和物资储备安全政治责任。要系统梳理国家储备体系"短板"，科学调整储备的品类、规模、结构，提升储备效能。立足新发展阶段，贯彻新发展理念，构建新发展格局，牢牢把住粮食和物资储备安全主动权。

从伟大建党精神中，汲取实践的力量。中国共产党人的精神谱系，无一不来自实践，无一不展示着行动的力量。老一辈粮食和储备人在党的领导下，在革命、建设、改革、发展的不同时期，艰苦奋斗，顽强拼搏，开拓进取，无私奉献，取得了辉煌成就，形成了优良传统，为我们提供了宝贵的精神财富和前进的力量源泉。今天，面对错综复杂的国际国内形势，我们要始终坚守"为国管粮、为国管储"的初心使命，继承和弘扬苏区精神、"四无粮仓"精神和"宁流千滴汗，不坏一粒粮"等光荣传统，聚焦国家粮食和物资储备核心职能，突出"深化改革、转型发展"时代主题，坚守安全、稳定、廉政三条底线，敢于担当、善谋实干、锐意进取，在实践中增长本领，在实践中贡献力量。要大力发扬基层首创精神，坚持实践出真知、基层出经验、群众出智慧，深入挖掘和大力培树行业典型，不断总结推广典型经验，开展典型引路，推动改革发展。

从伟大建党精神中，汲取人格的力量。"吃苦在前、享受在后""不计得失、甘于奉献""朴实纯粹、淡泊名利"……一代代中国共产党人以忠诚、奉献、牺牲，展现着中国人的志气、骨气、底气。我们要始终葆有赤子之心，崇尚对党忠诚的大德、造福人民的公德、严于律己的品德，坚定理想信念、坚定奋斗意志、坚定恒心韧劲，继续发扬彻底的革命精神，不断涵养高尚的道德品质，增强大局意识和服务意识，攻坚克难，无私奉献，为推动粮食和物资储备改革发展、保障国家粮食和物资储备安全作出应有的贡献。

心系山地　不让山区民众掉队

屈冬玉　联合国粮食及农业组织总干事

全世界范围内，身处山区的最饥饿人口数量正在不断增加。

联合国粮食及农业组织（以下简称联合国粮农组织）与合作伙伴共同发起的一项最新研究显示，2000 年至 2017 年间，发展中国家面临粮食不安全风险的山区人口数量从 2.43 亿人增至近 3.5 亿人。

简而言之，即使是在新冠肺炎疫情暴发之前，发展中国家就有半数山区民众面临食物不足的风险，无法过上健康生活。

这一状况令人触目惊心。

世界各国正努力实现《2030 年可持续发展议程》所确立的共同目标，推动消除贫困，不让任何人掉队。

然而，山区民众却面临着掉队的风险。

由于山地环境恶化、边缘化以及无法获取食物、市场机会、基础服务和基础设施，许多山区民众的生活境遇并无改善，反而困难重重。

改善山区生活条件为何如此艰难？

山区民众所处的生态系统非常脆弱，环境退化对其生产生活带来巨大影响。可供他们选择的营养食物与均衡膳食及获取途径都非常有限，食物短缺问题难以克服。

部分原因要归咎于气候变化所引发的山地生态系统退化，更为频发的山体滑坡和干旱等自然灾害可对山地社区造成毁灭性冲击。发展中国家近 80% 的山区民众都生活在受此类灾害影响的山区。

过度放牧、不可持续的耕作方式和城市化进程也可导致山区土地退化，造成农业用地流失和生产力下降。

新冠肺炎疫情危机令这一紧迫形势雪上加霜。主要以农业、旅游业和外出务工人员汇款为生计来源的山地社区本已脆弱不堪，面对抗疫限制措施更是岌岌可危。

我们必须明确：山地环境退化是人人都须严肃对待的大问题。

山地提供了全世界60%~80%的淡水，从家庭用水到灌溉，再到工业、粮食与能源生产，淡水都不可或缺。山地拥有丰富的动植物资源，全世界半数以上的生物多样性热点地区都坐落于群山之中。许多粮食作物和牲畜物种都是山地的馈赠，马铃薯、西红柿、羊驼和牦牛皆为其中代表。

所有人都离不开山地所支持的生物多样性和生态系统服务，由此人类才能保持健康，不断发展。

面对这些惊人的统计数字，要采取哪些行动才能扭转山区民众的困境，促进山地环境恢复？

应对气候变化是关键所在。在政策、创新、研究和社区参与的支持下，通过推广可持续农业与生计实现粮食体系转型同样至关重要。

"联合国生态系统恢复十年"的进程已经启动，国际社会应将山地作为亟须重视的关键生态系统采取有力措施。要防止土壤侵蚀并维护草地和森林，提高山地生态系统的韧性，保护生物多样性。这样做，还可确保下游地区的民众免受暴洪和山体滑坡灾害。与此同时，粮食及农业赖以生存的水和土壤生产力也会因为景观恢复而得以保持。

改善山区民众生计的另一个途径，是采取可持续方法从山地丰富的生物多样性中挖掘经济效益。

"山区伙伴关系"是联合国框架下旨在改善山地社区生计与自然资源管理的联盟。在安道尔、意大利和瑞士政府的支持下，这一伙伴关系发起的山区伙伴关系产品标签倡议力主推广山区小规模生产者的产品，并保护当地的农业生物多样性和传统技艺。

此类商品包括印度的洋甘菊茶和粉色大米，吉尔吉斯斯坦的白蜜以及秘鲁的果酱。这一倡议已经得到8个国家逾万农民的响应，其中六成为女性农民，推动产量最高提升了40%，销量最高增加了49%。

联合国粮农组织则进一步将这一理念发扬光大。目前已经启动的"数字千村"倡议聚焦包括电子商务在内的数字技术以及推广乡村旅游的创新渠道，以提升农村地区的韧性，实现收入多元化，建设更美好家园。

针对入选的数字村庄、农产品、可持续农业粮食体系和文化元素以及乡村旅游，将通过各类数字平台进行宣传推广。

山区是农村数字转型不可或缺的组成部分。缩小城乡数字差距和区域不平等、加快创造就业、实现农村经济多样化、推广乡村旅游以及改善农民收入和生计等，都迫切需要实现农村数字转型。

"山地生物多样性"是 2020 年 12 月 11 日国际山岳日的主题。这一纪念日提醒我们，政府、机构和社区能够且应当再接再厉，协助山区民众保护自然资源、改善生计并维护山地环境健康。

不让任何人掉队，我们言出必行。

国际山岳日

武彦　中国粮食经济学会综合部负责人

12 月 11 日，国际山岳日（International Mountain Day）。联合国于 2003 年设立，旨在引起国际社会重视保护山岳生态系统，增加山区居民福祉。

联合国粮食及农业组织（以下简称联合国粮农组织）与合作伙伴共同发起的一项最新研究成果显示，2000～2017 年，发展中国家面临粮食不安全风险的山区居民人数从 2.43 亿人增加至近 3.5 亿人。世界山岳面积占地球表面积的 27%，山区居民超过 11 亿人。山区是超过 15% 世界人口、25% 陆地动植物的家园。世界所有重要河流的源头在山区，山地提供了世界 60%～80% 的淡水。山区生物多样性，对于水土保持、清洁水源、粮食、医用植物等至关重要。但是，这种多样性正在受到伐木、采矿、工业、旅游、气候变暖等的挑战和威胁。随着人类对山区开发的加剧，山岳独有生物和文化遗产面临着灭绝的危险。因此，保护山区是可持续发展目标的一个关键内容。国际社会必须建立由国际组织、各国政府、民间社会、私人部门和山区居民组成的联盟，共同保护山岳。

2002 年，联合国发起了"国际山岳年"活动。

2003 年 12 月 11 日，联合国粮农组织在意大利罗马总部发起首届"国际山岳日"活动。此后，每年国际山岳日，联合国粮农组织呼吁组成保护山岳国际联盟，确保山区农业和野生生物多样性。

国际山岳日届次、年份、年度主题如下：

第一届，2003 年，山区：淡水的主要来源（Mountains, Source of Freshwater）。

第二届，2004 年，和平：山区可持续发展的关键（Peace: Key to Sustainable Mountain Development）。

第三届，2005 年，山区可持续旅游扶贫（Sustainable Tourism for Poverty Alleviation in Mountain Areas）。

第四届，2006 年，改善生活，保障山区生物多样性（Managing Mountain Biodiversity for Better Lives）。

第五届，2007 年，面临变革：山区气候变化（Facing Change：Climate Change in Mountain Areas）。

第六届，2008 年，山区粮食安全（Food Security in Mountains）。

第七届，2009 年，山区灾害风险管理（Disaster Risk Management in Mountains）。

第八届，2010 年，山区少数民族和土著居民（Mountain Minorities and Indigenous Peoples）。

第九届，2011 年，山区森林：我们的未来之根（Mountain Forests：Roots to Our Future）。

第十届，2012 年，庆祝山区生活（Celebrating Mountain Life）。

第十一届，2013 年，山区：可持续未来的关键（Mountains：Key to a Sustainable Future）。

第十二届，2014 年，山区家庭农民：喂养人类，养护地球（Mountain Family Farmers：Feeding People，Nurturing the Planet）。

第十三届，2015 年，推销山货，改善生计（Promoting Mountain Products for Better Livelihoods）。

第十四届，2016 年，山区文化：弘扬多元，彰显特征（Mountain Cultures：Celebrating Diversity and Strengthening Identity）。

第十五届，2017 年，山区面临的压力：气候、饥饿、迁移（Mountains Under Pressure：Climate，Hunger，Migration）。

第十六届，2018 年，山区很重要（Mountains Matter）。

第十七届，2019 年，山区对青年至关重要（Mountains Matter for Youth）。

第十八届，2020 年，山地生物多样性（Mountain Biodiversity）。

（注：文中历届国际山岳日主题中文为作者翻译）

中国节粮减损的理念和实践

张成志　国家粮食和物资储备局安全仓储与科技司副司长

一、节粮减损的理念和途径

（一）节粮减损理念

我们对粮食减损的理解是这样的：粮食产后损失是自然、经济、技术等因素共同作用的结果，不同耕地特征、气候状况、生产经营方式、技术装备等都会影响损失状况。在一定条件下，有些损耗是正常的，而有些是可以通过转变观念、改善设施、创新机制等办法减少的。

粮食从种植到消费经历作物生产、农户储运、收购仓储、物流运输、加工供应等环节。粮食损失可以发生在任何一个环节，任何一个主体。但各个环节的情况却有很大不同，农业种收的谷物收割、农户储运的储粮环节、物流运输的搬倒转运环节、加工供应的加工环节是损失比较突出的环节。例如，谷物收获机收的损失率有的达到3%；农户储粮损失高的在8%左右；转运抛撒的损失有的高达2%；大米和小麦粉过度加工导致的口粮损失可能超过100亿斤。中国国家粮库储藏粮食损耗率低于2%，与发达国家持平。另外，餐饮食物的浪费也很惊人。

因此，开展粮食减损工作，必须建立体系化、全链条的观念。无论是粮食生产者还是流通及加工从业者，或者是粮食消费者，都应该是粮食减损的参与者。作为管理工作者，要梳理好各个环节损失情况，有针对性地设计出减损措施，推动实施并达到最佳成效。

（二）形成节粮减损共识

粮食作为重要战略物资的重要性，通常都有共识。然而具体到节粮减损，粮食生产者、消费者和管理者的认识就会很不一样。这样就会从根本上影响节粮减损的效果。

从中国粮食安全形势来看，2002～2019年，粮食产量历史性地实现17年丰收，粮食生产者做出了伟大贡献。然而随着中国经济的快速发展，耕地面积也在减少，虽然中央政府划定了18亿亩红线，制定了严厉的监管措施，但工业和城市发展的冲动依然时刻准备吞噬耕地。土地早已成为最宝贵的稀缺资源，中国土地流转费用占了粮食生产成本的很大部分。另外，化肥、农药、种子价格也都不断增长，化肥使用量与粮食产量增长成正比，而粮食价格是百价之基，是不能随意提高的。过量使用化肥导致许多土地肥力下降，化肥利用率不断下降，已经不到一半。由于粮价不高，农民对粮食的感情也在下降，家中存粮粗放简陋，鼠吃虫咬，损失很大。对粮食生产者而言，种粮食虽然是祖祖辈辈传下来的，但现在困难越来越多了。实际上，传统农民越来越少，并且基本都是老年人，农业劳动的小时成本越来越高，粮食机械的使用面和使用率的提高不仅是技术进步的推动，更是社会发展的必然。粮食生产者的生产主动性、积极性都在下降。许多学者仅从经济学角度讲粮食，认为种不如买，提出进口粮食就是进口土地和水。然而，市场供应的粮食如果少10%，价格就会暴涨3倍以上。如果少20%，就会有40%的人吃不饱饭。从历史看，会引发动乱甚至爆发战争。因此，我们必须要给粮食生产者以必需的尊重，要在粮食珍贵、种粮光荣上形成共识。

随着人口增长和消费需求提升，我国的粮食缺口却有加大的趋势。专家预计，我国人口2030年将达到15亿左右，为满足新增的两亿人口，需多生产2000亿斤粮食。前面我们讲到FAO《2050年如何养好世界》报告预测，到2050年要实现世界粮食安全，世界粮食总产量必须增长70%，其中发展中国家粮食产量则必须增长100%，预计到2050年，世界人口将达到97亿，如果确保人人吃饱饭，目前世界粮食产量还要大大增加。目前，发达国家的人口预计将略有下降，所以全球的人口增长和粮食需求将发生在发展中国家。就粮食消费者而言，吃得饱是底线，底线保住，就会不断有更高的要求。要吃得好，吃得营养和健康。这其实也是粮食从业者的责任。目前，中国在粮食形势大好的情况下，消费者追求更细更白的大米和面粉，甚至超出了吃饭的范畴，考虑美学了，好看就喜欢，这导致了企业过度加工。同时也出现了大量的餐饮浪费。在美国大豆大量进口中国的情况下，许多中国大豆生产者改种玉米，玉米产量大增后，原有消费不能完全消纳，便用来生产工业酒精、燃料乙醇。消费者基本上对粮食多了没有感觉（切身体会），但对吃不饱则会印象深刻。中国人不用粮票的日子才过去30年。2020

年 8 月，习近平主席指示坚决制止餐饮浪费行为。联合国粮农组织统计数据显示，全球每年约 1/3 粮食被损耗和浪费，总量约 13 亿吨。世界 76.33 亿人口中至少还有 8.2 亿人面临饥饿，相当于每 9 人中就有 1 人。要告诉粮食消费者，粮食不会随时伸手可得，粮食需求是刚性的，粮食生产所需要的劳动、时间也是刚性的。必须居安思危，积谷防饥。

就粮食管理者而言，必须处理好政治和经济的关系。粮食一方面有经济属性，有成本、价格，要有投入，计产出，求利润。但同时其也有特殊的政治属性。正如洪范八政所言，食为政首。解决粮食问题是政权存在的基础。正如基辛格所说，控制粮食就能控制人。当今国际关系中，粮食常常成为制裁他国的工具。中国要端牢自己的饭碗，必须确保生产出足够的粮食。构建人类命运共同体，中国要作出自己的贡献，更要有更多的粮食。然而种粮要用土地，要有农民，由于粮食在经济上比较效益低，没有政府的政策和投入的强力支持，自发的市场动力难以形成长期、稳定的驱动力。因此，粮食管理者要坚定地维护粮食安全的战略地位，确保粮食生产和流通、供应的稳定。同时也必须关注损失浪费问题，节约的粮食就是增产，粮食减损就是建设无形良田。按中国小麦平均投入水平计算，700 亿斤小麦的生产投入约 350 亿元。我们如果减损一半，就相当于增产 300 多亿斤小麦，还减少了 350 亿元的农业支出。

（三）推进粮食全产业链减损

节粮减损离不开粮食生产者、消费者、管理者共同努力，也需要从全产业链协调推动。粮食的传统产业链并不复杂，从种植到消费经历收获、烘干整理、农户储藏、农户运输、收购、仓储、物流、加工、供应销售，其间在不同粮食经营主体交易的过程中，还要开展质量品质检测。如果简化这一过程，则可以归结为收获（干燥、整理）、农户储藏（农户运输）、收购（干燥、整理、质量检测）、仓储、物流（散粮运输、集装散粮物流、铁水联运）、加工、供应销售等环节。产业链连接起粮食生产者、粮食消费者、粮食管理者，粮食损失可以发生在任何一个环节，任何一个主体。

体系化推动节粮减损，就是要管理者发挥领导作用，以国家战略为目标，政策、法规为依据，技术装备和知识教育为支撑，组织协调粮食生产者（包括粮食流通从业者）、粮食消费者在产业链各个环节发挥作用。在政策和规章方面，要明确指标、标准、职责和分工。在技术装备方面，针对问题突出的环节开展科技攻关，推广应用先进技术。在知识教育方面，让爱粮内容进教材，并注重面对国民全面开展爱粮节粮宣传。在收获环节指导农民把握好机械收割精度和收获时节。研发适合中国农户的储粮系统，田间收获与粮食储藏系统技术接轨。加工环节做好企业的适度加工政策的落实。加强新型粮仓、绿色储粮技术设备、先进物流技术和装备技术的研发。做好重点节点粮食品质质量检测。利用多平台、多媒体引导餐饮消费科学化、健康化，鼓励节约节俭。

近10年来，中国在体系化减损方面做了一些实质性的工作，在重点环节的某些节点上取得了明显的效果。比如农户储粮和政府储备环节。但总体来看，损失浪费的粮食依然可观。确实需要长期努力，坚持不懈。

二、节粮减损的法律、政策、标准和管理

（一）法律、政策支持节粮减损

中国政府高度重视节粮减损。习近平主席2020年8月对制止餐饮浪费行为作出重要指示。他指出："餐饮浪费现象，触目惊心、令人痛心！""尽管我国粮食生产连年丰收，对粮食安全还是始终要有危机意识，今年全球新冠肺炎疫情所带来的影响更是给我们敲响了警钟。"国务院相关部门积极作为，按照工作职责，积极落实重点研究任务，一以贯之坚决减少粮食损失，从中央政府层面，系统布局了粮食产后减损工作。

国家粮食安全保障立法，已经列入国家立法计划，目前正在起草过程中，在研究法律相关内容中，节粮减损被纳入法律规定并已经形成共识。新修订的《粮食流通管理条例》中，基于减少粮食损耗对粮食仓储和运输条件提出要求，而且明确提出，国家鼓励和支持开发、推广应用先进的粮食储存、运输、加工和信息化技术，开展珍惜和节约粮食宣传教育；同时还提出，县级以上人民政府粮食和储备行政管理部门应当加强对粮食经营者的指导和服务，引导粮食经营者节约粮食，降低粮食损失损耗。在国家五年规划和年度计划中对节粮减损均有明确的要求。国家的粮食安全省长责任制的考核体系中，节粮减损是其中的重要考核指标。此外，国家还制定了规范性文件，推动节粮减损任务实施，这些文件包括《关于进一步加强节约粮食反对浪费工作的通知》、《关于厉行节约反对食品浪费的意见》、《关于开展节俭养德全民节约行动的通知》以及《关于加快推进农业供给侧结构性改革大力发展粮食产业经济的意见》。国家粮食和物资储备局作为主管部门印发的《关于切实加强节约粮食反对浪费工作的实施意见》，是推进粮

食行业开展节粮减损工作的重要规定。

开展基于新形势的标准修订。推动科学收购和适度加工是节粮减损的重要措施，通过标准，能够发挥很好的引导作用。通过做好粮油标准的制定或修订工作，增强加工工艺和产品的科学性、先进性和实用性。我们注重将国际标准、发达国家先进管理经验与我国的实际相结合，以粮食的最终用途和最佳品质为指导，科学制定或修订粮油产品标准，完善加工技术标准体系，提高粮食加工出品率和综合利用率，有效节约粮食资源。玉米国家标准调整了等级指标，重新规范容重数值，统一规范相关判定方法，降低操作复杂性，在收购环节，增加了工作的便利性。稻谷国家标准将整精米率指标改为非定向等指标。大米国家标准修订了产品分类，增加了优质大米类，引导适度加工。修订了碎米和加工精度的定义，增加了垩白粒率等指标，提升了保留指标（调整了杂质最大限量指标、调整了不完善粒指标、调整了黄粒米指标、调整了水分指标），增加了卫生指标和生产过程的卫生要求，增加了判定规则，增加了对包装和标签、储存和运输的要求。2019 年，大米加工精度分为清碾、适碾。适碾精度的大米留皮度为 2% ~ 7%，提高了出米率。修订后的大米标准的关键指标与国际标准接轨，与现行国家法律法规、标准和政策相衔接，实现了较强的创新性、科学性和可操作性。小麦国家标准修订，调整了小麦分类，从原标准 9 类调整为 5 类，使标准具有更强的可操作性。用硬度指数代替角质率判定硬软小麦，减少人为判定误差。对产地等进行标识，使其具有可追溯性。修订后的标准充分体现了有利于促进我国小麦生产和贸易，节粮减损，促进农民增收和与国际标准接轨的原则，对小麦收购和交易环节的规范化有明显的提升作用。

（二）政府部门按职能承担相关工作

在国家发展和改革委员会组织协调下，国家粮食和物资储备局与农业农村部、工业和信息化部、交通运输部、商务部按照职责分工，在粮食生产、加工、运输和消费环节，财政部、国管局、教育部在行政机关、学校等领域，市场监管总局在标准的制定或修订方面推动节约粮食，反对浪费工作。科技、卫生、旅游、工会、青年、妇联、科协等部门和单位结合各自的特点，也积极支持节约粮食宣传工作。各省、地、市政府也相应落实相关任务，形成联动。

国家粮食和物资储备局是节粮减损工作的责任部门，积极推进节粮减损工作，印发《国家粮食局关于切实加强节约粮食反对浪费工作的实施意见》，推进粮食行业开展节粮减损工作，组织制定完善粮食企业信用管理相关规章制度，强化制度管粮和技术管粮结合，严格执行《粮油仓储管理办法》和《粮油储藏技术规范》等制度标准，以及《粮油储存安全责任暂行规定》《粮油安全储存守则》《粮库安全生产守则》等规定。

（三）政府部门的具体措施

1. 加强粮食收购和仓储管理，提升节粮减损的能力。一方面，各级粮食行政管理部门确保粮油储存安全。定期开展收获粮食质量监测与调查工作，准确掌握粮食质量状况，及时发现粮食质量安全隐患，避免因质量问题造成的粮食损失。另一方面，加强基础设施建设，改善储粮条件。各级粮食行政管理部门和各类粮食企业切实做好粮食仓储设施建设和仓房维修改造工作，积极拓展投融资渠道，进一步扩大仓储能力，改善储粮条件。在仓储设施建设中，要严格设计标准和技术规范，积极采用先进储粮技术和设施设备，保证工程质量，满足安全储粮和降低粮食损耗等要求。积极推广低能耗技术，全面提高科学储粮水平。严格规范仓储管理。要求各类粮食企业加强精细化管理，努力做到粮食颗粒归仓。实现仓储管理的规范化，降低粮油储存过程中的损失损耗，延缓粮油储存品质劣变速度。

2. 加快粮食物流设施现代化，减少粮食运输损失。按照《粮食现代物流发展规划》，加快散粮装卸、运输、中转、接收、发放设施及检验检测等配套设施建设，大力发展散粮火车、散粮汽车、散粮船舶、散粮集装箱等新型粮食运输装备，严格执行粮食装卸作业标准和粮食运输管理规则，避免粮食撒漏、受潮、霉变、污染等问题的发生。大力推广粮食"四散"（散装、散运、散卸、散储）技术，提高粮食物流技术装备水平，简化运输环节，缩短运输周期，减少粮食运输损失。

3. 加强粮食生产和养殖业节约。重点抓好农作物播种、田间管理、收获及畜禽饲养等环节的节约。大力推广种子精选包衣和精确定量栽培技术，加大病虫草鼠害防治力度，加强高性能复式农业机械的研发，推广适时机械收获和产地烘干等先进实用技术，减少生产损失。制定节粮型畜牧养殖业发展规划，大力发展节粮型草食牲畜，积极开发利用秸秆等非粮食物资源。改进畜禽饲养方式，促进畜牧业规模化、集约化发展，提高饲料转化率。

4. 提高粮食加工和转化利用率。积极推广新技术、新工艺、新装备，提高成品粮油出品率和副产品利用率。重点抓好酿酒、发酵、食品添加剂、焙烤等领域的粮食综合利用工作。结合我国粮食供应水平和品种特点，优化酒精等工业用粮生产结构，研究推广非粮作物替代粮食作物，控制粮食不合理加工转化。

5. 加强科技支撑，大力研发和推广节粮减损新技术。一方面，加大储运科技投入，国家、地方、企业综合发力，研究开发更多的先进、适用的储藏、流通、加工技术和装备，并推广应用。另一方面，建设相对完善的粮食科技创新体系，通过骨干科技院所、大学和龙头企业研究院，带动更多的创新资源，组建不同专业方向的粮油产业创新中心和技术创新联盟，整体提升粮食科技创新能力。同时，加强粮食营养健康基础性研究。

6. 通过重点工程、典型示范和舆论宣传，不断取得成效。实施"粮食收储供应安全保障工程"（以下简称粮安工程）和"优质粮食工程"，大力推进放心粮油工程建设，培育放心粮油示范企业。利用世界粮食日和爱惜粮食、节约粮食宣传周、粮食科技周活动平台和各种新闻媒体，广泛宣传节约粮食、反对浪费的重要性、紧迫性。

7. 大力推进餐饮业节约。按照营养、健康、适量、节俭的原则，制定完善餐饮服务标准和文明用餐规范，引导消费者科学消费、合理消费、文明消费。积极为顾客提供营养配餐服务，鼓励发展大众化餐饮和餐饮业连锁经营，加快主食加工配送中心建设，积极创建绿色饭店。加快餐饮业信息化建设，减少粮食和食品采购、储运、加工环节的浪费。

（四）重点工程

1. 从 2013 年起至 2017 年，实施以"打通粮食物流通道、修复粮食仓储设施、完善应急供应体系、保证粮油质量安全、强化粮情监测预警、促进粮食节约减损"为主要内容的"粮食收储供应安全保障工程"，推进节粮减损。一方面，加强粮油物流设施建设，打通粮食物流主通道，以提高"四散"比例为核心，加大"北粮南运"、西南、西北等通道建设力度，缩短运输周期，减少跑冒滴漏。另一方面，减少储存环节损失浪费，全面修复"危仓老库"，加强粮食主产区新建仓容建设，改善粮食储存条件。

2. 2017 年，启动实施"优质粮食工程"，通过建设专业化经营性的粮食产后服务中心，有偿为种粮农户、合作社、粮食经纪人提供"清理、干燥、收储、加工、销售"等服务，解决收粮、储粮、卖粮、清理、降水、干燥等一系列问题，引导分等分仓储存和精细化管理。目前在粮食减损方面已取得明显成效。

3. 2007 年起启动农户储粮专项，在粮食主产区为农户提供科学储粮装具，减少农户储粮损失。

三、节粮减损的技术及应用装备

自"十五"时期以来，国家科技计划项目中（粮食公益性行业科研专项）投入近 3 亿元开展产后减损相关技术创新研发，成果推广应用示范，在减少粮食损失方面发挥了实质作用。一系列农户储粮研究，开发了多种农户科学储粮仓及相关仓型的通风工艺、新型农户储粮药剂以及防鼠技术。为粮食干燥研制出了 10 吨至 20 吨每小时处理量的农户小型烘干设备。在储藏方面，粮库温、湿、水分迁移规律基础研究和以机械通风、谷物冷却、环流熏蒸、粮情测控为代表的储粮"四合一"技术（国家科技进步一等奖）在粮库广泛应用。信息技术、仓房新工艺等方面取得新突破。粮食高效物流、集装物流、铁水联运等新技术使粮油散装散运效率提升。以"适度加工"为目标的新型加工装备、粮食精深加工技术等为系统减少粮食产后损失提供了有效的支撑。

（一）农户储粮领域

开发了农户组合式彩钢板仓、钢网仓、PVC 储粮仓、梯下仓、组合式钢网仓，以及大农户使用组合钢网仓、拆卸式农户仓、小农户烘干仓等农户使用粮仓，"十三五"期间又开发了滚筒式自然储粮仓、组合式玉米钢网仓，可服务不同规模储粮农户；开发相关仓型的通风工艺，可提高农户储粮品质；开发了以川楝子素等植物源药剂为代表的适合农户的非化学储粮药剂，以辣椒素储粮包装袋、磁暴驱鼠仪等为代表的虫霉鼠害防治技术，可无伤害地实现灭虫防鼠。

（二）烘干整理领域

研制了 10~20 吨每小时处理量的农户用生物质小型烘干设备，并获得国家科技进步奖；开发了串联式农用集装袋干燥设备、粮堆通风干燥技术工艺和参数控制工艺，在长江中下游地区应用。通过对烘干设备的顺流工艺、逆流工艺进行研究，开发的连续式烘干设备、非连续式烘干装备和粮食低温烘干工艺、连续式烘干工艺已被广泛应用。高效节能通风降水工艺、连续真空式粮食烘干设备、电能烘干和电热储能等新型烘干热源技术，以及烘干余热回收技术等，为粮食烘干环节减少粮食破碎、焦煳等损失发挥了作用。

（三）仓库储藏领域

在粮库温、湿、水分迁移规律和粮粒水分吸附等方面的基础研究成果，为指导储粮仓储作业提供了指导；低温和准低温储粮技术，"三低"储粮技术（低温、低氧、低药剂的综合集成技术），实现了政府储备的粮食安全；在深入研究我国储粮害虫发生规律、害虫种群分布情况的基础上，进一步研究了储粮害虫生物进化图谱，使之更趋完善；以惰性粉、硫酰氟等为代表的害虫防治原理研究推动了技术应用，多杀菌素等新兴生物药剂正加速产业化。

以机械通风、谷物冷却、环流熏蒸、粮情测控为代表的储粮"四合一"技术在粮库广泛应用，仓储损失减少到1%以下；二氧化碳储藏技术应用及仓库改造示范，氮气储粮技术，针对粮堆局部发热的氮气、二氧化碳局部处理技术，以及局部通风技术研究已较为成熟；利用冬季入仓保留粮堆冷芯，在夏天以内环流技术使用冷芯降低仓温的通风技术（称为内环流技术）正在推广，太阳能发电、地源热泵、水源热泵、空气热泵等降温技术已在粮库应用，有效提升了节能降耗水平；研究提出粮仓通风工艺"井"字、"圭"字通风道布局，以及罗茨风机、轴流风机的最佳应用方法；保水通风、就仓干燥技术，为入仓粮食安全储藏提供了新的技术选择，横向通风技术和工艺提供了高效出入仓的技术方案。

利用粮堆霉菌发生规律与二氧化碳的相关性理论，开发了以气体传感器为核心的霉菌发生检测设备；应用高清摄像设备和算法使骨干企业的管理者能够直接观察、分析粮仓表面害虫情况；专用害虫传感器、气体传感器开启了粮库物联网应用。仓房及新工艺方面。仓房隔热材料、密封材料、防护工艺等技术研发，以及粮仓顶棚设计等，更加适合低温低氧储粮新技术。成品粮低温冷链储粮工艺和低温出库缓苏工艺广泛应用。应用气体流化床技术的自然烘干仓，现已在行业示范应用。

（四）粮食物流技术领域

粮食物流过程中输送提升、物流衔接点是损失集中发生的关键环节，监控粮食物流环境变化，能够提高粮食物流管理水平，减少粮食损失。在深入研究粮食斗提设备抛撒角度与粮食破碎率关系的基础上，确定了优化工艺参数，在提高粮食流通效率的同时，减少因抛撒撞击而导致的粮食损失。优化粮食斗提设备设计和刮板设备设计，开发了连续式螺旋出仓设备，有效减少粮食出入仓作业损失。开发的铁水联运接卸技术、粮食铁路运输专用车皮和专用散粮车、集装散粮物流装具、液压粮车卸车装置，可减少散运遗撒损失；推进成品粮散装散运技术、成品粮库缓苏技术应用为减少成品粮产后损失提供了技术方案。粮食物流在途检测技术和粮食品质追溯技术，保证了长时间远距离运输的粮食品质。目前，冷链技术、成品粮储运管理、RFID 技术等提高管理效能技术的应用，科学规划了粮食出库时间，做到了及时提醒处置临期粮食，从管理角度为减少粮食损失提供了解决方案。

（五）粮食加工技术领域

中国大多稻谷加工厂使用卧式碾米机，在碾米过程中的温度过高导致碎米的增多，为此，开发采用碾白室多处进风，新型强喷风技术的低温升米机，使大米的碎米增加率减少 10 个百分点。新型立式碾米机实现了加工原理、机械结构和控制系统的创新，颠覆了目前全球传统碾米技术工艺，减少了稻谷加工损耗。例如，在湖北禾丰粮油集团，平均降碎 12%，成品米出率增加 10.4%，能耗降低 55%；在贵州茅贡米业，平均降碎 6.5%，成品米出率增加 4.4%，能耗降低 50%。与传统米机相比，每加工 1 万吨大米，节电 10 万度，增产 870 吨成品米。针对大豆过度加工程度高、副产物资源利用度低等问题，采用大豆原料质量检测和控制技术、高效去皮技术、适度精炼技术、酶解液功效组分保质富集关键技术等，形成大豆适度加工技术规程，建立大豆适度加工示范线，开发高功能活性、高生物利用率的蛋白质产品、大豆多肽产品。开发水媒法制油、节能连续油脂精炼技术等，为减少粮油加工损失和能源消耗提供了有效的解决方案。开发小麦清理新技术，降低小麦加工产品（面粉）中有害生物的数量，提高小麦原料品质。进行食用品质特性研究，开发专用面粉适度加工新工艺。开展粮油口感、精度和营养品质、健康食品基础研究，进一步完善技术标准体系，持续推进保持营养的适度加工技术应用，推进谷物（大豆、大米）蛋白、米糠油等技术的深度开发和应用。开发淀粉糖、氨基酸、柠檬酸、无水葡萄糖等技术延长产业链，提升价值链。

（六）粮食产后损失研究

自 2006 年以来，开展了粮食产后损失调查技术研究，对粮食产后损失情况进行了专项调研，明确了我国粮食产后损失分环节的调查方法和总体损失率计算的科学方法，设计了粮食产后损失调查的技术方案，并形成了初步判断。开展了相关的技术研究，推动实施了相关政策措施，以有效控制、减少粮食产后损失情况。

1. 农户储粮损失初步调查。2006 年起，由中国的大学、科研机构相关专家联合开展农户产后损失调查，采用优化的组合抽样方式，按七个储粮生态地域进行分层，采用多阶段不等概率 PPS 系统抽样与等概率系统抽样相结合的方法。确定有效抽样县（区、市）数目为 373 个县（区、市）。确定调查农户为 5968 户。最终调查数据，支持了大规模的农户科学储粮行动。

2.《全国粮食产后损失现状调查与对策研究》。在农户储粮损失调查的基础上，以中国中原地区产粮大省河南为调查对象，通过分析评估方法，开展了一次区域性粮食产后损失调查。调查发现，消费环节的粮食损失总量占比最高。调查的初步情况，支持了全国范围的餐饮反浪费活动。

3.《粮食产后损失浪费调查及评估技术研究》。2015 年，以水稻、小麦、玉米、大豆等主要粮食品种为研究对象，开始研究构建适应我国粮食产后系统模式的粮食损失调查评估的指标体系、标准体系，以期形成基于数据库和信息提供的公共科普资源平台。这项研究还在进行当中，希望通过仿真建模和数据分析，能够实现对技术手段与对策的挖掘。

四、节粮减损的文化

中国是传统的农耕文明国家，并且农业的自然禀赋比较差，饥饿的痛苦常常伴随。因此自古以来，在珍惜粮食、节约节俭方面，有着丰富的文化积淀。

（一）我国传统对粮食的崇拜

传统风俗中，粮食成为各种仪式主角和象征。北京有个古迹叫社稷坛，是明清皇帝供奉土地和五谷（社和稷）的地方，每年春秋仲月上戊日（农历二月、八月的上旬）举行仪式。北京天坛有个祈谷坛，用于春季祈祷丰收。中国许多传统节日大多与食物相关。

（二）政府大力引导爱惜粮食节约节俭

1. 自 2006 年开始，每年上半年（一般是 5 月）全国粮食科技活动期间，多部门联合集中组织开展节粮减损、科学消费等科普知识进学校、进家庭、进社区等宣传活动，通过参观稻米科普文化长廊，体验插秧耕作，观摩稻米加工工厂，重温节粮爱粮古训等宣传方式，宣传爱粮节粮、营养健康、保障粮食安全的理念和科普知识。科技活动周期间，中央政府 11 个部门派遣专家参加"科技列车行"活动，并向当地农户捐赠农户科学储粮仓；组织粮食科普小分队，深入乡村、港口、企业，开展节粮减损科普知识宣传。部分省在部门政府网站设立粮食科技活动周专栏，展播优秀科普视频、宣传画、电影等作品。有的单位邀请院士等高层专家做专题科普讲座等。每年的下半年，配合世界粮食日、国家食品安全宣传周等宣传活动，持续扩大爱粮节粮的宣传范围，促进节粮减损、安全储粮、科学保粮等科学技术知识的普及，动员民众为保障国家粮食安全作出积极贡献。

2. 各类学校重视爱粮教育。小学生课本有一篇文章叫《悯农》，就是让孩子一边认字，一边了解祖先劳动的艰辛和粮食来之不易。作者是唐代诗人李绅，内容主要是：锄日禾当午，汗滴禾下土，谁知盘中餐，粒粒皆辛苦。教导孩子要勤俭节约，尊重劳动，爱惜粮食。

3. 各地建设了粮食博物馆。首都粮食博物馆主要讲述老北京的粮食故事。宿迁粮食博物馆、河南工大粮食博物馆、水稻博物馆（长沙）、小麦博物馆（温县）、大米博物馆（五常、盘锦）、玉米博物馆（通辽）、粮仓博物馆（阜阳）、大豆博物馆（黑河）、油菜博物馆（沙洋）等都有自己的专题，有的主要讲述粮食的历史，有的主要介绍稻谷、小麦的知识等。

（三）增强节粮减损的意识

在连年丰收、高仓满储的新形势下，必须高度重视粮食安全，保持和强化危机意识，继续绷紧粮食安全这根弦。一是培育和巩固节约节俭的理念。采取多种形式，加大对节约粮食、反对浪费理念的宣传力度。审核认定了85家爱粮节粮教育社会实践基地，为宣传爱粮节粮建立更多载体。二是宣传好传统、好典型。大力宣传粮食系统干部职工储粮保粮工作先进典型和优秀事迹，号召发扬"宁流千滴汗，不坏一粒粮"的好传统。三是批评处罚铺张浪费毁粮坏粮的行为。制定并严格执行粮食生产和流通全环节的数量和质量保障制度规章，严厉处罚违规违章并造成粮食损失的事件和个人。

五、农户的减损节粮

（一）农户科学储粮科技创新

以国家科技项目"减少三大粮食作物农户储粮损失技术集成与示范"为起点，开展农户储粮技术推广。通过农户储粮通风技术、气密储粮技术、农村储粮粮仓新材质研究等关键技术创新，开发设计适合不同区域不同粮种使用的农户储粮新装具和新仓型并完成标准化、系列化设计；分别在东北平原、华北平原和长江中下游平原建立具有区域特征和生态特点的，以粮食收纳库为依托的代农储粮的新型农村储粮模式；集成并优化不同区域、不同粮种农村安全储藏技术模式并进行应用示范，在粮食主产区构建农户储粮减损技术保障体系。

长江中下游稻谷产区核心试验区建设中，选择500个农户科技储粮示范点，组装出1～2套农户储粮减损技术方案。培养农村储粮技术骨干，让他们以点带面，扩大推广。分别在四川江油小溪坝粮油收储站、河南省安阳市汤阴县宜沟镇粮食收纳库和辽宁新民兴隆粮食储备库建立了示范点，开展代农储粮服务。建立示范户11830户，示范户平均储粮损失率为1.02%，每年增加直接经济效益约6.12亿元，并在实验区实现了农村储粮损失减少50%。

课题研究还开发了苦皮藤素和除虫菊素系列植物源杀虫剂，如防虫剂、电子驱灭鼠装置、新驱鼠剂杀鼠剂、驱鼠设备等，完成防驱杀虫鼠技术示范应用14000余户。集成优化东北平原、华北平原和长江中下游平原三大平原农户粮食储藏工艺关键8个，纳入国家标准《粮油储藏　农户储粮技术指南》。开发出东北平原小型玉米保质干燥设备、长江中下游平原小型高效稻谷保质干燥设备和与之相配套的生物质燃料热风炉，以及玉米就仓干燥设备、就仓通风干燥设备等，还获得国家科技进步奖。研制出用于大农户的钢网折叠式方箱物流仓、蜂窝板折叠箱式物流仓、圆形柔性袋式物流仓三种较大容量的农户物流粮仓并进行示范。研制的规模化农户高水分稻谷干燥储存仓，可将水分含量22.0%以下的高水分稻谷降至安全储藏水平，同时确保水稻的脂肪酸值等品质指标未发生明显变化。开发了农村粮食物流信息平台，可远程进行在线技术咨询服务，设计了农户稻谷储藏技术模式、小麦储藏技术模式和玉米储藏技术模式，用于规模化农户安全储粮。编制简单易懂的《农户安全储粮技术手册》宣传资料和影视材料，进行农户储粮示范教学。

（二）农户科学储粮专项建设

1. 第一期——"十一五"期间。针对农户储存的粮食数量大、损失多的现状，结合国家科技项目研究开发的技术和装备示范应用的情况，2007年，中国政府安排600万元中央补助资金设立农户科学储粮专项，支持在辽宁、山东、四川三个省分别开展针对玉米、小麦、稻谷的农户科学储粮装具建设试点，共3.2万套。2009年扩大试点至14省57.2万套，2010年正式在23省实施138万套储粮装具建设。按当时测算，200万套储粮装具可存储粮食约79亿斤，按平均减损6.5%测算，每年可减少储粮损失5.1亿斤，可为农户增收4.8亿元。

2. 第二期——2011 年。2011 年 3 月，提出在遵循政府引导、农民自愿等原则的基础上，"十二五"期间为全国 26 个省（区、市）建设标准化储粮装具。共为全国除北京、天津、上海、海南和江苏外的 26 个省（区、市）农户建设标准化储粮装具 693.5 万套。针对东北部分地区"地趴粮"问题，2014 年开始，专项在东北地区开始建设大农户组合式储粮仓，单仓仓容 30 立方米，可存粮 13 吨左右（折算为玉米粒）。

3. 第三期——2017 年产后减损技术。2017 年 8 月，《财政部　国家粮食局关于在流通领域实施"优质粮食工程"的通知》和《关于印发"优质粮食工程"实施方案的通知》，启动粮食产后服务体系建设，即在农户收获环节，依托储备库、农民合作组织或相关企业，建设为农户提供储藏、清理、烘干、加工、销售服务的产后服务中心。其中，《粮食产后服务体系建设实施方案》提出：继续实施农户科学储粮，为农户配置实用、经济、安全、可靠的科学储粮新粮仓、新装具。通过"优质粮食工程"资金继续开展农户科学储粮专题建设。从建设内容看，12 个省在建设粮食产后服务中心中开展农户科学储粮建设，三年计划建设农户科学储粮装具共 57.6 万套。其中，广西 20 万套、山东 14 万套、黑龙江 11.4 万套、甘肃 6.3 万套，4 个省份合计 51.7 万套；其他 8 个省份建设数量合计不到 6 万套。在使用已有农户科学储粮仓型外，山东和宁夏等个别省份还研发使用了 30～50 吨仓容钢板立筒仓、钢骨架玉米仓等新仓型。

4. 三期建设取得的成效。实施农户科学储粮最直接、最主要的成效就是减少了粮食产后损失，增加了农民收入。农户储粮损失一般可减少至 2%～3%。这对于一户储粮 1000 公斤的农户而言，减少粮食损失 50～60 公斤，大约相当于增加收入 100 多元人民币。另外，在地震等灾害发生时，农户储粮可增强受灾农户生存机会和待援时间，在提高自我生命保障能力的同时，减轻国家粮食应急供应压力，这是一个稳定器。例如，在 2013 年 4 月 20 日四川省雅安市芦山县发生的 7.0 级地震中，眉山灾区的房屋倒塌严重、财产损失巨大，但是农户的小粮仓却屹立不倒，粮食颗粒未损，为农民保住了救命的粮食，为灾后应急救援发挥了极为重要的作用。采取自然通风降水干燥方式的农户科学储粮装具的应用，直接减少了企业工业化烘干的数量，从而减少了机械化烘干作业煤、电消耗和气体排放及环境污染。自然降水农户仓的使用减少了马路洒粮和地趴粮，也使农户的居住环境干净整洁，改善了村容村貌。

产后服务体系建设引导分等分仓储存和精细化管理，通过提供烘干等服务，帮助农民把粮食提质进档，好粮卖好价，推动节粮减损，增加收入，实现"优粮优储"。一是通过整合服务资源，形成完整服务链，提高效率和劳动生产率。安徽滁州全椒县大墅省储库艾塘粮食产后服务中心开展清理、干燥、收储、加工、销售服务，拓展产前产中社会化服务，实现持续运营、合作共赢。湖北天星粮油股份有限公司服务中心按季节为周边种粮农民开展菜籽、小麦、稻谷、油茶籽等烘干服务，提高农户售粮质量等级。浙江乐清市金穗水稻专业合作社等粮食产后服务中心组建专业化散粮运输队，开展运输售粮"一条龙"服务，农户从粮食烘干到入仓的支出费用较传统售粮模式减少50%以上。山东金利康面粉有限公司产后服务中心与县农商银行合作，面向粮食经纪人和种粮农户开展"丰收贷"业务，破解种粮农民"融资难、融资贵"的难题，深受农民欢迎。二是促进提质进档，实现"优质优价"。安徽肥东县永江米业石塘粮食产后服务中心与周边种植大户签订了4200亩绿色水稻种植订单，实行"优粮优价"。山东烟台百瑞佳面粉有限公司粮食产后服务中心通过及时清理粮食杂质，分等定级、分仓储存、分类加工，小麦每斤价格可比市场价高0.1元左右。云南丘北县腻脚乡西里古粮食产后服务中心对收获后的玉米进行及时脱粒、烘干和清理后，直接调往下游饲料加工、养殖、仓储等企业，售价每公斤增加0.16元左右。对脱粒后的玉米芯进行综合利用，每吨玉米产生250公斤玉米芯，玉米芯每吨售价300元左右，此项每吨可增收75元。辽宁省阜新市的粮食产后服务中心采取上门取货不收运费的方式收购玉米，为农户解决找车难及运费贵的问题，每吨玉米节省了运费5~10元。三是减少损失浪费。据山东省初步测算，建成项目预计可使覆盖区域内粮食损失平均降低4个百分点，农户存粮从"路边晾晒、自然风干"向专业化、科学化、社会化干燥转变。江苏、安徽、湖北等地的粮食产后服务中心因地制宜新建烘干中心或对原有烘干设施进行升级改造，确保粮食收获后有序烘干、及时入库，减少粮食因落地造成的湿粮破碎、黄变等损失。据安徽省测算，新建产后服务中心累计为各类主体的400万吨粮食提供了干燥、清理等服务，特别是在2019年粮食收购期间遭遇连阴雨天气，烘干等产后服务的作用和优势更加显现，大幅减少产后损失。云南省粮食产后服务中心通过敞开收购玉米并提供及时的脱粒、烘干和清理服务，有效减少了因反复搬运及霉变造成的粮食损失，据测算，玉米杂质率平均降低9个百分点，霉变损失率降低7个百分点。

从金融视角看大宗商品定价权问题

王晓辉　国家粮油信息中心副主任

中国是全球最大的大豆、原油和铁矿石等大宗商品的进口国，这体现了中国的经济增长，让我们很骄傲。但长期以来，在产业界和经济理论界，一直有一种声音：中国作为国际贸易中钻石级的 VIP 买家，既没有享受到买一百返二十的促销优惠，也没有在货源紧张的时候，享受购买的优先权，甚至有时还必须接受高价格。往往出现被动接受价格、难以决定价格的尴尬局面，让我们在心理上有落差，在贸易中有损失。定价权为何会缺失与如何建立定价权的问题，让国内各界焦虑不安，并在不断探索解决之道。不容忽视的是，随着越来越多的机构投资者进入大宗商品市场，虚拟金融运作与有形商品交易越来越紧密地交织在一起，相互作用，互相强化，大宗商品的金融属性日益显现。其后果之一就是，大宗商品价格的形成与波动，已经不能简单地从实物商品的供求状况去解释。大宗商品的价格和定价权，已是大宗商品的金融权、信息权、议价权和投资收益权的综合反映。

一、大宗商品金融化使定价权问题更为复杂

为什么我们作为最大买家，却不能在与卖家的交易中取得议价优势？大宗商品的价格、定价权与定价机制密不可分。定价权是在定价过程中的影响力，定价机制是以什么方式形成和行使影响力，价格是作用于定价机制下定价权的结果。以物易物的定价模式下，交换双方的意愿决定了最终价格；垄断定价模式下，垄断方决定价格；完全竞争定价模式下，均衡点决定价格；期货定价模式下，价格仍在供需均衡点，但影响均衡的因素更为复杂。

（一）大宗商品的金融属性不断增强

商品是人类活劳动的产物，其使用价值即消费属性。例如，玉米能做饲料，

大豆能榨油。商品经过交换后便具有了交换价值，最早人类社会的以物易物，体现的就是交换价值。后来交易活动越来越多，以物易物的局限性越来越大，作为一般等价物的货币应运而生。可见，商品天然就具有金融属性，大宗商品也不例外。作为实物的商品之所以被货币取代，主要原因是其流动性不足，只要解决了流动性的问题，商品的金融属性就会越来越受到重视。过去几十年，全球化极大地推动了世界经济的发展。全球化的核心是商品、劳务、资本和技术在全球的自由流动。大宗商品金融化是经济全球化的结果之一，同时也在推动全球化进程。大宗商品金融化有两个特征。

1. 大宗商品的交易模式日趋期货化，增强了流动性。大宗商品的种类多、品质差异大。同一品种因品质不同，其价格也会有差异。这种差异增加了交易的难度，降低了活跃度和流动性。例如，玉米的价格因水分、容重的差异而有所不同，尽管国家出台了相关的质量标准，但是在实际现货交易中，只能是以此作为基价。当你问大连港玉米的港口平舱价格时，得到的一定是一个区间价格，因为港口有几十家甚至上百家的企业在报价，每个企业的玉米品质都有差异，所以价格也不相同。但是，如果你想了解期货价格，则可以精准到交易日的每一秒钟所对应的唯一结算价格，且标的的品质是明确、统一的，标的的一切指标都是标准化的，不会因报价的时间、交割的地点不同而有差异。如果你手中持有一张期货合约或仓单，你可以很容易地在期货市场上以当时的价格变现，或者拿到银行去抵押，其流动性很强。但是，如果你手中持有的是一批现货，想要变现则要用比较长的时间。

2. 机构投资大宗商品日趋指数化，增强了投资性。商品指数既能反映经济发展状况，为宏观经济调控发出预警信号，也可以成为期货市场交易的标的，成为投资工具。期货因其交易的是远期合约，具有领先经济指标的意义。因此，期货自产生之日起，就广受关注。20世纪90年代，随着全球经济、金融一体化程度的不断加深，为满足各类期货交易商套保和投资的潜在需求，商品期货指数的发展进入蓬勃发展期。据不完全统计，现在市场上用于交易的各种商品指数已经超过50种，其中关注度高的商品指数包括CRB指数、高盛指数、道琼斯指数等。

CRB指数是最早的商品指数，1957年由美国商品研究局编制，包含世界市场28种基本的经济敏感商品价格。1986年，CRB的期货合约在纽约商品交易所上市。2005年，路透集团（Reuters）与Jefferies集团旗下的Jefferies金融产品公司进行合作，调整了路透商品研究局（CRB）指数，更名为路透商品研究局指数。原来的商品指数所有商品的权重是等同的，而新的商品指数将所有商品分成四个权重等级，最高的原油权重为23%，取暖油5%、天然气11%、玉米6%、大豆6%、活牛6%、黄金6%、铝6%、铜6%、糖5%、棉花5%、可可5%、咖啡5%、镍1%、小麦1%、瘦猪肉1%、柳橙汁1%、白银1%。纽约期货交易所（NYBOT）从2005年7月11日起推出新的商品期货指数合约。目前，该指数在国内外市场中被广泛关注和应用。高盛商品指数创立于1991年，是国际市场上资金跟踪量最大的商品指数。该指数的主要构成为能源产品79.04%，农产品9.16%，基本金属5.82%，贵金属1.61%。2007年，高盛正式推出每周公布一次的"高盛中国商品价格指数"（GSCCI），以综合反映中国工业化和城市化进程中必需的煤炭、钢铁、铜和铝四种大宗基础性原料商品价格的变化。

（二）大宗商品金融化特征赋予传统价格理论新的内容

经济学上价格理论有四个学派：一是马克思主义的劳动价值论学派，认为商品价值决定于生产商品的社会必要劳动；二是以马歇尔为代表的供求均衡价格学派，认为商品价格是由供给和需求双方的均衡点决定的；三是以瓦尔拉斯为代表的边际效用学派，认为商品价格决定于商品边际效用；四是以斯拉法为代表的斯拉法学派，认为商品价格是由生产投入—产出关系和劳资分配关系决定的。

关于商品价值量的决定，即价格的决定问题，马克思主义政治经济学认为：商品的价值量由生产商品的社会必要劳动时间决定；商品交换以价值量为基础，遵守等量社会必要劳动相交换的原则。价格随供求关系变化而围绕价值上下波动。马歇尔的均衡价格理论认为，在完全竞争市场下，短期内，商品价格是由供求均衡点决定的，长期内（长期竞争均衡时），商品价格等于长期平均成本的最低值。

期货价格也是基于商品的内在价值和外部供求关系而形成的。在期货市场进行交易，以期货价格定价大宗商品，只是定价的平台和价格的表现形式发生了变化。但是，由于期货市场所汇集的信息和参与交易的主体远远超过了现货市场，所以其体现的供需关系因素更为复杂。例如，以前是在批发市场、集贸市场，或一个小圈子内，以一对一、多对多，或一对多、多对一等方式进行谈判协商，形成一个现货价格。其价格参与者的数量最为广泛，期货市场通过公开竞价形成价格，交易透明，发布及时，标的物品质标准化，具有极高的流动性。以大豆价格为例，2017年全球大豆国际贸易量1.5亿吨，而CBOT交易的大豆合约数量超过70亿吨。因此，在考察大豆价格时，如果仅以某国现货贸易占全球的比重来判断其价格影响力，而不考虑大量的机构客户在期货市场交易时对价格的影响，其结论就会发生偏差。我们经常听到这样一句话"钱总是比货多"，描述的就是在大宗商品期货市场上，由于机构的参与度越来越高，其对价格的影响也越来越大。需要指出的是，尽管"钱比货多"反映出资本的力量非常强大，但资本也必须顺势而为，即其投资必须符合供需关系的大势，因为无论在哪类大宗商品市场，任何一个机构的资本相比整个大宗商品市场而言，都是很渺小的。如果其任性而为、逆势而动，那后果必然很惨。

（三）在期货市场为大宗商品定价既是现状也是发展趋势

从现状看，大宗商品的定价中心和定价权已经相对集中在几个发达国家大的期货交易所。例如，美国芝加哥期货交易所（CBOT），是当前世界上交易规模最大、最具代表性的农产品交易所，也是全球小麦、玉米、大豆、豆油和豆粕等粮油产品的定价中心，包括我国在内的买家，都是采用在 CBOT 锁定购买商品的期货价格，然后再加上升贴水后，来锁定最终的采购价格；纽约商业交易所（NYMEX）是美国第三大期货交易所，也是世界上最大的实物商品交易所，为原油等能源和金属提供期货和期权交易，产生的价格是全球市场上的基准价格；芝加哥商业交易（COMEX）的黄金期货交易市场为全球最大，它的黄金交易往往可以主导全球金价走向；英国伦敦金属交易所（LME）是世界上最大的有色金属交易所，其价格对世界范围的有色金属生产和销售具有重要影响。

从发展趋势看，目前还没有以期货合约定价的大宗商品，也将最终走向期货定价，例如铁矿石。我国 2019 年铁矿石的进口量超过 10 亿吨，进口依存度已经超过 80%，但也同样面临定价权缺失的问题。回顾铁矿石国际贸易，其定价模式也经历了与其他大宗商品相近的历程。最初在 19 世纪初期的钢铁行业起步阶段，是矿山和钢铁企业随买随用的即期定价，"二战"后是矿山企业与钢铁企业签订长期供货协议。供需双方每年就下一财年铁矿石进口基准价进行谈判，一旦价格确定，未来一年的铁矿石贸易就都采用该价格。金融危机后，长协定价机制被打破，普遍改以普氏指数定价。该指数由美国标普全球下属的普氏能源资讯（Platts）制定，其股东包括资本世界投资者、美国先锋集团、贝莱德等主要金融机构。这些金融投资机构在原油和矿产资源领域有很大影响力，而且持有全球众多能源、矿产资源巨头公司的股份。目前，新加坡交易所和大连商品交易所开展了铁矿石期货交易，双方各有优势和不足。从发展的视角看，如何做大做强国内期货交易所，是确立我国在铁矿石贸易的定价地位的重要抓手。

二、期货定价缘何走上前台

价格由期货市场来决定，不是对传统经济学中供求决定价格理论的否定，而是让价格与供求之间的关系更为密切，使价格的形成摆脱了垄断、寡头垄断和无序竞争定价的束缚，变得更加透明和公正。

（一）定价从现货到期货是市场选择的结果

大宗商品以期货定价不是天然形成的，它们都在经历了现货定价后，才走向期货定价的。在现货定价阶段，大致经历了绝对垄断、相对垄断和自由竞争几个阶段。以原油市场为例，最初在 19 世纪 70 年代，是由美国的洛克菲勒家族对全行业进行垄断，后美国根据反垄断法，将其拆分形成了包括埃克森、美孚、雪铁龙在内的 7 个大型石油公司，市场将之称为"石油七姊妹"。之后"石油七姊妹"与中东等主要产油国结成广泛同盟，原油价格由"垄断"进入到"寡头垄断"。再其后，OPEC 取代七姊妹，给全球原油定价。1983 年，纽约原油期货上市，原油定价从中东产油国转到纽约交易所，市场进入期货定价阶段。再如，世界上最具代表性的农产品交易所——芝加哥期货交易所（CBOT），是在 1848 年由 83 个谷物交易商发起建立的，在 1865 年用标准期货合同取代了远期合同，并实行保证金制度。它的成立，改变了传统的买卖双方协商定价的模式，但当时受通信技术手段、交通物流水平等因素制约，协商定价和交易所期货定价是并存的。随着技术手段的不断进步，现在全球范围的任意地点，都可以连线 CBOT 进行交易，期货定价也获得了绝对的市场认可。

（二）期货市场能汇聚预期、防控风险、活跃投资

1. 能满足管理部门管理预期的需求。个体或群体的经济行为决策，不但受当期环境因素影响，还要对这些变量将来可能出现的情况作出"预期"。预期具有自我强化的能力，会使经济和社会运行脱离正常轨道，经济学上"蛛网理论"描述的就是不同预期对供需关系的扭曲。做好预期管理，是现代治理能力的要求。习近平总书记在省部级主要领导干部坚持底线思维着力防范化解重大风险专题研讨班开班式上强调，要"善于引导预期"，防范化解重大风险。

做好预期管理，前提是发现预期。怎样发现预期？我们常见的统计部门发布"经济运行景气指数"，有些机构做"企业家市场信心调查""舆情监测"等，都

是围绕着发现预期的目标。相比上述方式，期货市场所具备的汇聚预期、发现预期的功能则更为显著和有效。因为期货市场参与的主体多样，每天都有交易，能够最大限度、最及时地反映市场主体的预期。期货市场同时有若干个合约在交易，会产生一系列的未来价格，彼此之间存在价格差异，具有汇聚预期的功能。如果期货近月合约价格低于远月，则代表市场预期未来供不应求的趋势；如果近月合约价格高于远月，则代表市场预期未来供大于求的趋势。通常，在商品标的未发生变化的情况下，近远月价差（远月价格减近月价格）呈现逐步扩大或缩小的过程，则可能由现货商品的供应不足或过剩的预期增强所导致。与往年同期相比，近远月价差扩大或缩小，则代表了当前市场预期未来供需矛盾更加突出或有所缓和。例如，中美贸易摩擦初期，国内豆粕期货上涨反映了供应紧张的预期。再如，自 2017 年起，玉米市场持续呈现产不足需的局面，期货价格也整体回升，并呈现远月合约价格高于近月合约价格的多头排列特点。

2. 能满足交易主体规避风险的需求。对风险的厌恶与恐惧是人的本能，而期货的两大功能就是发现价格和锁定风险。这里的锁定风险不是没有风险，而是把风险最小化。随着市场需求不断增加，在期货市场上又衍生出了很多新的金融工具，如期权、掉期交易、场外交易等。这些金融创新，使市场主体避险的手段更为丰富。以锁定风险为目的的套期保值行为，只要严格按照操作规范，就可以实现风险最小化的目标。根据套期保值的原理，期货与现货的盈亏是相反的，即当现货出现盈利时，期货是亏损的。所以企业在进行核算时，必须把期货账户和现货账户合并起来，才能正确客观地评价套保行为是否合理。

3. 期货市场能提供更多的投资机会。商品的交换价值反映的就是其金融属性，最早通过以物易物的方式来实现。后来交易的频度越来越高，需求越来越多样，以物易物的方式因为流动性太差，所以最终被一般等价物淘汰。但是，期货市场的发展，使大宗商品的流动性得到提高和释放，特别是现代信息技术的发展，使这种流动性突破地区限制，24 小时的连续交易制度打破时间的限制。商品指数的出现，突破了实物交易的限制，从而使大宗商品和股票、债券、保险、房地产一样，成为投资者进行财富管理和资产管理的重要选择。高盛、大摩、花旗等国际投行和机构，在其投资组合中，均包括大宗商品在内，并且根据市场供需形势的变化，调整农产品、有色金属、贵金属、黑色等持有结构的配置比例，以达到风险收益的最佳水平。

三、建设定价权的几点建议

我国的商品期货交易所开办时间不长，包括上海能源交易所、郑州商品交易所、上海期货交易所和大连商品交易所等，虽然近年来各个市场规模扩张较快，但是距离成为全球的商品定价中心，仍有较大的差距。

1. 客观评价和合理利用期货市场汇聚预期发现价格的作用。期货市场并不是造成价格波动的原因，因此期货市场也不能消除价格波动，它的功能是把市场不同交易主体的不同预期，集中展示在一个平台上，具有领涨领跌的先行指标意义，但不是助涨助跌的推手。要加大期货市场宣传力度，提高全社会对期货市场功能的认知度，既要防止将期货市场视为灵丹妙药的"神化"，更要防止视期货市场为洪水猛兽的"污化"，让社会客观评价期货市场作用，扩大期货行业影响，改善市场发展环境。

行业管理部门经常讲要管理预期，防患于未然，实施精准调控，做好预调微调。发现预期是管理预期的前提和必要条件，如何发现预期，期货市场无疑是一个最好的工具。例如，当远期价格出现下跌或上涨时，行业管理部门需要考虑是否供需关系出现了严重的失衡，并据此提出是否要进行政策干预的意见建议。在这方面的例子很多。最新的如国内玉米期货价格在 2017 年就开始呈现明显的多头排列，即远月合约价格高于近月合约价格。这种价格形态，反映了市场主体对后期供需关系紧张、价格上涨的预期。行业管理部门即可根据这种预期，做出相应的政策调整。

2. 要积极发声，提升信息在定价机制中的话语权。价格是市场活动中最敏感、最活跃的指标，期货市场是各种信息的汇聚地，任何与价格有关的信息都可以在期货市场上找到，并反映在期货价格上。我国是大宗商品的进口大国、消费大国，也是与之相关的各种生产、消费、贸易等信息的形成地，所以我们要善于利用这个平台。例如，国际上大的投资银行、矿山企业、国际粮商等，经常自行组织行业会议，或积极赞助一些行业活动，利用这些平台发表自己对大宗商品供求与价格的看法，提升其在行业的影响力。再如，2003 年的国际大豆风波，事后有人认为是国际机构发布的有利于本国企业的供需数据，导致大豆价格的剧烈波动，造成国内企业亏损离场。尽管这种说法市场存在分歧，但所反映出的信息对价格的影响力是肯定的。这些年，我们在大宗商品的信息采集与发布上，做了大量的工作，但是相比发达国家、先进机构还有很多不足。例如，发声不及时、不连续，权威性不够等，存在不敢、不愿、不能和不会发声等问题。《孙子兵法》讲："上兵伐谋，其次伐交，其次伐兵，其下攻城。不战而屈人之兵，善之善者也。"在调控市场时，我们应重视发挥信息对市场预期的引导作用，有时放出一个消息，比拿出真刀真枪效果更好、效率更高。

3. 要加快人民币国际化进程，推动国内期货交易平台建设。要提高国内期货市场在定价权上的影响力，就要让更多的国际机构和投资者进入到国内的平台。例如，大连商品交易所在引入铁矿石境外投资者后，其合约影响力不断提高。未来如何加快人民币国际化进程，是影响国内期货平台能否持续做强做大、国内大宗商品定价话语权能否提高的一个重要因素。2020年以来，受新冠肺炎疫情冲击，全球金融市场剧烈波动。欧美等发达经济体为应对危机，重新启动更大规模的量化宽松政策，大规模的"放水"将对全球金融市场的稳定产生持续影响，包括美国在内的很多国家都在降低利率甚至将基准利率降为负值，债券收益率不断创下历史新低，美元在未来几年走软的概率将显著提高。相比之下，中国的外汇储备充足，债券收益率相对较高，在未来一个时期，人民币有望保持稳中趋升的态势，这给人民币国际化带来机遇。目前新冠肺炎疫情在全球仍呈蔓延之势，但国内疫情控制较好，企业复工复产有序进行，诸多国际机构都预测我国将是全球疫情背景下，经济率先复苏的国家。在新形势下，我们应积极推动疫情防控和相关政策的国际合作，扩大以人民币计价的双边货币协议签订，增加人民币在"亚投行"和"金砖银行"贷款中的使用机会，加强与"一带一路"沿线国家人民币业务拓展，加大人民币国际化推进力度。

粮储系统人心向党　大战大考展现作为

陈林　国家粮食和物资储备局安全仓储与科技司

新冠肺炎疫情是百年来全球发生的最严重的传染病大流行，是中华人民共和国成立以来我国遭遇的传播速度最快、感染范围最广、防控难度最大的重大突发公共卫生事件。面对泰山压顶的严峻挑战，习近平总书记果断决策、亲自指挥，党中央统揽全局、运筹帷幄，全国人民众志成城、同心抗疫，打响了气壮山河、感天动地的疫情防控人民战争、总体战、阻击战，取得了抗击疫情的重大战略成果，创造了人类同疾病斗争史上又一个英雄壮举，铸就了"生命至上、举国同心、舍生忘死、尊重科学、命运与共"的伟大抗疫精神，充分展现了我们党强大的政治领导力、思想引领力、群众组织力、社会号召力，极大增强了全党全国各族人民的自信心和自豪感、凝聚力和向心力，集中体现了中国精神、中国力量、中国担当。全国粮食和物资储备系统各级党组织和广大党员干部职工自觉与习近平总书记重要指示精神对标看齐、听从号令、步调一致，迅速把思想和行动高度统一到党中央的形势判断和工作要求上来。在疫情最吃紧的时候，把粮油保供稳价作为最重要、最紧迫的重大政治任务来抓，做到了不负重托、不辱使命。我作为这场大战的参与者、奋斗者、见证者，感悟深刻，收获满满，有几点体会在此和大家分享。

一、党建引领靠前指挥强统筹，同频共振

新冠肺炎疫情发生以来，根据党中央、国务院的决策部署，按照国务院联防联控机制生活物资保障组要求，国家局党组靠前指挥，相关司局党支部密切配合，粮食和储备系统上下联动，抓紧抓实粮油保供稳价，助力打赢疫情防控人民战争、总体战、阻击战。国家发展和改革委员会党组成员，国家局党组书记、局长张务锋率先垂范、亲力亲为。各单位按照职责分工，主动担当、密切配合，快

速响应、快速落实，齐心协力做好粮油应急保供工作。在国家局应对新冠肺炎疫情工作领导小组的带领下，安全仓储与科技司与疫情防控应急保供组成员单位一道，以迎接大战大考的高度自觉，团结一心、共克时艰，当好保障兵、协调员、守护人，全力以赴做好应急保供和物资调运，为打赢疫情防控阻击战做出了积极贡献。安全仓储与科技司应急管理处作为直接承担保供稳市和应急物资调运的处室，每位同志闻令而动，担当作为，全心投入，忘我工作，为推动各项防控任务落实发挥了重要作用。2020年9月，安全仓储与科技司党支部应急管理处党小组被中共中央、国务院、中央军委授予"全国抗击新冠肺炎疫情先进集体"。

在全系统的共同努力下，粮食应急保供和应急物资调运经受住了疫情防控大战大考的现实检验。2020年5月23日，习近平总书记"两会"期间在看望参加政协会议的经济界委员时指出："这次新冠肺炎疫情如此严重，但我国社会始终保持稳定，粮食和重要农副产品稳定供给功不可没。"这是对我国粮食安全保障和保供稳价工作的高度评价，也是对全国粮食和物资储备系统的莫大鼓励和鞭策。2020年9月8日，全国抗击新冠肺炎疫情表彰大会在北京召开，习近平总书记出席大会并作重要讲话。我很荣幸作为代表参加表彰大会，聆听习近平总书记重要讲话，心潮澎湃、备感振奋；我为能现场见证这一伟大时刻而自豪，更为身处这个伟大时代而骄傲；我也深知这份荣誉是国家局党组指挥得力、领导有方，全系统共同努力、集体付出的结果。

二、践行党员初心使命显担当，逆行担责

苟利国家生死以，岂因祸福避趋之。国家局是国务院联防联控机制生活物资保障组成员单位。安全仓储与科技司应急管理处作为联络部门，全体党员牢记"国有战、召必回、战必胜"的使命担当，正月初三返岗工作，夜以继日、连续奋战5个月，以实际行动践行初心使命。每日对接国家发改委、商务部、财政部等相关司局，联系垂管局、粮食和储备相关部门，协调国家局相关司局、直属单位；5个月参加国家发改委应对疫情工作例会和国家局应急保供组工作例会近200次，做到上下联动、运转顺畅，为全局全系统抗击疫情提供有力保障。国家粮食和物资储备局抗击新冠肺炎疫情先进个人杨林同志听闻疫情防控任务后，放下待产的妻子，主动请缨，最美"逆行"，返岗值守；再相聚时，"小家"已添新丁，出生已过百日。全国抗击新冠肺炎疫情先进个人胡钢所在的国家粮食和物资储备局湖北局三三七处位于疫情核心区，承担着繁重的救灾物资调运任务。面

对生死考验，他主动承担起科室防疫防控、内外协调、生产组织、安全生产等工作职责，责无旁贷地肩负着支部思想政治工作重任，广泛开展交心谈心，帮助职工平复情绪。

三、聚焦粮油保供稳价安民心，多措并举

疫情即是命令，保供就是责任。疫情之初国家局提出"一个目标、三条原则、六项措施"，粮食储备司等部门会同各省（区、市）迅速建立健全湖北与周边四省粮油供应联动保障机制、全国粮油市场日监测日报告机制、重点粮油市场快速调度机制、重点加工企业保供协作机制，不断强化央地协同、区域协同、产销协同、企业协同。

一是各级粮食和物资储备部门、粮油企业积极响应号召，捐资捐物、千里驰援，同心协力保障湖北省和武汉市等疫情严重地区粮油供应，短时间内达到30天市场供应量。36个大中城市及价格易波动地区的成品粮油库存短时间内充实到20天以上供应量，发挥了粮食储备"稳定器"作用。

二是合理安排政策性玉米公开拍卖和小麦、稻谷竞价销售，增加投放储存在湖北省的最低收购价中晚稻，放大了政策性粮食"调节器"功能。强化监测预警，快速应对、妥善处置市场异常波动。

三是强化舆情监测和分析研判，国家局办公室牵头打出了一套部门权威发声、记者观点、专家访谈、出席新闻发布会、专题节目的宣传引导"组合拳"，特别是国务院联防联控机制会上介绍"粮食应急保障体系建设"情况，有效缓解广大人民群众的恐慌焦虑情绪。

四、助力企业复工复产解难题，精准服务

沧海横流，方显英雄本色。全国粮食和物资储备系统各级各部门主动服务，精准对接，协助解决实际困难，全力推进5388家粮食应急加工企业复工复产，有效保障粮油市场供应。

第一，有序组织粮食收储、贸易企业复工，保障粮油加工、饲料生产企业原粮供应。

第二，增强成品粮油储备库存保障能力，根据供求形势和销售情况，指导各地引导企业及时投放商品库存，适时组织储备粮投放，补充超市货源，确保成品

粮油不脱销、不断档。

第三，积极协调粮食包装材料生产、谷壳回收等辅助性企业复工，切实解决粮油加工企业生产原料、辅料、包装等问题。

第四，协调解决中粮集团、益海嘉里公司及北京、河北、河南等省（市）提出的部分粮食加工企业原料需求。

第五，协助粮油企业解决物流运输、用工不足、港口通关等问题，帮助企业迅速复工复产。

截至2020年4月底，全国粮食应急加工企业开工超过90%。各地粮食应急保障企业自觉服从统一调度安排，中粮集团、益海嘉里公司、北京京粮集团、上海良友集团、广州粮食集团、深粮控股等大型粮油企业积极响应号召，迅速开足马力生产，增加粮油产品供应，充分发挥主渠道作用，以实际行动履行社会责任。

五、争分夺秒抢抓应急物资调运，闻令而动

危险之处显身手，越是艰险越向前。按照张务锋局长"闻令而动、保障到位"要求，全国粮食和物资储备系统上下同心，攻坚克难，确保应急物资调运及时高效，为抗击疫情提供坚实物资保障。

第一，与应急管理部紧密衔接，精心组织，协同高效，克服疫情防控期人手不足、物流运输紧张等困难，合理安排人力、物力，及时高效调运物资，为疫情防控提供物资保障。疫情初期紧急调运7批次、23.85万件中央救灾物资，用于支援湖北等五省做好转移人员安置、交通管制卡点人员值守、疑似人员隔离观察、医院新增床位补给等疫情防控工作。

第二，充分利用储备资源，及时转运各类疫情防控所需物资。湖北局11个储备仓库累计接发中转防疫救灾物资、医护用品、农资化肥、成品油、雷神山专用建材等应急保供物资共267.93万箱/件和115.66万吨。

第三，国家局能源储备司统筹协调，会同相关垂管局利用国家储备油库资源，帮助石油企业解决库存压力。所属11个成品油储备仓库与中石化、中石油等企业签订36.23万吨成品油临时储存合同，完成入库17.55万吨，有效解决疫情期间企业堵库问题。

抗疫是一场大战，更是一场大考，考验的是勇气，体现的是担当，扛起的是责任。全国粮食和物资储备系统在抗击疫情中经受了压力测试和实战检验，付出

了艰苦努力，收获了宝贵经验。我有幸参与并见证了这场大战大考，积累了重要经验，收获了深刻启示，必将激励我在新时代新征程上披荆斩棘、奋勇前进。今后我将以此为新起点，立足岗位勤勉工作，以行动践行初心，用担当诠释使命，弘扬伟大抗疫精神，为保障国家粮食安全和战略应急储备物资安全贡献力量。

话说中储粮

我是中储粮老兵，人生最美好、最辉煌时期奉献给了中储粮，对这个大家庭充满了感情。

社会上对中储粮了解不多，很多人听说过中粮但不知道中储粮，或者听说过中储粮但以为是中粮。我想其中的缘由大体是：一方面，我们这样的企业是关系国家粮食安全、维护农民利益、维护粮食市场稳定的企业，肩负着特殊的使命，承担着特殊的任务，属于公益类企业。2016年，中储棉加入中储粮集团，中储粮成为全球最大的粮棉油集团。另一方面，因为市场上没有多少终端产品，所以一般老百姓对中储粮了解甚少。

"两个确保""三个维护"是中储粮的职责和宗旨，也是概括中储粮20多年实践发展最重要的关键词。确保中央储备粮（包括棉花、油脂油料）数量真实、质量良好，确保国家急需时调得动、用得上；努力维护农民利益，维护粮食市场稳定，维护国家粮食安全。即使您不知道中储粮，中储粮总在您的身边。

总有人问两个问题：中央储备粮够吃多长时间？中储粮有没有陈化粮？我常常这么回答，中储粮管的就是"备战备荒为人民"的粮食。备战粮、备荒粮不难理解，就是中央储备，也可以叫常规储备。除此之外，中储粮还负责收储和监管托市粮，托市粮就是当市场粮（目前主要是小麦、稻谷）价低于国家出台的最低收购价时，中储粮受国家委托入市收购，防止出现"卖粮难"，以保护农民利益，这是我们工作量的大头，而常规储备只是我们工作的一部分。至于粮食品质问题，中储粮成立之初就已经建立正常的中央储备粮新陈轮换机制，常态化开展推陈储新，稳定实现常储常新。全国在2009年底就彻底消灭了陈化粮，"陈化粮"这个概念离我们远去已经十几年。至于托市粮的机制，与中央储备粮是不太相同的，收储和销售都是按国家的指令进行，其储存时间要视国家粮食宏观调控需要而定。

常常还有人问，花这么大的成本储备值得吗？粮食已经 10 多年增产稳产，中国南北气候差异大，北歉南丰，南歉北丰，即使有大灾也还可以进口嘛。这种观点曾经一度还有一定市场，但是事实真的那么简单吗？且不说中国人的饭碗靠别人靠不住，中国粮食消费量基数大，中国一进口粮食国际价格就猛涨，世界粮食贸易量也不能支撑，更别谈有的出口国趁火打劫。简单地说一条，大灾时进不了、进不来，一场新冠肺炎疫情对全球的粮食供应链冲击就这么大，战时进口更是无稽之谈。储备花钱值得吗？历史正反两方面大量事实证明，储备的最大作用是稳预期稳人心。

很多时候，名气的大小并不与重要性画等号。中储粮这么重要为什么没有一些竞争性企业知名呢？一般来说，竞争性企业需要品牌培养，名品、名企出名城。名品一般是终端消费品，无论物资还是精神消费品，不是终端产品的，人们知之甚少。现在的华为，可谓家喻户晓，在华为出手机之前，中美贸易摩擦发生之前，华为的知名度也只是在业内，而不是在公众。海尔电冰箱使海尔、青岛成为名企、名城，是多年市场培育、品牌培养的结果。中储粮除了油脂加工中小包装进入超市，进入百姓家以外，基本没有终端消费品，所以，老百姓知之不多。但是要看到，这些年国内粮食市场的平稳不是自发自动、自然而然形成的，背后是有坚强的力量在支撑的。2003 年、2008 年、2012 年、2020 年国际粮价变动都非常大，但中国粮食市场比较稳定，中储粮发挥了重要的"压舱石"作用，高抛低收，平抑市场，所以市场一直平稳运行。

功在当代、利在千秋的事正是中储粮的职责和追求的目标。

袁隆平院士关心支持粮食流通
工作的几个故事

石少龙　湖南省粮食经济科技学会会长

2021 年 5 月 22 日，共和国勋章获得者、中国工程院院士袁隆平在湖南省长沙市逝世，这是中国和世界的巨大损失，他的英名将永远被人们铭记。袁隆平院士一生致力于杂交水稻技术的研究、应用与推广，被誉为杂交水稻之父，为我国粮食安全、农业科学发展和世界粮食发展做出了杰出贡献。

我长期在湖南省粮食和物资储备局（粮食局）工作，与袁隆平院士有着工作联系，讲述他关心支持粮食流通工作的几个故事，以示深切缅怀。

袁隆平院士作为全国政协常委，在 2008 年全国政协会议上提出了"关于加强对国家储备粮的监管"的提案。当年 3 月 14 日，时任国家粮食局党组书记、局长聂振邦拜访袁隆平院士，认真听取袁隆平院士的意见，并向他介绍了国家粮食库存情况和国家粮食局加强粮食库存监督检查所做的工作。袁隆平院士对国家有关部门加强粮食库存监管所做的工作表示认同，对国家粮食局重视他所提意见，并迅速采取工作措施表示满意。

袁隆平院士多次应邀参加世界粮食日和爱粮节粮宣传活动。2014 年，国家粮食局等部委和联合国粮食及农业组织在清华大学联合主办世界粮食日、全国爱粮节粮宣传周主会场活动。袁隆平院士在活动现场同大家分享超级稻增产成果和爱粮节粮故事，并指出："每年浪费 10% 的粮食，不得了。粮食是宝中之宝，胜过黄金和钻石。亩产增加 3～5 公斤，我们都是付出了许多汗水。粒粒不浪费，才会有这种成绩。"

对湖南省粮食流通工作，袁隆平院士给予了悉心的指导。湖南省粮食行政管理部门 1988 年以后的历任领导与他结下不解之缘，前往他的工作地，报告粮食流通工作，听取他的意见和建议。

2007 年，湖南省推出隆平大米。当年 5 月，湖南省粮食产业化发展战略暨

"隆平米—中国米"品牌发展战略报告会召开。9月6日，湖南隆平米业种粮专业合作社成立大会暨隆平米业新产品推介会在长沙市举行。袁隆平院士被聘为湖南隆平米业种粮专业合作社名誉理事长并发表讲话。2008年1月6日，时任省委主要领导听取湖南省粮食局局长吴奇修工作汇报后，对湖南省粮食局打造"隆平米—中国米"等方面取得的成绩给予充分肯定。11月，隆平米业的发芽红米在湖南第十届（国际）农博会展出，袁隆平院士在"隆平米业"展位前停下脚步，询问米业发展情况，并嘱咐："中国有13亿人要吃饭，一定要把稻谷种好，让老百姓吃上好米。"

为加强粮食生产、流通、消费环节的沟通与协作，推进湖南粮食千亿产业、百亿物流工程建设，加快湖南由粮食生产大省向粮食经济强省的转变，2010年6月25日，时任湖南省粮食局局长夏文星拜访袁隆平院士。袁隆平院士说，粮食、水、空气是人类须臾不能离开的重要资源。水是生命之源，粮食是生命之本。粮食是全世界最重要的战略物资，人民群众吃饱吃好是国家的头等大事，粮食工作非常重要。他对湖南省粮食局组织实施的粮食千亿产业、百亿物流工程给予了充分肯定，表示粮食生产与粮食流通部门要加强合作，将支持两大工程建设，共同为农民增产增收、为国家粮食安全做贡献。

就如何加快湖南省稻谷产业转型升级步伐，着力抓好粮食产业链前端的品种选育工作，2020年4月，时任湖南省粮食和物资储备局党组书记、局长陈冬贵赴琼，看望坚守在南繁科研基地一线的袁隆平院士，听取他对粮食和物资储备工作的意见，并到南繁科研基地调研优质水稻品种选育工作。袁隆平院士对湖南粮食和物资储备部门工作情况给予充分肯定，对粮油产品供应、粮食产业的发展、粮食市场的稳定、粮食安全的保障充满信心，表示只要按照党中央、国务院保障国家粮食安全战略开展工作，我国粮食安全的基本盘就坚如磐石。

湖南省早稻发展研究

　　早稻广泛用于口粮、饲料粮、工业粮、储备粮等方面，对保障"谷物基本自给、口粮绝对安全"具有重要意义。全国早稻产量历史上最高点是 1984 年的 5330.5 万吨，自 1985 年以来呈下降趋势。2020 年，全国早稻产量 2729.3 万吨，分别占稻谷、口粮（稻谷、小麦）、谷物产量的 12.9%、7.9%、4.4%。10 个省（区）生产，湖南是主产省。本文通过对中华人民共和国成立以来湖南省早稻产销数量和价格变化等进行分析，认为应坚持粮食收购市场化改革方向，加强粮食宏观调控，完善早稻价格、补贴和保险等相关政策措施，促进早稻增产优质高效。

　　2019 年早稻种植面积跌至中华人民共和国历史最低点，2020 年统筹抓好农村疫情防控和春季农业生产，当此现实重合时，稳定粮食播种面积，鼓励有条件的地区恢复双季稻，确保全年粮食产量稳定，成了保障粮食安全的重要举措。于是，早稻这一栽培时间较早的籼稻生产，便在 2020 年新冠肺炎疫情之初凸显于世人面前。种植面积多年位居全国第一的湖南省，把早籼稻与其他粮食的生产放在同等重要的位置，紧抓不放、常抓不懈。

一、早稻的现实影响

　　有专家认为，我国在 5000 年前的新石器时代便有了早稻、晚稻的分化。有关早稻的最早文字记载，华南双季早稻出现于公元前 3 世纪，长江流域早稻出现于唐朝。清朝以来，多省普遍种植早稻。宋代，湖南省内的水稻主要有粳稻、糯稻两类，以粳稻为主；有早稻、晚稻之别，以早稻为主。中华人民共和国成立后，无论面积还是单产，无论数量还是质量，无论收储还是食用，湖南省早稻都有了史无前例的变化。

（一）增加了粮食产量

1949 年，湖南省早稻产量 29.3 万吨，仅占全省粮食总产量 640.5 万吨的 4.6%。几十万吨的早稻产量水平，徘徊几年后，到 1955 年突破百万吨。1978 年前，早稻产量一直在 900 万吨以下，其中 1970 年前在 500 万吨以下。早稻生产的高峰期为 1979～1992 年，产量处在 900 万～1070 万吨。"四五"时期，每年的早稻产量，高居湖南省粮食总产量的 50% 左右，占据"半壁江山"。中华人民共和国成立后的 72 年，全省稻谷产量平均占粮食总产量的 89.31%，其中早稻产量平均占粮食总产量的 31.97%，高于全国同比例的 22.77%。72 年年均产量为 670.5 万吨，年度最高产量为 1984 年的 1069 万吨。进入 21 世纪，全省虽然调减了早稻播种面积，但年产量还保持在 700 万吨左右，而且这些年粮食总产量增长到了两三千万吨，早稻占当年粮食总产量的比例均在 22% 以上。2020 年，湖南用早稻种植最多年份 1973 年 58% 的面积，产出了当年 90% 的早稻，而与中华人民共和国成立初期的情形相比，更是不可同日而语。

（二）充实了食品原料

自改革开放以来，我国吃饭问题得以解决，便有富余之粮用于食品加工。包括早稻在内的稻谷，可成为米粉、米饼、米糕、米酒、米糖、米油、味精、方便米饭、冷冻米饭等米制系列食品的原料。以早籼米为原料生产的高麦芽糖浆，是一种麦芽糖含量高、杂质少、熬温高的新型淀粉糖，广泛应用于饮料、糖果、罐头、果酱、面包、糕点、乳制品和医药等。适合于加工米粉的早籼稻，直链淀粉含量高，加工出来的米粉既多又好。科研人员对可用于加工的早籼稻，针对适应性培育良种。2009 年，中国水稻研究所等单位选育的中嘉早 17，在湖南等省用于米粉加工，所制米线易成形，不易因糊化而粘连，且米粉复水时间短，断条率低。2020 年，湖南省针对专用型早稻生产市场需求旺的特点，加大宣传推介力度，引导发展专用型早稻"一企一片一种"订单生产，全省种植专用型早稻面积达到 300 千公顷，比上年增加 60 千公顷。此外，加工后的早稻副产品，米糠可榨米糠油，其下脚料可提炼植酸钙、谷维素、甾醇等医药产品；稻壳可用于制作可自行降解的快餐盒，稻壳燃烧可发电，稻壳灰可用于制作白炭黑和化肥；碎米可用于生产富含活体有益微生物（如乳酸菌）的保健功能饮料。

（三）充当了储粮品种

早籼稻脂肪（油分）含量相对较少，大米陈化速度较慢，因而较耐储藏，是储备稻谷的首选品种和主要品种。有数据表明，早些年全国每年早籼稻储备用量约1500万吨，占其产量的50%左右，每年轮出早籼稻约600万吨作工业用粮，常年储备量约900万吨。期货教案也称早籼稻是首季上市的水稻品种，南方地区粮食部门将其作为储备粮轮换的主要稻谷品种。在湖南省，早稻长期被作为粮食储备的主要品种。到2017年早稻上市前期，湖南省还要求在确保农民售粮有道、售粮有价的前提下，优先满足各级储备粮轮换收购。随着粮食质量管理的进一步加强，从2020年开始，湖南省粮食收储全面实行必（先）检食品安全指标，超出国家食品安全标准的粮食由各地政府组织收购，"先检后收、优粮优价、应收尽收"的要求得以全面落实落地。2021年，湖南省提出坚持"数质并重"抓好粮食收储。近年充实粮食储备，尽管有些地区特别是销区储备了少许成品粮，其中成品大米多系中晚籼米或粳米，但储备稻谷中的早稻谷还是占比很大。有些储备企业轮换储备粮时，为了轮换效益，考虑了适宜米粉加工的圆粒早籼稻和适合口粮市场的优质长粒早籼稻。

（四）维护了口粮安全

自古以来，早稻即为主要口粮。现今口粮中一度占比不小的早稻米，蒸煮后出饭率高，米饭蓬松，黏性较小，同分量的早稻米比晚稻米煮出来的饭多。在粮食紧张的20世纪六七十年代，多少人依靠杂粮填肚、瓜菜代粮，若有早稻米充饥，那是求之不得的好事。早稻米价格相对较低，很长一段时间，多为不少工厂、学校、工地食堂等用粮。以早籼稻作为原料加工的蒸谷米，远销中东、欧美、非洲等国际市场。湖南人的一天，几乎从一碗米粉开始。全省城市居民，早餐喜食米粉，如益阳宽粉、湘潭原味粉、衡阳鱼粉、常德牛肉粉、邵阳圆粉、湘西斋粉等。据估算，湖南省米粉日需求量超过3000吨。一日三餐，汤粉等多见于以销量见多的早餐，炒粉、拌粉等多见于以口味诱人的中晚餐。21世纪初，湖南米粉即由传统的"现煮堂食"发展到现代的"袋装速食"。

（五）丰富了稻耕文明

经过长期栽培，稻谷种类按生态习性可分为水稻和陆稻，按所含淀粉特性可分为糯稻和非糯稻，按生产季节可分为早稻、中稻和晚稻。被称为中国首部水稻品种专著的《禾谱》，为北宋曾安止撰，书中已有关于早稻、中稻、晚稻的划分。自有"双季稻"以来，湖南等南方稻区，无一朝代像当今这样，一年内大面积连续耕种早稻和晚稻。暮春"早插"、盛夏"双抢"、深秋"割晚"，还有穿插其中的中稻生产，稻农守望水田，辛勤劳作，让田野呈现出一派繁忙景象，给绵长的稻作文化带来深厚积淀。在悠久的历史长河中，早稻的耕作、收储及加工、食用，衍生了稻谷起源神话和稻米崇拜习俗，也不乏种植乐趣、制作技艺、爱粮趣闻、票证再现、收藏逸事。

二、早稻的产销变化

客观地说，72 年来湖南省早稻产销变化大，其生产情况可谓跌宕起伏，价格有波动，政策也有变化，主要表现在：

（一）早稻面积起伏大

湖南省早稻播种面积，自 1949 年到 2020 年经历了"少—多—少"的转变。中华人民共和国成立后的前 20 多年，早稻播种面积从 1949 年的 150.2 千公顷，增加到 1956 年的 878.7 千公顷、1970 年的 1622.4 千公顷，除三年困难时期有波动外，种植规模总体呈上升趋势。1500 千公顷以上的早稻种植规模，从 1970 年到 2000 年，连续保持 31 年。早稻种植面积最多时为 1973 年的 2119.7 千公顷，占水稻种植面积的 25.18%，为 1949 年的 14 倍。1970～1998 年，29 年间早稻面积均占全省水稻种植面积的 20% 以上，其中 1973 年、1974 年刚过 25%。从 1973 年起，早稻生产总体上一直下滑，到 1978 年，6 年间维持在不低于 2000 千公顷的规模；1979～2000 年，22 年间持续在 1500 千公顷至 2000 千公顷的范围；2000～2020 年，21 年间降到了 1000 千公顷至 1500 千公顷的区间（2014～2015 年刚过 1500 千公顷），但 2019 年为 1094.6 千公顷，降至 1965 年以来的最低点，占水稻面积的 13.48%。2020 年，全省早稻播种面积出现近 7 年来的回升，达到 1225.7 千公顷。

（二）早稻单产创新高

1949 年，全省早稻每公顷平均产量仅为 1951 公斤，1952 年登上 2500 公斤的台阶，1966 年登上 3000 公斤台阶，1974 年登上 4000 公斤台阶，1981 年登上 5000 公斤台阶，2018 年达到 6102 公斤，为史上最高单产，是 1949 年的 3.1 倍。分阶段的平均单产为：20 世纪 50 年代 2476 公斤、60 年代 2845 公斤、70 年代 4092 公斤、80 年代 5399 公斤、90 年代 5319 公斤，2000～2009 年 5608 公斤，2010～2019 年 5878 公斤，早稻单产屡创新高。湖南省从 2010 年开始探索早稻集

中育秧，早稻亩均增加 20 公斤，促进了品种多乱杂、秧田管理粗放等问题的
解决。

（三）早稻大省地位稳

湖南长期是最大的早稻主产省，但中华人民共和国成立初期播种面积低于江
苏、浙江、安徽、福建、江西、广西和广东。从 1985 年起，早稻播种面积才持
续超出广东省，此前只有个别年份超过。曾为最大的早稻主产省的广东，早在
1956 年，全省播种面积高达 2167 千公顷，至今，无一省份的年度播种面积超越
这一纪录。21 世纪以来，江西省有几个年份的播种面积略超湖南省，并与湖南
一道成为至今保持 1000 千公顷以上播种面积的省，两省 2020 年所种早稻，占全
国早稻面积的 51.4%。湖南省 1983 年以来的早稻产量，几乎每年占到全国早稻
产量的 1/5 以上，其中 2010 年以来占到全国早稻产量的 1/4 以上。湖南省还是
南方米粉原料的最大供应基地。

（四）早稻购价有波动

1. "解冻"统购价。从 1966 年到 1978 年，粮价长期未动。党的十一届三中
全会后，湖南省 1979 年将 9.5 元/50 公斤的早籼稻统购价，调整至 11.55 元/50
公斤，提高幅度为 21.58%。

2. 不断提高合同定购价。1985 年取消粮食统购，实行合同定购，早籼稻价
为 15.59 元/50 公斤，提幅 34.99%；1987 年合同定购价为 17.09 元/50 公斤，提
幅 9.62%；1989 年合同定购价为 22.1 元/50 公斤，提幅 29.32%；1992 年定购
价为 24.5 元/50 公斤，提幅 10.86%；1994 年定购价为 44 元/50 公斤至 47 元/50
公斤（分三个价区），提幅 109.52% ~ 123.81%。10 年间，涨幅约为 2 倍。

3. 定购价实行中央指导下的省级政府定价。即由国家下达定购基准价和浮
动幅度，由省级政府确定具体定购价。从 1996 年起，早籼稻定购价，由各省在
1995 年加权平均定购价（不含价外补贴）的基础上，每 50 公斤提高 15 元，并
以此为基准价，在上浮不超过 10% 的范围内具体确定。提价后，湖南省的早籼
稻定购价为 65 元/50 公斤，提幅 38.3% ~ 47.73%。

4. 适当调低定购价。1993 年，放开粮食收购和价格，国家制定主要品种收
购保护价，每 50 公斤早籼稻为 21 元，比上年定购价低 3.5 元。1998 年定购价为
57 元/50 公斤，比上年降低 8 元，降幅 12.31%；保护价为 50 元/50 公斤，系据
上年生产成本和市场行情，经湖南等 5 省（区）政府协商衔接后制定，收购后发

现该保护价偏低，又采取优质优价、提高收购等级差价、酌情加价的办法适当解决。1999 年两价（定购价和保护价）合一，为 51 元/50 公斤。1999 年，湖南省政府办转发省农业厅关于调整优化早籼稻生产结构座谈会纪要的通知，提出现阶段早稻优质稻的加价幅度可在普通早籼稻的基础上提高 10% 以上。

5. 实行灵活的市场价。早籼稻 2000 年退出保护价收购范围后，当年市场收购价为每 50 公斤 35 元左右，2001 年为 42～45 元，2002 年为 44～47 元。2003 年，全国早籼稻产量跌破 3000 万吨，为 2948.25 万吨，是 1969～2003 年中最少的一年；湖南省早籼稻产量跌破 650 万吨，为 621 万吨，是 1971～2020 年中最少的一年。当年市场价提高到 45 元/50 公斤至 46 元/50 公斤，2004 年提至 55 元/50 公斤至 76 元/50 公斤。

6. 执行最低收购价。最低收购价由 2004 年的 70 元/50 公斤，上升到最高时 2014 年、2015 年的 135 元/50 公斤。2016 年生产的早籼稻降低到 133 元/50 公斤，但中晚籼稻和粳稻保持上年水平不变。2017 年每 50 公斤早籼稻下调 3 元，2018 年再下调 10 元，下调后比上年下降 7.69%，比 2015 年下降 11.11%，2019 年保持上年水平不变，2020 年上调 1 元，2021 年再上调 1 元，回升到 122 元。在新冠肺炎疫情全球蔓延导致世界粮价上涨，国内粮价处于高位的情况下，2020 年早籼稻市场化收购成主流，主产区早籼稻收购均价，从年初每 50 公斤 119.85 元上升到旺季时的 133.4 元，上涨 13.55 元，上涨率 11.31%，但尚未达到 2014 年 135 元的最低收购价水平。总体来看，40 多年来早稻价格涨幅不大。

（五）早稻政策有调整

1. 提高品质。粮食大丰收的 1983 年，湖南省首现"卖粮难"，早籼稻不再是主要口粮品种。1984 年，湖南省提出开发优质稻，成立优质稻开发领导小组。省水稻研究所选育的湘早籼 3 号等品种，基本做到"高产、多抗、优质"三结合，是国家"八五"重点推广品种。1998 年，湖南省政府提出在确保粮食供求平衡的基础上，积极调整品种结构，实施"湘米优质工程"，到 2002 年，优质早稻面积达 1000 万亩左右。湖南省政府印发的《关于稳定发展粮食生产的通知》（湘政发〔2020〕6 号），要求调优粮食品类结构，加大淀粉含量高的专用型早稻开发力度，力争专用型早稻面积达到 300 千公顷。

2. 优化结构。1999 年，湖南省针对部分早籼稻品质较差、生产布局不够合理、与市场需求不相适应的问题，提出：40 个商品粮基地县（市、区）应在大力改善早籼稻品质的同时，调减早籼稻种植面积；抓好产后加工转化，提高早籼稻生产的综合效益；淘汰浙辐 802 等 10 个劣质早籼稻品种，主推中优早 5 号等优质品种等。2006 年，优质早稻面积占早稻面积的 35%。2013 年，湖南省政府《关于开展粮食稳定增产行动的意见》（湘政发〔2013〕17 号），要求推进水稻"压单扩双"：采取集中育秧、机械插秧、规模化种植、社会化服务等有效措施，着力解决双季稻适宜区"一季稻插花"问题，进一步提高双季稻覆盖率；在双季稻区不实施一季稻高产创建项目、不组织一季稻高产试验的测产验收、不将一季高档优质稻纳入湘米工程奖补范围；在"一季稻插花"区整乡、整村整建制推进"单改双"。2020 年，湖南省政府要求大力推进早稻集中育秧，充分发挥专业化服务组织、种粮大户、农业合作社、家庭农场等新型主体的主导作用，在双季稻优势区域发展早稻专业化集中育秧 200 千公顷，减少优势区"一季稻插花"和"双改单"面积，引导有条件的地方恢复发展双季稻生产，稳步扩大早稻面积。

3. 收购跟进。粮食收购中，1999 年，湖南省提出既要做到按保护价格敞开收购农民的余粮，又不要强迫农民交售早籼稻。《湖南省人民政府办公厅关于早籼稻退出保护价收购范围有关问题的通知》（湘政办发〔2000〕20 号）规定，从 2000 年新粮上市起，全省早籼稻退出保护价收购范围，由粮食购销企业及经批准可以直接收购早籼稻的用粮企业和粮食经营企业，按照"购得进、销得出"的原则进行收购。定购制度和农业税征实数量保留，定购数量按各地现有农业税征实数量下达。2002 年，除对常德、岳阳、益阳、衡阳 4 个主产市的晚籼稻实行保护性生产补贴外，全省粮食购销价格和市场全部放开。2020 年，要求落实国家粮食收购政策，推进粮食收储制度改革，精准弹性启动最低收购价预案。

（六）早稻比较效益低

仅以双季稻与一季中稻在投入产出、成本和收益之间做比较，即能看出早籼稻生产利润率相对较低。据农产品成本收益资料，从 2014~2018 年 5 年的早籼稻与一季中稻平均成本收益情况看，每亩早籼稻与晚籼稻的产值合计为 2174.78 元，比一季中稻产值多 786.7 元，多 56.78%；每亩早籼稻与晚籼稻的总成本合计为 1990.05 元，比一季中稻总成本多 818.17 元，多 69.82%；每亩早籼稻与晚籼稻的净利润为 184.73 元，比一季中稻净利润少 31.47 元，少 14.56%。然而单是早籼稻的 5 年平均净利润只有 24.82 元，净利润最多的 2015 年为 89.73 元，而净利润最少的 2018 年为 -59.78 元。粮农反映"种粮一年，不如打工一月"，"打工一天，可买两担稻谷"。种粮收益少，粮食不值钱，确实是一个现实问题。

净利润减少的原因，一是产量未减，但按实际出售收入计算的产值减少（含留存的早籼稻可能得到的收入）。2018 年每亩早籼稻产量为 410.22 公斤，比 2014 年的 390.27 公斤增加 19.95 公斤，增加 5.11%，而每 50 公斤早籼稻出售均价为 111.03 元，比 2014 年的 131.54 元减少 20.51 元，减少 15.59%。二是成本增加。例如，物质与服务费用即包括生产中消耗的农业生产资料费用、购买服务的支出及与生产相关的其他实物或现金支出是增加的。比如，2018 年每亩的化肥费为 103.28 元，比 2014 年的 96.78 元增加 6.5 元，增加 6.72%；农药费为 55.6 元，比 2014 年的 50.52 元增加 5.08 元，增加 10.06%；租赁作业费（机械作业费、排灌费、畜力费）196.17 元，比 2014 年的 207.51 元减少 11.34 元，减少 5.46%。据湖南省成本调查队监测数据，2020 年，湖南省早稻总成本 1046.7 元/亩，比 2015 年上升 10.4%。

三、早稻的发展前景

早稻生产面积减少，与农民种粮积极性下降、消费者追求口感、国内存粮充足、世界粮食形势较好有关。粮食消费增加、粮食耕地减少、粮食进口受限时，需要充分提高复种指数而尽可能多种早稻，不失为一项明智的选择。从全国来看，2020 年鼓励有条件的地区恢复双季稻播种面积后，早稻播种面积在中华人民共和国 72 年早稻生产史上排名倒数第二，仅比 2019 年增加 30 万公顷。如果不是疫情防控之需下的重粮措施，该年的早稻播种面积或许会降至倒数第一。湖南省 2019 年的早稻产量，也是 2003 年以来的最低年份。究其原因，既有多年早稻减少的惯性效应，又有近年粮食库存的后盾作用，还有粮食进口的辅助因素。从近两年的早稻生产及其政策措施，可以看出未来一段时期的早稻发展趋势。

（一）政策支撑

抓好早稻生产，是"确保产能"的题中之义。2020 年抗疫以来，为推进早稻生产，政府释放出强烈的政策信号。《国务院办公厅关于坚决制止耕地"非农化"行为的通知》（国办发明电〔2020〕24 号）、《国务院办公厅关于防止耕地"非粮化"稳定粮食生产的意见》（国办发〔2020〕44 号）的下发，有利于保障包括早稻在内的稻谷、小麦、玉米三大谷物的种植面积。2020 年，湖南省强调克服新冠肺炎疫情影响，出台了支持稳定发展粮食生产的 10 条政策措施，并全力抓好春耕生产，突出早稻生产，落实早稻面积，大力发展早稻专业化集中育秧，扩大专用型早稻种植规模。2021年中央一号文件，提出"坚持并完善稻谷、小麦最低收购价政策"，随后公布了最低收购价政策，早稻也在其中。只是，每年最低收购价的确定，得考虑生产成本这一重要因素。"十二五""十三五"规划没有单独的粮食安全指标，而《中华人民共和国国民经济和社会发展第十四个五年规划和2035年远景目标纲要》将"粮食综合生产能力"指标列入"十四五"经济社会发展主要指标，提出2025年要大于6.5亿吨，这是一项约束性指标而非预期性指标。2020年早稻集中育秧面积占种植面积44%的湖南省，提前将早稻集中育秧资金1.05亿元下发到市县，按每亩60元的标准补助，用于支持早稻育秧社会化服务，主推了湘早籼45号、圆粒型早稻、金早籼1号、湘早32、天龙4号等品种。必要时，早稻主产区可以县市为单位，实行早稻种植专项奖励、早稻生产与规模种植大户奖补等政策。

(二) 定向需求

从粮食消费需求来看，20世纪末，湖南省食用早籼米的群体比较大，饲料、工业用粮对早籼稻的需求也不小，40个商品粮大县（市、区）年产早籼稻610万吨，口粮、饲料粮、商品粮、种子粮的用粮比例为40∶30∶28∶2。这些年，口粮消费逐步减少，饲料用粮有所增长。粮食消费中，早籼稻的定向用途较为明显，甚至具有不可替代性。

1. 口粮。早籼米以其低成本优势，成为南方中低端市场的首选米品，是中晚籼米的配米，一般人群均可食用，且适宜体虚、高热之人，籼米煮成稀粥还可供老弱病者调养食用。国外市场对蒸谷米的需求，也加大了早籼稻的消费量。

2. 工业用粮。广阔的米粉市场离不开早籼稻，发展米粉专用稻，已成早籼稻的好出路。消费市场反馈的消息，又推动着米粉产业发展。2021年4月，习近平总书记视察柳州螺蛳粉生产集聚区，称赞"小米粉大产业"，也鼓舞着湖南米粉业。5月，第二届"湖南米粉大擂台"活动在长沙市湖南米粉街启动，共有省内外粉面小吃领域30家标杆品牌，向消费者展示推介超400款特色粉面小吃，日接待量突破3万人次，同时侧重探讨米粉产业链纵深发展，推动湘粉出湘。

3. 饲料用粮。早籼稻虽可被中晚稻、玉米、小麦或杂粮替代，但与粮食丰歉、粮价高低相关。多年前，早稻丰收却难卖，早稻便"屈就"为饲料粮，而前几年，玉米丰收价跌，玉米便成了饲料粮主角。有时，考虑到饲料报酬，考虑到玉米与早籼稻的性价比，考虑到分类处置超标或超期早籼稻的因素，早籼稻可成为饲料玉米的替代品。2021年以来玉米价格一度飙升到3000元/吨以上，有些饲料企业就会慎选饲料玉米，并转向早籼稻等玉米替代品。

4. 种子用粮。需要解决大粒型高产品种、热销优质品种等紧缺问题，需要解决种出多门、一县百种等老问题；由于种子生产受灾害性天气影响，还需要掌握所缺品种、缺种数量、替代方式、应急调种等情况。早稻用途既多又广，粮食产销活动中应给其一席之地。要加大对双季稻种粮大户农田基础设施的建设扶持力度，提高补助和建设标准。

（三）面积回升

早稻生产必须抓紧不放，播种面积才不至于滑坡，近两年面积略有所增，得益于高层重视。2019 年全国播种 4450 千公顷，2020 年增加到 4750.7 千公顷。2021 年，长江中下游地区重点是巩固双季稻种植面积，确保上年增加的早稻种植面积不减少。农业农村部针对 2020 年全国多地杂交稻种子生产因灾害性天气影响受损情况，指导各地采取动用储备种子、做好品种和区域调剂等措施，确保 2021 年早稻种子供应。2020 年早稻面积回升幅度最大的湖南省，2021 年落实粮食安全党政同责，压实县乡党委政府责任，建立各级书记带头抓、分管领导具体抓、部门单位协同抓的工作机制，同时发挥粮食安全考核指挥棒作用，对春耕进度偏慢的市州及时督促整改。2 月下旬，全省早稻栽播任务就层层落实到县乡、村组和农户，并大力推广优质稻种植，着力扩大专用型早稻面积。全省早稻面积计划任务为 1200 千公顷，市县安排早稻播种计划 1213 千公顷，开春即落实到市、县、乡、村组和经营主体。3 月上中旬，省里及时调用国家和省级储备种子 3300 吨，保障早稻生产用种需求。粮食产量居全省第一的常德市，下达了 183.33 千公顷以上早稻种植任务，集中育秧面积超过 90 千公顷，其中专业化集中育秧面积 35.2 千公顷，全市推行农技员与种粮大户"一对一"帮扶机制，农机人员全程指导大户粮食生产，每日对早稻栽插情况进行收集和督导。洞庭湖区的汉寿、汨罗、沅江等主产粮县，开展生产竞赛，组织机插秧、机抛秧示范，早稻插秧进度快于往年。据农情快报，全省 1200 千公顷早稻栽播面积任务已全面完成。预计未来几年，早稻面积稳中有升。

（四）面向市场

早稻要发展，根本靠市场。最低收购价格政策完善到今天，是避免其不亏本的一项基本制度。关于这一政策的本质内容，是当稻麦市场价格在一定时段低于国家公布的最低收购价格时，才会按照一定的程序在符合条件的相关地区启动执行预案。启动之时的最低收购价，才会成为市场的最高收购价，才会直接发挥保护种粮农民利益的作用。启动预案地区，当市场收购价格回升到最低收购价水平以上时，及时停止预案实施，而且，还得限定收购总量，当收购量达到本省批准数量时，立即停止该省最低收购价收购且不再启动，这就从商品量上给稻麦市场腾出了较大空间和较多时间。最低收购价要起到保本微利的托底作用，生产者要到市场中去追求利润。但是，早稻生产与市场往往存在不可控因素，而且种植早稻一般是微利，碰上年成不好、行情欠佳，还会亏损。即使前述早稻产量增加的2018 年，因为当年生产成本增加、卖粮价格下跌，收益反而减少，甚至出现负利润。

因而，还需完善相关的价格、补贴和保险政策。说到底，还是要不断深化粮食收购市场化改革，深入推进优质粮食工程，调整优化种植结构，促进早稻稳产提质，并统筹组织好政策性收购和市场化收购，让小农户对接上大市场，如此，卖粮才会形成优质优价趋势。2020 年全国早籼稻收购均价年涨幅达 10.3%，从一定意义上而言，靠的是最低收购价格垫底，而市场收购价并不封顶。当然，当粮食收购价暴涨到影响物价稳定时，政府会推出价格干预等调控措施，引导市场朝健康方向发展。问题是，依靠市场，发挥流通对生产的反作用，注重从种子抓起，食用早稻多用优质品种，米粉早稻多用专用品种，饲用早稻多用"三高"（产量高、糙米粗蛋白质含量高、出糙率高）品种，不断淘汰劣质品种，以增加粮农收益。

（五）加强督查

早稻生产要从备好种子、落实面积、集中育秧、农资价格等方面做好督查工作。2021 年，农业农村部部署开展春季农作物种子市场检查，就把南方早稻主产区严把种子质量关突出为检查重点。湖南省通过全省春耕备耕工作视频调度会，要求不折不扣落实早稻播种面积。省里抽调 190 多名专家和技术人员，组成74 个早稻生产督导服务组，深入 74 个早稻面积在 4 万亩以上的重点县市区，开展为期 1 个月的督导指导工作。衡阳县的督查主要包括：早稻面积落实情况、早稻板田翻耕情况、早稻栽插情况；油菜田种植早稻计划、落实种植主体情况、油菜田秧苗准备情况、激励措施等；耕地"非粮化"和耕地抛荒排查是否存在瞒报、漏报和乱报情况，核查上报台账吻合率，是否有遏制常年性耕地抛荒措施等；责任部门和后盾单位工作开展情况。此外，要强化对农业生产资料价格的监督检查，严肃查处涉农价格违法行为，努力为早稻生产营造良好的价格环境。

对早稻实际播种面积的检查，可以选择插秧后、收割前两个时段进行。且不说利用卫星遥感技术对生产数据进行采集和监测，插秧临近尾声，即可看出荒田或双季稻恢复情况，以利抢时补插保面积；开镰收割之前，更可实地察看早稻长势，以防弄虚作假上报数据。如今公路、乡村小道四通八达，以乡镇为单位的对口交叉检查，可以真实掌握到村组的实际面积；以县为单位的全面或重点检查，可以准确了解到乡镇的实际面积。湖南对出现集中连片抛荒 3 亩以上的县市区，将取消评先评优资格，而 3 亩空地是显而易见的。早插结束后，省里调研粮食产量多年位居全省第一的宁乡市，了解到 2021 年该市下达粮食生产任务面积 106.5 千公顷，其中早稻播种面积 35.72 千公顷，早稻实际播种面积已经超额 1% 完成任务，其中早稻专业化集中育秧面积超过 9 千公顷。这种做法值得肯定。

"稳住双季稻，关键看早稻"，"早稻稳则全年稳"。如今，跌到历史较低位的早稻，再度提醒人们，切莫粮食紧时想起早稻、重视早稻，粮食多时忘记早稻、排斥早稻。如此，新形势下的早稻生产，可望迎来光明前景。

粮食人民委员部

——中央苏区粮食工作组织机构

江西省《共和国粮食之根》编写组

1934 年 2 月 1 日，中华苏维埃第二次全国代表大会选举产生第二届中央执行委员会。2 月 3 日，第二届中央执行委员会第一次会议任命陈潭秋为中央粮食人民委员（粮食部部长），任命张鼎丞为中央副粮食人民委员（粮食部副部长），中华苏维埃共和国中央粮食人民委员部正式成立。中央粮食部办公地址设瑞金县沙洲坝村的廉太屋。

中央苏区的粮食工作，是整个苏区革命与建设中的一个重要组成部分。在中央苏区革命根据地创建之前和创建之初，工农红军的粮食给养一般"承袭游击时代的观念"，以"一切开支只有靠红军打土豪"的形式解决。随着根据地逐步建立并得以巩固，红军队伍逐步发展壮大，粮食需求不断增加，为保证根据地军需民食，支援反"围剿"战争，苏区各级党委和苏维埃政府先后通过组织创办粮食合作社、组建粮食调剂局和粮食人民委员部等粮食互助、调剂、管理机构，积极筹集和调剂粮食，加强粮食管理，保障根据地军民对粮食的基本需求。

中央苏区各级苏维埃政权中的粮食人民委员部，是贯彻执行苏区中央局和中华苏维埃共和国中央政府法令和政策，组织动员苏区军民开展粮食工作的领导机关。

中华苏维埃共和国各级粮食人民委员部的诞生，经历了一个从地方到中央、从委托代管到独立组建的发展过程。

一、中央苏区粮食部的组织机构最早诞生于闽西红色割据区

1927 年南昌起义和秋收起义后，土地革命在江西、福建等省的部分区域得到发展。随着共产党领导的红色割据区域的逐步稳定，迫切需要建立相应的革命

政权。1928 年 3 月 10 日，中共中央发布第三十七号通告《关于没收土地和建立苏维埃》（以下简称通告）。通告规定："乡村苏维埃执行委员会由五人至七人组织之。""执行委员会并须推选财务委员一人（必须由常务委员兼），文化委员一人（管教育宣传等），裁判（裁判群众纠纷）兼肃反（肃清反革命）委员一人，粮食委员一人，赤卫委员一人（管赤卫队）。"通告同时明确，区苏维埃"执行委员会之组织除常务委员可扩充至五人外，与乡苏维埃之组织同"。但通告对县、市、省级苏维埃政权机构设置，未提及设置粮食委员的内容。①

1929 年 7 月 20～29 日，中共闽西第一次代表大会在上杭县举行。大会期间，毛泽东以红四军前委代表身份向大会作政治报告。报告分析了中国革命的形势，阐明了建立革命根据地的重要性，赞扬了闽西革命斗争取得的成就，指明闽西党组织今后的基本任务，是巩固和发展闽西红色区域。大会讨论通过了《政治决议案》《关于苏维埃政权决议案》《关于土地问题决议案》《关于共青团决议案》《关于妇女问题决议案》等。其中，《关于苏维埃政权决议案》指出："当乡村中斗争胜利，广大的群众已经起来，党有相当的领导力量，政权已经相当牢固时，可组织苏维埃。一区中有三个乡苏维埃以上，即可成立区苏维埃。一县中有三个区苏维埃以上，即可成立县苏维埃。"②

1929 年 8 月，中共闽西特委发布的《苏维埃组织法》规定：乡苏维埃政府设粮食委员，区、县苏维埃政府设粮食委员会。

1930 年 3 月 18～24 日，闽西第一次工农兵代表大会在龙岩召开，周边永定、连城、上杭、长汀等 10 余县工农兵代表出席会议并选举成立了闽西苏维埃政府。会议讨论通过的《苏维埃政府组织法案》规定：在闽西苏维埃政府权力机关 8 个委员会中设有粮食委员会，在苏维埃政府办事机关 8 部 1 处中设有粮食部；各县苏维埃政府权力机关 8 个委员会中设有粮食委员会，各县苏维埃政府办事机关 6 科 1 处中设有粮食科；各区、乡苏维埃政府办事机关 6 名委员中设有粮食委员。会议宣布成立政府机构内包括粮食人民委员会在内的 8 个委员会，这是红色割据区域内地方苏维埃政府中第一个成立的粮食机构。同时，闽西苏维埃政府执行委员会选举任命林延年为粮食人民委员会主任。③

---

① 中央档案馆编：《中共中央文件选集（1928）》第 4 册，中共中央党校出版社 1983 年版，第 66 - 72 页。

② 江西省档案馆、中央江西省委党校党史研究室选编：《中央革命根据地史料选编》（下册），江西人民出版社 1982 年版，第 20 - 27 页。

③ 江西省档案馆、中央江西省委党校党史研究室选编：《中央革命根据地史料选编》（下册），江西人民出版社 1982 年版，第 53 - 59 页。

随后，闽西各级苏维埃政府均相继设立专门的粮食工作机构，设置并选举粮食委员，肩负起组织领导粮食工作的重任，领导苏区军民开展卓有成效的粮食工作。

1930 年 5 月 16 日，闽西苏维埃政府下发《各部办事细则》。其中规定粮食部办事细则为：

1. 粮食部设部长一员、秘书一员，处理部内一切事务。

2. 部长受政府委员会主席领导，管理各地粮食出产之调查、统计及调节……

3. 秘书听部长指挥，撰拟并保管本部各种文件及表册等。①

二、"一苏"大会后临时负责粮食工作的机构

随着全国苏维埃运动的蓬勃发展，1930 年初，建立全国性的中央苏维埃政府问题，列入了党和苏区建设的重要议事日程。中央政府筹备成立期间，根据苏联中央政府的模式，曾设想在中央人民委员会之下，设立包括粮食部在内的 16 个政府工作部门。1931 年 11 月 7～20 日，中华苏维埃第一次全国代表大会在瑞金叶坪村召开，会议确定中央人民委员会之下设 9 部 1 局，卫生、粮食等部暂不设立，有关工作由相应部委代管，"中央政府委托中央财政部和中央内务部共同负责粮食调剂工作"。

根据当时的革命形势，中华苏维埃第一次全国代表大会选举成立的苏维埃临时中央政府，虽未成立中央粮食部这一机构，但在"一苏"大会通过的《地方苏维埃政府暂行组织条例》中明确规定："城市苏维埃是由该城市选民选举的全城市的政权机关，和乡苏维埃一样为苏维埃政权的基本组织。""城市苏维埃为进行各部分的工作，得分设内务、劳动、财政、军事、文化、卫生、粮食、工农检察，土地等科。""区、县、省执行委员会之下得设立土地、财政、劳动、军事、文化、卫生、工农检察、粮食、内务等部。"②

《地方苏维埃政府暂行组织条例》还明确规定，县、省苏维埃政府执行委员会享有生活费的工作人员中，分别包含粮食部长一人。

---

① 中共龙岩地委党史资料征集研究委员会：《闽西革命史文献资料》，中共龙岩地委党史资料征集研究委员会 1982 年版，第 285－287 页。

② 江西省档案馆、中央江西省委党校党史教研室选编：《中央革命根据地史料选编》（下册），江西人民出版社 1982 年版，第 146－196 页。

1932 年 4 月，临时中央政府人民委员会第十六次常会通过《内务部的暂行组织纲要》，规定：内务部暂时管理市政、民警、刑事、侦探、卫生、交通、邮电、粮食、社会保护、户口调查、生死和婚姻登记等事项。设立市政管理局、行政局、卫生管理局、交通管理局、社会保证管理局、邮电管理局、粮食管理局。其中卫生、交通、邮电、社会保证、粮食等局未成立前，暂时由内务部兼理这些部门的工作。[①]

《内务部暂行组织纲要》还规定：区、县、省级粮食部和城市苏维埃，须另设部（或科），受中央内务人民委员部指导。地方政府粮食部之组织和工作细则将另行规定公布。

1932 年 8 月，临时中央政府人民委员会第二十二次常会通过《财政部暂行组织纲要》，规定财政部执行国家经济政策，计划岁入岁出，并管理国库、税收权、公债、钱币、会计、银行、国有财产、合作社等事项。财政部暂时设立会计处、审计处、总务处、税务局、公债管理局、钱币管理局、国产管理局、合作社指导委员会。其中，合作社指导委员会掌管关于指导和计划各种合作社之建立和发展等事项。[②]

由此可见，苏区临时中央政府对粮食工作实行的是多头管理。土地税谷、红军公谷、粮食合作社等由财政部统管，而区、县、省级苏维埃粮食部和城市苏维埃，则由内务部代为管理。

三、中央苏区省级苏维埃粮食部的成立

在中央苏区的形成与发展过程中，先后建立有江西、福建、闽赣、粤赣和赣南 5 个省级苏维埃政府。其中，福建省、粤赣省和后期成立的赣南省苏维埃政府，均设立了粮食部，江西省、闽赣省苏维埃政府，未曾设立粮食部。

1930 年 10 月 7 日，江西省苏维埃政府在吉安成立，曾山任主席。省苏维埃政府内设秘书处及军事、财政、土地、教育、内务、外交、劳动、建设、司法等各专门委员会（亦称部）。

1932 年 3 月 18 日，福建省第一次工农兵代表大会在汀州召开，选举产生福

---

①　江西省档案馆、中央江西省委党校党史教研室选编：《中央革命根据地史料选编》（下册），江西人民出版社 1982 年版，第 168－171 页。

②　赣州市财政局、瑞金市财政局编：《中华苏维埃共和国财政史料选编》，赣州财政局、瑞金市财政局 2001 年版，第 24－25 页。

建省苏维埃政府，设立工农检查、劳动、土地、财政、内务、文化、粮食和裁判等部，粮食部部长为钟显光。①

1933 年 5 月，闽赣省工农兵临时代表大会在江西黎川县召开，选举成立闽赣省革命委员会。12 月，在福建建宁县召开闽赣省第一次工农兵代表大会，正式成立闽赣省苏维埃政府，辖区包括江西黎川、资溪、南丰、南城、金溪、贵溪、铅山、上饶、广丰 9 个县和福建建宁、泰宁、崇安、宁化、清流、归化、光泽、邵武、建阳、浦城、将乐、沙县、建瓯、政和、松溪 15 个县。

1933 年 8 月，鉴于"江西省苏辖境太大，行政指挥上不便利，同时为着开展南方战线上的战争，克服消灭与驱逐粤桂敌人，向西南发展苏区，深入现有区域的阶级斗争，开发钨矿和发展出入口贸易"，"有单独在南方设立一个省的必要"。临时中央政府人民委员会第四十八次常会为此决定，从江西省划出于都、会昌、西江、门岭、寻乌、安远、信康等县，设立粤赣省。9 月，粤赣省苏维埃临时代表会议在会昌县召开，宣布成立粤赣省临时苏维埃执行委员会，并设立工农检查、土地、国民经济、粮食、裁判、内务、教育等部。粮食部部长先后由孙体诚和钟先灿担任。②

1934 年 5 月，随着第 5 次反"围剿"失利，苏区所辖地域日益缩小，中革军委对中央苏区的战区设置作出调整，增设赣南军区，并在赣南军区辖区内设立赣南动员区。7 月，为适应红军主力即将实行突围转移的战略需要，中共中央和中央政府决定在赣南动员区辖区内增设赣南省。省苏维埃政府下设各工作部门参照粤赣省苏维埃政府设置迅速建立（设有粮食部，何人担任粮食部部长未见资料记载），工作人员大部分从粤赣省苏维埃政府调整过来。③

四、国民经济部统管粮食工作

中央苏区创建初期，由于临时中央政府对粮食工作缺乏统一领导，结果导致管理比较混乱，加上国民党连续不断的军事"围剿"和经济封锁，中央苏区粮食供应匮乏，直接影响苏区军民正常生活和经济建设开展。

1933 年 4 月，临时中央政府人民委员会发布《关于设立国民经济部的训令》第十号，指出："提高苏区的各业生产，扩大对内对外贸易，发展苏区的国民经

---

① 戴向青等：《中央革命根据地史稿》，上海人民出版社 1986 年版，第 441 页。
② 余伯流、凌步机：《中央苏区史》，江西人民出版社 2001 年版，第 479 页。
③ 余伯流、凌步机：《中央苏区史》，江西人民出版社 2001 年版，第 1105 页。

济，打破敌人的经济封锁，这在目前激烈发展的国内战争环境下，有第一等重要意义。因此，中央执行委员会曾发布第十九号命令，在中央增设国民经济人民委员部，在省、县两级增设国民经济部，各级政府要转变过去忽视经济建设的错误，迅速开展经济战线上的进攻。""拿经济建设上的胜利，去改善工农群众的生活，激发群众更高的革命热忱，同时保障红军的需要以配合整个的战争动员。"《训令》强调："过去由财政部管辖的一些工作，如粮食调剂局、合作社、对外贸易处等，应划归国民经济部管辖。""过去内务部管辖的省、县两级的粮食部，应归并于国民经济部的粮食科。"①

新成立的中央国民经济人民委员部随即发布《中华苏维埃共和国各级国民经济部暂行组织纲要》，规定中央国民经济人民委员部内设机构为：设计局、调查统计局、粮食调剂局、合作社指导委员会、对外贸易局、国有企业管理局、总务处。省、县国民经济部内设机构为：设计科、调查统计科、粮食科、合作社指导委员会及文书科。其中粮食调剂局的工作职能是：管理粮食的余粜、运输及仓库存储等事宜，使粮食有合理的分配，以适应红军、政府机关及全体国民的需要。省、县粮食科的职能是：调节地方粮食价格，保证红军给养与地方工农群众食品的充实。② 从此临时中央政府人民委员会国民经济人民委员部承担管理苏区粮食工作的责任，苏区粮食工作在国民经济人民委员部统一领导下进行。

五、中央政府粮食人民委员部的诞生

1933 年 3 月，中央苏区取得第四次反"围剿"胜利。随着中央革命根据地的扩大，红军队伍和苏维埃工作人员迅速增多，红军战事频繁，物资耗费量大，粮食需求量猛增，尤其青黄不接之季，苏区民众粮食供应日益紧张。5 月，蒋介石在南昌设立全权处理赣、粤、闽、湘、鄂五省军政事宜的军事委员会委员长南昌行营，亲自组织和指挥对苏区进行更大规模的第五次"围剿"。同时加紧对苏区实行经济、交通封锁，加剧了苏区的粮食紧张局面。为确保军需民食，中央政府及相关部门多次下发命令、布告，切实加强对粮食工作的领导。

1933 年 3 ～ 7 月，短短 5 个月内，苏维埃临时中央政府和中央有关部门先后发出五六个调剂粮食内容的文告，可见粮食问题已是苏维埃政府面临的一个十分重要而又急迫需要解决的问题。

---

①② 参见 1933 年 5 月 8 日《红色中华》第 77 期第 5 版。

1934 年 1 月下旬，中华苏维埃第二次全国代表大会在瑞金召开。24～25 日，毛泽东在《中央执行委员会对第二次全国苏维埃代表大会的报告》中强调："苏维埃中央政府的建立，使全国苏维埃运动得着总的领导机关，对于中国革命有绝大的意义。两年以来，在领导反帝国主义反国民党的斗争中间得到了光荣的伟大的胜利。我们应该指出，中央政府在自己的组织上与工作上还存在着许多不健全与不充分的地方。为着加强中央政府对于各苏区与全国革命的总领导，必须使中央执行委员会与人民委员会在工作上划分开来，必须健全中央执行委员会主席团的组织与工作，必须充实各人民委员部的工作人员，并改善他们的工作方法，必须增设必要的人民委员即如粮食委员部等，使中央政府在革命形势更加开展面前，能够充分地发挥他总的发动机作用。"①

中华苏维埃第二次全国代表大会通过《苏维埃建设决议案》，也对"成立新的必要的人民委员部（如粮食人民委员部）"的提议给予了肯定。②

1934 年 2 月 1 日，中华苏维埃第二次全国代表大会选举产生第二届中央执行委员会。2 月 3 日，第二届中央执行委员会第一次会议任命陈潭秋为中央粮食人民委员（粮食部部长），任命张鼎丞为中央副粮食人民委员（粮食部副部长），中华苏维埃共和国中央粮食人民委员部正式成立。中央粮食部办公地址设瑞金县沙洲坝村的廉太屋。③

中央粮食人民委员部成立后，中央政府将原属国民经济部管辖的各级粮食调剂局及粮食合作社一并划入粮食部管理。中央粮食部内设机构是：调剂科、备荒科、仓库保管科、粮食调剂局、红军公谷管理委员会、土地税谷保管委员会、合作社指导委员会等。

随着中央粮食人民委员部的成立，中央苏区各级苏维埃地方政府内设的粮食机构普遍建立健全，"省、县二级设立了粮食部，区设立粮食科，乡设粮食委员"，整个苏维埃政府间的粮食组织体系基本形成。

---

① 参见 1934 年 1 月 26 日《红色中华》（第二次全苏大会特刊）第 3 期第 1 - 11 版。
② 参见 1934 年 2 月 20 日《红色中华》第 152 期第 5 - 6 版。
③ 参见 1934 年 2 月 3 日《中华苏维埃共和国中央执行委员会布告第一号》，《红色中华》第 148 期第 1 版。

中国古代粮食监管理念、
立法内容及启示

祁华清　武汉轻工大学经济学院教授
邓　义　武汉轻工大学管理学院副教授

　　我国历代王朝或政府对粮食问题都非常重视，关于我国粮食管理的法制，最早可以追溯到春秋战国时期魏国李悝实施的"平籴法"。此后，历代政治家均对粮食的生产、分配、流通以及储备等问题进行过研究，并提出了诸多有关促进粮食生产的主张，同时，历代王朝以及其地方官府均制定了相应的典章制度，但大部分并没有形成完整的法律，而是散见于各朝典章制度及治国理念之中。中国古代粮食监管①理念及立法内容主要如下：

一、古代粮食监管理念：重农以足食

　　春秋时期，齐国上卿管仲就提出"五谷食米，民之司命也"②"粟多则国富，国富则兵强，兵强则战胜，战胜者地广"③，在此基础之上他还主张"相地而衰征"④。正是因为其积极奉行上述粮食管理政策，所以齐国在当时实力非常强盛，并且最终称霸于其他诸侯。

　　战国时期，秦国则实行"爰田"制，这标志着封建地主制度正式成立，商

---

　　① 传统的粮食监管，是关于粮食之分配与调剂、粮食市场指导及监督、粮食价格之统计及评定、粮食之运输及积储、粮食之增产与奖励、粮食来源之扩张及饥荒之救济、粮食之调查和登记、粮食政策之设计，以及积谷合作仓社仓义仓之筹设及监督等，其范围甚广，粮食上所有分配调节之事项均在其监督管理之内。参见：陆精治：《中国民食论》，启智书局1931年版，第419页。

　　② 参见《管子·国蓄》。

　　③ 参见《管子·治国第四十八》。

　　④ 参见《国语·齐语》，又见《荀子·王制》，即根据农民种植土地的肥瘠及收成的多少征收不同的赋税。

鞅发扬了李悝的重农思想，提出了"农本"和"农战"理论。他认为，"农则易勤，勤则富"①，治国之要在于"令民归心于农"②。公元前305年，商鞅明确提出"废井田、开阡陌"，承认田地私有，最终使封建土地所有制在秦国顺利发展，粮食产量迅速提高，为秦统一中国作出了重大贡献。

秦统一六国之后，其集中大量的人力、物力修长城、宫殿、陵墓，秦王朝的暴政以及楚汉战争，导致田地荒芜，粮食奇缺，甚至出现人吃人现象。汉王朝建立后，统治者意识到："人情一日不再食则饥……君安能以有其民哉？明主知其然也，故务民于农桑，薄赋敛，广畜积，以实仓廪，备水旱，故民可得而有也。"③此外，其更开创了入粟拜爵之举措。具体来说，当时为恢复经济，汉初统治者采取了一系列措施恢复粮食生产。例如：让流亡的农民回去领取原有田宅；令将士解甲归田，分给其土地，减轻徭役；释放奴隶，分给土地；实行"什五税一"等。通过上述措施的实施，汉王朝的农业经济得到了恢复和发展，极大地增加了粮食产量，出现了"都鄙廪庾尽满，而府库余财"。④据统计，汉代粮食亩产70～75公斤，人均占有粮食365～390公斤，在当时，是具有较高水平的。

魏晋南北朝的统治阶级也重农，其间颁布了各项勤农政策，且世代奉行，但是由于当时兵荒马乱，战祸连连，其勤农政策并未产生明显的效果。

隋朝以及唐前期的皇帝同样重视粮食，均运用行政命令以及经济手段发展粮食生产，最终生产力水平不断提高，耕地面积不断扩大，到唐玄宗时期可谓"人家粮储，皆及数岁，太仓委积，陈腐不可较量"。⑤

宋代以后，重农思想仍然非常明显。例如，宋太宗曾下诏令劝民播种，并且亲耕观稼："太平国三年，四月，幸城南观麦。"⑥后来王安石变法，其所制定的"青苗法"等都是鼓励粮食生产的重要表现。

元朝，元世祖即位之初就诏令天下重农。不过需要指出的是，元代的重农事实上更类似于督农，即元代在采用汉族重农措施的基础上，按照军队编制组织农耕，有非常详细的督农条例，监督非常严密。

及至明太祖朱元璋，盖因元末为应对"人口锐减、土地荒芜"之现象，即为恢复经济其采取了一系列政策，如号召农民归耕、鼓励垦荒、扶植自耕农、大

① 参见《商君书·壹言篇》。

② 参见《商君书·农战》。

③ 参见《论贵粟疏》。

④ 参见《汉书·食货志》。

⑤ 参见《何进士》。

⑥ 参见《宋史·太宗本纪》。

兴屯田、减轻赋税、兴修水利等，调动农民耕种积极性，促进粮食生产。结果耕地面积不断增加，粮食产量不断增长。

清朝从顺治帝开始，就注重粮食生产，实行"垦荒屯田"。然而在后期，由于清政府的腐败、闭关锁国、不重视科技，以致农业生产力极低，而人口增长速度比较快，因此，粮食问题一直是清统治者的头等大事。

二、古代粮食监管及立法内容

（一）设置专门粮食管理机构

自古以来统治者对粮食的生产、流通、分配和储备都非常重视，粮食行政管理一直被视为历朝历代统治者的首要政务，粮食管理机构是实现政府职能的关键。所以，绝大部分历史朝代均设置了专门的粮食管理机构，用以负责粮食生产、征收粮赋、设立粮仓、调剂粮食余缺、调控粮价等，具体如下：

商代，设小構臣，统管农事。

西周，在中央设司徒一职，主管全国土地、户籍和粮食工作，还设后稷、司稼，巡视稼穑和辨析谷种①。

春秋战国，则设有大田官长。

秦，秦始皇统一中国后，其明确主张家不储粮，藏粮于国，按照行政区划建立粮食管理机构，在中央设治粟内吏。

汉代，中央则设有搜粟都尉，地方则由行政长官主管。

魏晋，设度支尚书。

隋唐，初设民部尚书，后改设户部尚书，唐代以后则由户部管理，在中央设户部，州设户曹参军，县设主簿，职掌粮赋征收、组织和籴与平粜。

北宋，设粮科院官署。

另外，由于军国需粮大部分依赖东南，因此，唐、宋、元、明、清政府在江南设转运机构。各府、州、县都设有专门的官员管理粮赋征收和常平等事宜。明代各省设有督粮道，以布政司左右参政、参议任其事。省以下各地方则由府、州长官分管，基层设粮长，后又实行里甲制度，负责粮食管理事务。清代大体沿袭明制，粮务由各级行政官吏督办，另设有督粮道、库使、典吏协办。

---

① 参见《礼记》。

综上所述，中国古代非常重视粮食安全，为实现粮食安全职能，历代统治者管理各有特点，但在粮食管理机构的设置上具有高度一致性，即建立了从中央到地方完整的粮食管理机构体系，包括机构设置、权限分配、职能职责等，中央管理机构具有独立性、权威性，地方粮食管理机构职能完整，并且延伸到最基层、最一线，为粮食安全提供了强有力的执行保障。

（二）立法调控流通确保粮食安全

中国古代奴隶社会和封建社会统治时期，是典型的以人治为核心的治国方式，但在粮食安全保障的各个环节，都相继出台了一系列的具有法的性质的管理制度，既是中国早期立法实践的典范，也是中国现代粮食安全立法的重要法律渊源。特别是在粮食流通方面，对调剂粮食供求、平抑粮食价格、规范市场交易等方面进行了一系列的立法，确保了历代政府在粮食安全方面的宏观调控职能实现。

春秋时，管子提出粮食不同于一般的商品，具有特殊性，应该由国家掌控，运用行政命令、强制性规定和下达指令性任务等行政手段、行政方法来管理粮食流通。例如，他认为，"富商大贾，不得如数"（商人不准经营粮食），盖因"谷贱伤农，谷贵伤民，而坐收巨利者，则为兼并之豪贾"。① 因此，管子主张通过粮食价格来调剂粮食供求关系，就主张国家积极干预经济的思想这一点而言，管子可以说是中国古代的凯恩斯。

春秋末年，谋士计然认为要发展国民经济，要件之一在于控制粮价，并且根据市场价格的变化规律，提出官府应运用经济手段干预调控粮食价格："夫粜，二十病农，九十病末。末病则财不出，农病则草不辟矣。上不过八十，下不减三十，则农末俱利。"② 让粮价在这个范围内浮动，才可以"农末俱利"，促进农业发展。不仅如此，他还提出："贵出如粪土，贱取如珠玉。"③ 简单来讲，就是说市场粮价上涨了，官府就低价抛售粮食，把粮价压下去；当市场上粮价下跌了，官府就高价收购粮食把粮价抬上去，以平抑粮价。他的这一套方法事实上和现代国家用粮食储备以及粮食价格调节基金的办法，去干预全国的粮食市场，在市场上适时吞吐粮食，以平抑粮价，保障粮食安全如出一辙。

战国初期，魏国国相李悝提出了"平籴法"。所谓"平籴法"，就是国家控制粮价，丰年平价收购，防止"谷贱伤农"，灾年平价售出，防止"谷贵伤民"，

---

① 闻亦博：《中国粮政史》，正中书局1943年版，第8页。
②③ 参见《史记·货殖列传》。

以平抑粮价，稳定人民生活，其核心就是"取有余补不足"。事实上，春秋时期管仲也提出了"平粜"，管仲认为："岁有凶穰，故谷有贵贱；令有缓急，故物有轻重。人君不理，则畜贾游于市，乘民之不给，百倍其本矣。"① 故欲杜绝商贾兼并，只有政府来制其轻重，时其敛散，方无甚贵甚贱之患，而利归于上，民亦不失其利。② 由上述可见，管仲平粜意在富国，李悝意在济民。平粜之法创自管、李二人，在春秋战国初年一度实行，而后则没有相关记载。

秦国商鞅则主张国家严格控制粮食市场，商人不允许参与粮食买卖并抬高粮价，促进粮食生产。他明确规定："使商无得粜，农无得籴。农无得籴，则纤惰之农勉疾。商无得粜，则多岁不加乐；多岁不加乐，则饥岁无裕利；无裕利则商怯，商怯则欲农。"③ 根据这一法令，可以窥见其既禁止商人利用年成的好坏牟取暴利，也禁止农民经营粮食，可谓全面禁止粮食的自由交易，而完全由官府统制，同时迫使商人复归农业。这些关于粮食的法令政策为后代的封建王朝提供了政策导向。④

汉朝，汉武帝时期大司农桑弘羊倡议制定了"均输法"（在中央主管国家财政的大司农之下设立均输官经营粮食等重要商品的活动）、"平准法"（官营商业平抑物价），由国家农业机关尽聚天下之货物代为制定物价，即通过贱买贵卖平抑粮价稳定粮食市场，实际上也是国家运用经济手段干预商品流通的具体方式。不过需要指出的是，虽然桑弘羊的均输平准也被称为平粜，但与春秋战国管李二人的"平粜法"名同实异，管李的平粜仅适用于谷物，而桑弘羊之平粜适用于一切商品包括粮食。汉代关于粮食的监管除了上述两种制度之外，还有一个就是常平仓制度，将在下文论及。

唐代实行的主要是和籴，即为了保障边粮和军粮由官府出资加价向百姓收购粮食，实际上就是官府出钱，百姓出谷，两和商量，然后交易。这一做法在唐朝前期取得了很好的实效。一方面，官府解决了边粮和军粮的问题；另一方面，通过官府加价收购，老百姓也非常愿意卖粮给官府。然而安史之乱之后，这一制度因形势的转变开始出现消极的影响。例如，白居易曾指出："和籴之事，以臣所观，有害无利。何者？凡曰和籴者，官出钱，人出谷，两和商量，然后交易也。比来和籴，事有不然，但令府县散配户人，促立程限，严加征催，苟有稽迟，则

① 参见《汉书·食货志下》。
② 郎擎霄：《中国民食史》，商务印书馆1934年版，第209页。
③ 参见《商君书·垦令》。
④ 尚玲：《中国古代流通经济法制史论》，知识产权出版社2011年版，第92页。

被追捉，迫蹙鞭挞，甚于税赋，号为和籴，其实害人。倘依前而行，臣故曰有害无利也。"① 质言之，因战乱，官府财政非常糟糕，根本无法加价收购，慢慢地，此项政策就变成了强制摊派，再加上唐朝中后期，政治腐败，官员中饱私囊，使和籴变成了强制压榨老百姓的有力工具。

宋代对粮价基本持放开政策："不禁米价，乃前世良守救荒之所已行也。"② 但必须指出的是，促进粮食流通开放粮价并非放任自流，而是辅以经济手段稳定物价，比如常平法、青苗法等。同时，宋政府还利用民间商业来弥补粮食消费的不足，其主要方法为置场和籴，即官府设立粮站以高于市价的价格收购粮食用以充实军储、调节上供、平抑粮价。这一方法在当时极大地促进了粮食流通，改善了粮食供求关系，也是导致宋代商业繁荣的一个重要原因。另外，从春秋战国至隋唐以来，官府针对粮食流通制定的以防止谷贱伤农、谷贵伤民为目的的常平法，在和籴的冲击下在宋朝的大部分地区名存实亡了，这是因为：一是用于收籴的本钱常常被官府挪用，"久之，移用数多，而蓄藏无几矣"③。没有本钱就无从收籴，也就无法调剂粮价了。二是主管官员效率低下、怠于职守。最终，常平法的种种弊端日渐暴露。与置场和籴相伴随的就是抑配征购。宋政府将需要和籴的粮数分摊到户，定额征购，征购范围非常之广，至南宋年间，官户、僧道户和民户承担同样的义务，其实质就是把民间储量不经过市场流通强征到官府，而因为官府合籴的本钱不够，就不断地增加征购的定额，无异于涸泽而渔，最后导致城市商业的凋敝。

清朝初期，当时的清政府出于政治目的的考虑，对于粮食流通采取了部分限制政策，即"只禁海运，不禁陆运"。同时，其还采取了强硬的保护措施，比如，雍正年间的"遏籴"制度，即余粮地区和丰收地区不得在灾区买粮，并对遏籴官员法办。清乾隆三十年（1765年）规定："邻省歉收告籴，本地方官禁止米粮出境者，该督抚据实题参，将州县官降一级留任。不行揭报之该管上司，罚俸一年。不行题参之督抚，罚俸六月。"④ 也就是说，一旦有官员遏籴，那该省从知府、道台到巡抚的各级官员，都要受到不同程度的处分。除此之外，其还实行禁囤制度。禁止私人囤积粮食，主要是为防止富商大贾囤积粮食牟取暴利，但在实际上民间储粮是有利于救荒的，而且在现实中粮价高和私人屯粮之间并没有

---

① 参见《全唐文》第7部，卷六百六十七。

② 参见《巽斋集》。

③ 参见《宋史》，卷一百七十六。

④ 参见《榆巢杂识》上卷。

必然的因果联系。但是封建统治者一直没有很好地解决这个问题，而且清政府还制定了条规管理粮商，规定开设粮行必须登记，政府同意后，领取牙贴才可以经营粮食。

（三）制定储粮制度，建立粮食储备机制

粮食作为人类赖以生存的最重要的生活资料，无论在哪个国家哪个社会，如果没有充足的粮食，都很可能导致社会的不稳定。因此，古今中外，政府无不以储粮救灾作为首要政务。质言之，由于粮食生产具有极强的季节性，而粮食消费却是连续的，为弥补二者之间的空缺，因而粮食储备成为国家保证粮食安全的主要手段。

我国各种粮仓历史悠久，受政治影响，时兴时废，然而，仓储制度作为解食问题的调节器，一方面具有储粮备荒的功能，另一方面就国防而言，储粮制度对于抵御外侮、维护主权独立亦具有重要现实意义。作为例证，昔日汉武帝武功辉煌，皆有赖于文景之治的积累，《史记·卷三十》即曾明确指出："太仓之粟，陈陈相因，充溢露积于外，至腐败不可食。"①此外，事实上在秦时即已经有了"入禾仓，万石一积而比黎之为户"②的制度，粮仓分布全国各地。这些粮仓还有转运库、储备库和供应库的分工，甚至在那一时期调剂粮食丰歉的常平仓也开始出现。然而，由于当时秦王朝统治时间只有 15 年，并且战乱不休，因此，粮食储备制度并没有真正实行起来。

粮食储备制度真正建立起来是在西汉时期。汉初，贾谊在《论积储疏》中指出："夫积贮者，天下之大命也。苟粟多而财有余，何为而不成？"③即间接说明粮食积储的重要性。他曾谏言："民不足而可治者，自古及今，未之尝闻。"④汉文帝为此还专门颁诏书以鼓励积储粮食。汉宣帝时，大司农耿寿昌曾提出："令边郡皆筑仓，以谷贱增其贾而籴，以利农，谷贵时减贾而粜，名曰常平仓，民便之。"⑤即主张由官府经营粮食，并在边远地区建造粮仓，其实质就是官府出资囤积粮食，并在灾年运用掌握的粮食平抑粮价，打击投机，谷贱增价而籴，谷贵减价而粜，以稳定粮食市场。从此，常平仓为汉以后历代所沿用，虽有兴废，但是粮食储备制度一直延续了下来。

---

①　参见《史记·卷三十》。

②　参见《秦律十八种·仓律》。

③④　参见《汉书·食货志》。

⑤　参见《汉书·食货志》。

隋唐除设常平仓外，还设立了正仓、太仓、转运仓、军仓以及义仓，用以敛集、储运、分配以及调剂各地征收上来的粮食。其中，始于隋文帝开皇五年（公元585年）的义仓实际上是一种民间自救组织和制度，即以社为单位社员捐助谷物，设置义仓，以备水旱自救。可惜后来这些民间组织均变成了官方机构，成为百姓正赋之外的负担，因此，几经兴废，效用甚微。

宋代，不仅对常平仓制作了详尽的规定，此外还出现了惠民仓、广惠仓、丰储仓、平籴仓等仓储设施，尤其是宋代所创的社仓，旨在防荒救急，由农户自由结合，按财力身份出谷储于仓，由地方团体管理，在必要时救急，在丰年加息偿还，其实质是作为一种取之于民用之于民的民间合作互助组织，既不受官方之抑配，也不受官方挪作他用。只可惜，后来社仓多是掌握在豪强手中以作私用，或者被官府挪作他用而不偿还进而失去了原有之意，故时而兴废。及至南宋，社仓法制日趋破坏，社仓大多废弛。再加上宋代的置场和籴制度的推行，使常平仓名存实亡。元代的常平仓和义仓，因为管理不严，诸多弊端，到元末时已经徒具虚名。

明代的粮仓则有两大类：一类是为保证官、兵所需的官仓；另一类是调节民间粮食余缺以及储粮备荒的预备仓、常平仓、社仓。然而，由于当时各地粮食储备都没有达到预定的数额，且官员贪污腐败，剥民利己，饥壬备受剥削，所以其调剂民间粮食余缺以及储粮备荒的目的并没有实现。

清朝的粮食仓储基本沿用明朝的这两大类：一类是漕粮仓储；另一类是调剂民间粮食余缺的粮仓。但因后来粮食增长速度始终落后于人口增长速度，加上官吏腐败，所以粮食储备并不理想。

综上所述，我国历朝历代对于储备粮都极其重视。从总体上看，粮食仓储可分为官办和民办两种，其目的明确，并制定了一些相应的管理制度，但因法规不健全，执行不力，效果欠佳。就前者而言，主要体现在朝廷中吏治腐败，粮官中饱私囊者比比皆是，因此，官办粮食仓储的常平之目的实难达到；而历代民办的粮仓，本是为弥补官仓之不足而设立，但因其没有固定规章制度可循，再加上大部分为地方豪绅把持其管理、发放和赈济权，其后果与民仓原初设立目的南辕北辙。

（四）出台临时办法，规制粮食消费行为

中国历朝历代关于粮食的监督管理主要在于常平和平籴，但是过去生产力低下，再加上天灾人祸，仍然足以困扰民众。古代发生饥荒之时，官府常制定临时办法，以作补救。所谓临时办法，即粮食消费节约管制。具体来说，官府以为每有饥荒人民生命难以维持，这既是天灾亦是人祸——粮食消耗过度所致。因此，其救灾之法，主要集中在减少粮食浪费。其具体措施如下：

1. 减少食物。我国古代的君主每遇荒年，大多都会特别下诏减膳，并以身作则。根据有关史料，我国历代减膳的政令记载主要有：汉宣帝本始四年以岁不等，诏太官捐膳省宰；晋武帝咸宁五年以百姓饥僮减御膳之半；太宗贞观元年以旱饥减膳，贞观十七年诏亦如之。再如，唐高宗显庆元年、唐睿宗先天二年、唐元宗开元三年等。但是通过总结，我们发现这些史料的记载多见于唐代及以前，宋以下则鲜见记载。总体来说，在我国历朝历代，节省食物多由君主带头并以身作则，推及百官强迫实施的较为少见。

2. 禁米酿酒。古代对于粮食消耗最大的莫过于酿酒，然饮酒之风，全国盛行，故粮食耗费巨大，因无法统计所以无法计量。然而，每遇饥荒，我国古代官府都会通过禁酒的方式以节约粮食。例如，汉律曾明确规定：凡三人以上无故饮酒，罚金四两。为节约粮食而发布禁酒令的还有汉文帝、汉景帝（中元三年）、汉武帝（天汉三年）、汉昭帝（始元六年）等。自汉宣帝之后禁酒之令时兴时废，多为临时性举措，尤其在经济繁荣的朝代，禁酒都主要是针对天灾，节约粮食。东汉和帝永元十六年、汉顺帝汉安二年、汉桓帝永兴三年、汉献帝建安中年官府均下过禁酒令。东汉末年曹操制定了《酒禁》，蜀刘备下令禁酒，酿者有刑，晋孝武帝太元八年、晋安帝隆安五年、隋文帝开皇三年、唐玄宗开元二年、唐肃宗乾元二年、唐代宗宝应二年、宋太祖元嘉十二年等官府也下过禁酒令，明太祖更甚，朱元璋为减少米麦的浪费制定禁酒令，还下诏不准种糯稻，塞造酒之源头，从根本上禁绝酿酒。

虽然荒年减少食物和禁米酿酒是我国历朝历代践行粮食消费节约的基本举措，但实际效果并不明显。比如，在现实中，减少食物不过是统治阶级虚与委蛇之行，其并没有推行到全国人民，如要做到需要严厉的措施监督，否则很难有实效。在当时，仅靠封建统治阶级及其官员的厉行节约显然是不可能达到节约粮食的目的的。至于禁米酿酒，其也存在各种弊端。比如，其有时虽明令禁止沽酒，但事实上却允许官员尤其是京官开店沽酒，即使在荒年，其还是照样酿酒。此外，因祭祀等需要的酿酒亦不在禁止之列。所以在当时，我们可以发现禁酒主要实行于民间，而民间老百姓平日并无多余粮食酿酒，荒年更不用说，只有富贵人家平日粮食有余会去酿酒。由此可见，在我国古代，荒年禁酒的粮食监管举措显然系流于形式，禁等于不禁。因此，历代节约的效果可见一斑。①

（五）干预粮食交易，加强粮食市场管理

封建社会时期，自给自足的自然经济占主要地位，粮食生产的目的主要是自给，加上自然条件的限制，交通闭塞，导致中国古代社会早期粮食流通规模很小，商品粮很少，尽管如此，对于这一部分我国古代朝政还是进行了一定的干预和控制。比如，春秋战国时期葵丘各国订立的"毋遏籴"盟约，还有诸侯国之间的请籴等。秦汉时期虽然我国粮食产量大增，但其并不具备生产商品粮的条件。魏晋时期江南得到开发，南方粮食交易活跃。到唐代，经济繁荣的江浙一带出现了粮食商品交易的固定场所。南宋都城临安有大批从事粮食贸易的粮行、米铺。宋元时期江浙一带的米市贸易相当活跃。商人利用农户所产米谷以秋冬出售，春夏入籴的习俗，于城镇开设粮行、店、栈，从事粮食调剂，有的还把余粮运给近郡县。明代农村集市贸易比较发达，其中粮食贸易比重很大。清代开设粮行必须办理登记手续，经过官方同意，领取牙贴之后方可营业。此外，地方官府也有各种条规，对粮商进行管理。需要指出的是，中国古代的这些粮食贸易都是在政府的严格掌控中进行的，并未出现充分的粮食自由贸易，即使是民间的粮食自由贸易政府也强力干预，原因在于：一是粮食在当时的战略性地位；二是传统集权思想的影响。因此，在中国古代社会并没有出现现今意义上的粮食市场。

自 1840 年鸦片战争以后，中国逐渐沦为半封建半殖民地国家，当时国内土地高度集中，地主阶级的残酷剥削，粮食分配多寡悬殊，致使民怨沸腾。大量土地高度集中在少数人手中，实行永佃制，收取高额地租。当时的土地所有制，可以分为地主土地所有制、富农土地所有制、自耕农土地所有制、国家土地所有制等多种形式。鸦片战争前后土地大多集中在地主阶级手中，太平天国运动时期，在农民革命军占领的地区，地权一度一致，但是在太平天国运动被镇压以后，随着封建势力的复辟和新军阀、新官僚以及商人势力的崛起，地权又开始集中，自耕农和国有的许多土地通过大军阀和大官僚的强夺豪取、太平天国运动失败后通过地主阶级的反攻倒算、新兴商人和高利贷者利用鸦片战争以后对外通商暴力牟取或趁国内战乱之机兼并土地、官僚地主与工商业家创办所谓"垦殖公司"集中大量土地、各地洋教堂占有并出租土地等方式向少数人手中集中②。此外，它们还通过增加押租和额外浮收或提高地租折价等，收取高额的地租田赋，在农民

---

① 邓拓：《中国救荒史》，北京出版社 1998 年版，第 306 - 307 页。
② 许宗仁：《中国近代粮食经济史》，中国商业出版社 1996 年版，第 34 - 35 页。

身上加上了沉重的负担。

此时的中国政治腐败，外患内忧，生产日下，粮食奇缺，粮食储备大幅下降。这一时期的社会粮食储备，按性质分，同鸦片战争以前一样，可以分为官储、民储和官民共储等，用以储存这些粮食的仓库，主要包括官办的京仓、漕粮转运仓、常平仓和营仓以及民办的或官民共办的社仓、义仓等形式。但是，这些仓储制度多已废弛。

三、古代粮食监管及立法启示

（一）从立法理念看，历朝历代都非常重视粮食安全保障

我国历朝历代统治者或管理者都非常重视粮食安全问题，都试图通过国家干预手段来防止粮食危机事件的发生。由于中国古代管理者主要是为了维护奴隶主或封建君主统治，以人治思想为主，法治思想并不发达，严格意义上讲并不具备现代意义上的立法行为，但在粮食安全问题的处理上，仍然进行了大量的立法（广义的立法，包括制定和颁布的一切法律、制度、规定、命令、临时办法等），而且具有一定的连续性和一致性，以之为国家干预粮食安全提供法的依据。

（二）从立法形式看，形成了大量从中央到地方的成文典章制度

中国古代奴隶社会和封建社会统治时期，是典型的以人治为核心的治国方式，但在粮食安全保障的各个环节，历代王朝都相继出台了一系列从中央到地方的具有法的性质的典章制度，具体包括法律、制度、规定、临时办法、法令、管制措施、盟约等。受时代影响虽然大部分并没有形成完整的现代意义上的法律，而是散见于各朝典章制度及治国理念之中，是中国早期立法实践的典范，但正是这些成文典章制度成为近现代粮食立法思想和监管内容的重要渊源，确保了古代社会的粮食安全。特别是在粮食流通方面，对调剂粮食供求、平抑粮食价格、规范市场交易等方面进行了一系列的立法，确保了历代政府在粮食安全方面的宏观调控职能实现，比较典型的是"平籴法""均输法""平准法"等。

（三）从立法内容看，粮食生产、消费、流通等环节均有涉及

中国古代粮食立法内容比较广泛，从粮食生产、仓储到粮食流通、消费等，都曾经制定或颁布过不同的典章制度。比如《荀子·王制》中关于不同土地粮

食种植与税收的规定、《秦律十八种·仓律》中关于粮食储备的规定、春秋时期管子关于应用粮食价格进行粮食宏观调控的思想和规定、战国初期魏国国相李悝提出的"平籴法"，还有涉及粮食消费、粮食市场管理等方面的相关内容。其中历代尤其重视通过立法平抑粮价政策，对现代粮食立法仍然具有重要的借鉴意义。

（四）从监管主体看，设置了从中央到地方专门的系统的粮食管理机构

在粮食立法体系中，粮食监管主体至关重要，直接涉及粮食立法内容的落地执行。中国古代统治者对粮食的生产、流通、分配和储备都非常重视，粮食行政管理一直被视为历朝历代统治者的首要政务。所以，为实现粮食安全职能，历代统治者管理各有特点，但在粮食管理机构的设置上具有高度一致性，在绝大部分历史朝代，粮食立法体系中均设置了专门的粮食管理机构，即建立了从中央到地方完整的粮食管理机构体系，包括机构设置、权限分配、职能职责等，中央管理机构具有独立性、权威性，地方粮食管理机构独立、职能完整，并且延伸到最基层、最一线，用以负责征收粮赋、设立粮仓、调剂粮食余缺、调控粮价等，为粮食安全提供了强有力的组织保障，这对中国古代粮食安全起到了极其重要的作用。

中国历史上粮食法律若干问题研究

穆中杰　河南工业大学粮食政策与法律研究所

粮食安全、能源安全、金融安全、信息安全是世界各国高度关注的四大经济问题，粮食安全是治国安邦的头等大事。中国数千年文明有许多关于粮食的法令，本文选取有代表性的先秦、汉、唐等时期进行梳理和评价，供粮食安全保障立法参考。

一、先秦时期的粮食法令

中国古代粮食法律可以溯源至先秦时期。比如仓储制度，后世的常平仓制度即可溯源至先秦，秦国当时制定了专门的《仓律》。[①] 再如，《战国策》中记载了夏禹曾下令禁酒。囿于资料所限，本部分仅对重农足食之制、粮政管理分工以及粮食缴纳标准等内容做简要梳理。

（一）违反重农足食之制罪至亡国

执政者若以民为重，而民以食为天，则执政者必须以足食[②]作为最基本民生，而足食的前提在于农业生产，故而执政者施政的重要之制即重农足食。早在舜执政时期，人们就把粮食作为"六府三事"之一。所谓六府，即水、火、金、木、土、谷。古人认为，水、火、金、木、土、谷六项事务事关人们生存之根

---

① 除常平仓之外，我国历史上重要的仓储制度还有如下几种：义仓、社仓、惠民仓、广惠仓、丰储仓、平籴仓。除此之外，各地还因地制宜设立地方特色仓廒、军队也曾建立仓廒。秦国已有专门的《仓律》，一般认为《仓律》是关于仓库管理、谷物播种、官吏的俸禄等方面的规定。后世法典有专门的厩库律或者仓令，如《大明律》卷第七"仓库"律、《大清律》卷第十一和十二"仓库"律等。特此说明。

② 本文"足食"语出《汉书·食货志》："斫木为耜，煣木为耒，耒耨之利以教天下"，而食足；"日中为市，致天下之民，聚天下之货，交易而退，各得其所"，而货通。食足货通，然后国实民富，而教化成。参见：《汉书·食货志》，中华书局 2000 年版，第 943 页。

本，故而将其与正德、利用、后生三事合称为九功。① 后人把"六府"中的"谷"去掉，成为我们现在所熟知的水、火、金、木、土构成的"五行"。但这并非降低粮食在治国理政中的地位，相反又衍生出"洪范八政，食为政首"之说。西周建立以后，周武王曾就"不知其常伦所序"的问题向箕子请教。箕子首先回答了"常伦所序"的由来，并提出执政者要重视八项政务的"常伦所序"，其中将"食"置于八政之首。② 该主张为历代执政者所接受并延续至今，形成了重农足食的施政传统。不仅如此，执政者还把治国理政类比为种田，认为治国理政如果没有法律，"犹无耜而耕也"。③

先秦时期，人们对违反重农足食之制的处罚极为严厉。根据《礼记·月令》记载，仲春之月，不允许大兴土木而妨碍农业生产，"毋作大事以妨农之事"；④孟夏之月，命有司劝民耕作、勿违农时；⑤ 仲秋之月，"乃劝种麦，毋或失时"，如果错过时间，则"行罪无疑"；⑥ 仲冬之月，如果有尚未收割的庄稼，其他人可以收割，官府不予追究，如果有人侵夺他人劳动成果，则"罪之不赦"。⑦ 如果让土地荒芜不耕种者，要根据所荒废的田地亩数进行处罚，"凡田不耕者，出屋粟"。⑧ 这是对普通百姓违反重农足食之制的处罚。如果国君有违反重农足食之制，则可以成为被讨伐甚至灭国的罪证。比如，商汤伐桀时，曾"作汤誓"，讨伐的理由之一就是夏桀夺民农功，而行割剥之政，"我君不恤我众，舍我穑事而割政"。⑨ 商汤后来把伐桀比喻为庄稼生病，谷子有糠，"肇我邦于有夏，若苗之有莠，若粟之有秕"。⑩

---

① 禹曰："於！帝念哉！德惟善政，政在养民。水、火、金、木、土、谷，惟修；正德、利用、厚生、惟和；九功，惟叙；九叙，惟歌。戒之用休，董之用威，劝之以九歌，俾勿坏。"帝曰："俞！地平天成，六府三事允治，万世永赖。"参见：《尚书·大禹谟》，载《四书五经》，中国友谊出版公司1993年版，第115页。

② 武王曰："於乎！维天阴定下民，相和其居，我不知其常伦所序。"箕子对曰："在昔鲧堙鸿水，汩陈其五行，帝乃震怒，不从鸿范九等，常伦所斁。鲧则殛死，禹乃嗣兴。天乃锡禹鸿范九等，常伦所序。""八政：一曰食，二曰货，三曰祀，四曰司空，五曰司徒，六曰司寇，七曰宾，八曰师。"参见：《史记·宋微子世家》，中华书局2000年版，第1335－1337页。

③ 《礼记·礼运》，载《四书五经》，中国友谊出版公司1993年版，第258页。

④ 《礼记·月令》，载《四书五经》，中国友谊出版公司1993年版，第242页。

⑤ "命野虞出行田原，为天子劳农劝民，毋或失时。命司徒巡行县鄙，命农勉作，毋休于都。"参见：《礼记·月令》，载《四书五经》，中国友谊出版公司1993年版，第243页。

⑥ 《礼记·月令》，载《四书五经》，中国友谊出版公司1993年版，第245页。

⑦ 《礼记·月令》，载《四书五经》，中国友谊出版公司1993年版，第247页。

⑧ 《周礼》（上册），徐正英、常佩雨译注，中华书局2014年版，第282页。

⑨ 《史记·夏本纪》，中华书局2000年版，第70页。

⑩ 《尚书·仲虺之诰》，载《四书五经》，中国友谊出版公司1993年版，第120页。

（二）西周粮食管理部门的分工

周王朝的先祖后稷是尧舜时期的农官。受家传之影响，周王朝非常重视农业，形成了较为完善的粮政体制。按照西周关于"五家为邻，五邻为里，四里为酂，五酂为鄙，五鄙为县，五县为遂"的组织管理体制，职官遂人在粮政领域负有"以土宜教氓稼穑，以兴锄利氓，以时器劝氓"① 的职责。至于检查和修理农具、教导农民采取备耕措施的事务则由职官遂大夫负责，② 庄稼的耕作情况以及农忙时节劳动力的调配问题则由职官遂师负责。③ 此外，西周还设有专门管理水田的职官稻人，负责种植水稻。"掌稼下地。以潴畜水，以防止水，以沟荡水，以遂均水，以列舍水，以浍写水，以涉扬其芟作用。"④

在产后环节，粮食调配与计划由职官廪人负责管理。廪人"掌九谷之数"，以备国家发放俸禄、救济以及赏赐等。"以岁之上下数邦用，以知足否，以诏谷用"，据此制定适合于丰年或者荒年的不同用粮计划。如果遇到荒年，廪人可以"令邦移民就谷"，并报告君主减省国家的支出费用。"凡邦有会同、师、役之事，则治其粮与其食。大祭祀，则共其接盛。"⑤ 为应对多种粮食需求，西周时期建立了由职官遗人负责的多种储备："遗人掌邦之委积，以待施惠。乡里之委积，以恤民之阨；门关之委积，以养老孤；郊里之委积，以待宾客；野鄙之委积，以待羁旅；县都之委积，以待凶荒。"⑥ 与职官遗人职责相关，职官仓人"掌粟入之藏……若谷不足，则止余法用，有余则藏之，以待凶而颁之"。⑦ 王宫中粮食政务由职官舍人负责，"舍人掌平宫中之政，分其财守，以法掌其出入。凡祭祀，共簠簋，实之，陈之。宾客亦如之，共其礼车米、筲米、刍、禾。丧纪，共饭米、熬谷。以岁时县穜稑之种，以共王后之春献种。掌米粟之出入，辨其物。岁终，则会计其政"⑧。

粮食消费环节的管理分工更为精细。职官舂人负责有关舂米、舀米以及供给

---

① 《周礼》（上册），徐正英、常佩雨译注，中华书局2014年版，第329页。

② 遂大夫"正岁，简稼器，修稼政"。参见：《周礼》（上册），徐正英、常佩雨译注，中华书局2014年版，第337页。

③ 遂师"巡其稼穑，而移用其民，以救其时事"。参见：《周礼》（上册），徐正英、常佩雨译注，中华书局2014年版，第334页。

④ 《周礼》（上册），徐正英、常佩雨译注，中华书局2014年版，第351页。

⑤ 《周礼》（上册），徐正英、常佩雨译注，中华书局2014年版，第366－367页。

⑥ 《周礼》（上册），徐正英、常佩雨译注，中华书局2014年版，第286－287页。

⑦ 《周礼》（上册），徐正英、常佩雨译注，中华书局2014年版，第370页。

⑧ 《周礼》（上册），徐正英、常佩雨译注，中华书局2014年版，第368－369页。

春好的各种米等事务，"祭祀共其粢盛之米。宾客共其牢礼之米。凡飨食共其食米"①。职官饎人"掌凡祭祀共盛。共王及后之六食。凡宾客共其簠簋之实。飨、食亦如之"。② 职官槁人负责当值官员的伙食，"掌共外、内朝冗食者之食。若飨耆老、孤子、士、庶子，共其食"。为了给官员发放粮食俸禄，西周还设有司禄一职。由于粮食安全状况变化需要制定不同的政策和法令，这方面的职责则由职官司稼负责。③

（三）粮食缴纳质与量标准的确定

粮食流通是粮食安全的重要环节之一。为方便运输，夏朝就制定了按照距离京都远近缴纳粮食的精细标准：在距离京都五百里范围内，"百里赋纳总，二百里纳铚，三百里纳秸服，四百里粟，五百里米"，④ 要求距离京都越远，缴纳的粮食越精细。

关于粮食缴纳数量，先秦时期已经开始使用斗作为计量单位。据《史记·田敬仲完世家》记载，齐国大夫田釐子"收赋税於民以小斗受之，其禀予民以大斗，行阴德於民"。⑤ 但是，在这一时期，各地的斗并未统一，斗的大小容积因区域不同而有差异。直到秦朝统一度量衡之后，经过汉代的改革和发展，斗的标准才固定下来。据《汉书·律历志上》记载，用来衡量容积大小的器具有龠、合、升、斗、斛五种。龠的标准为"以子谷秬黍中者千有二百实其龠，以井水准其概"，"合龠为合，十合为升，十升为斗，十斗为斛"。当然，对这些容器的制作国家也规定了严格的标准。⑥

二、始于强汉的常平仓制度

粮食安全是国家安全的重要基础。粮价是以农为本中国传统社会的"晴雨表"。充足的粮食储备不仅是平抑粮价的重要条件，而且还是备荒维稳的物质基

---

① ② 《周礼》（上册），徐正英、常佩雨译注，中华书局2014年版，第372－373页。

③ 司稼"掌巡邦野之稼，而辨穜稑之种，周知其名，与其所宜地以为法，而县于邑闾"；"巡野观稼，以年之上下出敛法"；"掌均万民之食，而赒其急，而平其兴"。参见：《周礼》（上册），徐正英、常佩雨译注，中华书局2014年版，第371－372页。

④ 《尚书·禹贡》，载《四书五经》，中国友谊出版公司1993年版，第119页；《史记·夏本纪》，中华书局2000年版，第56页。

⑤ 《史记·田敬仲完世家》，中华书局2000年版，第1520页。

⑥ 《汉书·律历志上》，中华书局2000年版，第839页。

础。创立于西汉而贯穿于整个封建社会的常平仓制度，与其他仓储制度相互补充，为当代中国实现粮食安全提供了历史经验。

（一）常平仓制度的历史基础

西汉创设常平仓制度，并非历史的偶然，而是对先秦粮食仓储管理经验的总结。虽然"常平仓者，乃三代圣王之遗法"①之说有些夸张，但中国仓储制度历史悠久则有充分史实支撑。据《周礼·地官》记载："遗人掌邦之委积，以待施惠。乡里之委积，以恤民之艰厄；门关之委积，以养老孤；郊里之委积，以待宾客。野鄙之委积，以待羁旅；县都之委积，以待凶荒。"孙诒让解释说："凡储聚禾米薪刍之属，通谓之委积。"②可以说，委积就是仓储制度的雏形。《礼记·月令》中也有关于仓库放粮救济穷人的记载："天子布德行惠，命有司发仓廪，赐贫穷。"③秦朝时期，陈留"多积粟"，荥阳建有放仓，"藏粟甚多"。④秦政权还设有管仓官员，"宣曲任氏之先，为督道仓吏"。⑤由此我们不难看出，先秦时期我国已经建立了仓储制度。

历史上将仓储制度与治国理政、国计民生紧密联系在一起的"粜籴敛散"之法始于管仲和李悝。⑥管仲和李悝的"粜籴敛散"之法并没有根本不同，仅是二者出发点不同而已。"管仲之意兼主于富国，李悝之意专主于济民。"⑦此外，李悝还为之出台相关法规。李悝首先分析了粮价的不利影响："籴甚贵伤民，甚贱伤农；民伤则离散，农伤则国贫。"他提出，良好的法令要既不"伤民"又不"伤农"。李悝据此出台了平籴法令。李悝把丰年粮食产量分为上熟、中熟和下熟三等，把饥年粮食产量分为大饥、中饥和小饥三等。他以"一夫挟五口，治田百亩，岁收亩一石半"为标准，提出实行平籴法令必须考察收成的好坏："上孰其收自四，余四百石；中孰自三，余三百石；下孰自倍，余百石。小饥则收百

① 此语系宋代司马光之语。参见：《文献通考》（第1册），中华书局2011年版，第623页。
② 《周礼》（上册），徐正英、常佩雨译注，中华书局2014年版，第286－287页。
③ 《礼记·月令》，载《四书五经》，中国友谊出版公司1993年版，第242页。
④ 《史记·郦生传》，中华书局2000年版，第2080－2081页。
⑤ 《史记·货殖列传》，中华书局2000年版，第2479页。该记载之后有"秦之败也，豪杰皆争取金玉，而任氏独窖仓粟"可以印证任氏祖先为管仓官员。
⑥ 据《周礼·地官》记载，职官司稼负有如下职责：通过巡行田野，视察庄稼，以一年收成的丰歉来定粜价的多少，收成少就减价粜，收成多就增价粜，从而保证灾荒之年粮食供给需要。"巡野观稼，以年之上下出敛法"；"掌均万民之食，而赒其急，而平其兴"。此可以看作管仲、李悝之思想源泉。参见：《周礼·地官》（上册），徐正英、常佩雨译注，中华书局2014年版，第371－372页。
⑦ 《文献通考》（第1册），中华书局2011年版，第603页。

石，中饥七十石，大饥三十石。故大孰则上籴三而舍一，中孰则籴二，下孰则籴一，使民适足，贾平则止。小饥则发小孰之所敛、中饥则发中孰之所敛、大饥则发大孰之所敛而粜之。故虽遇饥馑水旱，籴不贵而民不散，取有余以补不足也。"① 不难看出，李悝有关丰年、饥年的划分标准，深受《周礼》的影响。② 平籴法令实施的本质在于使执政者实现了社会利益的最大化：无论是市场粮价较低时，政府高价收购粮食，还是当市场粮价较高时，政府低价出售粮食，从表面来看政府是在浪费和损失之间游走，但实际上政府的社会利益远大于此，它使执政者赢得了民众的拥护和支持。管仲依靠此种方法实现了齐国称霸诸侯的目标，李悝变法后则使魏国迅速强大起来。

（二）耿寿昌奏设常平仓

汉承秦制。西汉武帝时期，桑弘羊继承并发展了管仲、李悝的"粜籴敛散"之法，创设了平准法，对于平抑物价、稳定市场起到了良好效果。汉宣帝执政时期，全国粮食连年丰收，出现"谷至石五钱，农人少利"③ 的现象。在此背景下，时任大司农中丞耿寿昌提出设置"常平仓"的建议。

关于如何设置和运行常平仓以及汉宣帝的下诏情况，司马光在《资治通鉴》中进行了如下概括："大司农中丞耿寿昌奏言：'岁数丰穰，谷贱，农人少利。故事：岁漕关东谷四百万斛以给京师，用卒六万人。宜籴三辅、弘农、河东、上党、太原郡谷，足供京师，可以省关东漕卒过半。'上从其计。寿昌又白：'令边郡皆筑仓，以谷贱增其贾而籴，以利农，谷贵时减贾而粜，名曰常平仓。'"④ 耿寿昌还因此获封关内侯。

（三）汉代以后常平仓的相关法令

西汉创设的"常平仓"制度为后世多数政权所继承。"后汉明帝置常满仓。晋又曰常平仓，自后无闻。梁亦曰常平仓，而不籴粜。陈因之。后魏太和中，虽不名曰常平，亦各令官司籴贮，俭则出粜。隋曰常平仓。大唐武德中，置常平监官，以均天下之货。……后省监，置常平署令一人，掌仓粮管钥，出纳籴粜。"⑤

---

① 《汉书·食货志》，中华书局 2000 年版，第 949 页。
② "凡万民之食食者，人四鬴，上也；人三鬴，中也；人二鬴，下也。"参见：《周礼》（上册），徐正英、常佩雨译注，中华书局 2014 年版，第 3667 页。
③ 《汉书·食货志》，中华书局 2000 年版，第 959 页。
④ 《资治通鉴》（一），岳麓书社 1990 年版，第 301 页。
⑤ 《通典·常平署》（二），中华书局 2016 年版，第 726 页。

其中，西晋政权在泰始二年以诏令形式强推常平法①的做法多为后世效仿。宋真宗时期，宋政权在京东、京西、河北、河东、陕西、淮南、江南、两浙等地开始设置常平仓。具体管理办法是："以逐州户口多少，量留上供钱一二万贯，小州或二三千贯，付司农司系帐，三司不问出入，委转运使并本州委幕职一员专掌其事。每岁秋夏加钱收籴，遇贵减价出粜，凡收籴比市价量增三五文，出粜减价亦如之，所减不得过本钱。大率万户岁籴万石，止於五万石，或三年以上不经粜，即回充粮廪，别以新粟充数。"②

北宋之后，常平仓制度开始完备。比如，规定了籴粜价格的比例："大定（金世宗年号——笔者注）旧制，丰年则增市价十之二以籴，俭岁则减市价十之一以出，平岁则已。"③ 明昌三年八月，金政权对常平仓的区域布局进行了规定，"遂定制，县距州六十里内就州仓，六十里外则特置"，"州县有仓仍旧，否则创置"，并调整了粮食储备数额："旧拟备户口三月之粮，恐数多致损，改令户二万以上备三万石，一万以上备二万石，一万以下、五千以上备万五千石，五千户以下备五千石。"如果违反常平仓管理规定，要受到严厉处罚甚至刑事处罚。④ 到了清代，常平仓实行属地管理，州、县具体负责售卖存粮、平抑粮价、粮谷粮种借贷和慈善赈济。

三、兴于盛唐的漕运法律制度

"漕"字最早见于《诗经·邶风·击鼓》："土国成漕，我独南行。"⑤《说文解字》解释说：漕即是"水转谷"，意思就是利用水路转运粮食。何为"漕运"？

---

① 泰始二年，帝乃下诏曰："夫百姓年丰则用奢，凶荒则穷匮，是相报之理也。故古人权量国用，取赢散滞，有轻重平籴之法。理财钧施，惠而不费，政之善者也。然此事废久，天下希习其宜。加以官蓄未广，言者异词，财货未能达通其制。更令国宝散于穰岁而上不收，贫弱困于荒年而国无备。豪人富商，挟轻资，蕴重积，以管其利。故农夫苦其业，而末作不可禁也。今者省徭务本，并力垦殖，欲令农功益登，耕者益劝，而犹或腾踊，至于农人有伤。今宜通籴，以充俭乏。主者平议，具为条制。"然事竟未行。是时江南未平，朝廷励精于稼穑。四年正月丁亥，帝亲耕藉田。庚寅，诏曰："使四海之内，弃末反本，竞农务功，能奉宣朕志，令百姓劝事乐业者，其唯郡县长吏乎！先之劳之，在于不倦。每念其经营职事，亦为勤矣。其以中左典牧种草马，赐县令长相及郡国丞各一匹。"是岁，乃立常平仓，丰则籴，俭则粜，以利百姓。参见：《晋书·食货志》，中华书局2000年版，第509－510页。
② 《文献通考》（第1册），中华书局2011年版，第614页。
③ 《金史·食货志（五）》，中华书局2011年版，第743页。
④ 《金史·食货志（五）》，中华书局2011年版，第744页。
⑤ 《诗经·邶风·击鼓》；载《四书五经》，中国友谊出版公司1993年版，第151页。

根据《辞海》，① 漕运本意指水路运输，后指历代将所征粮食解往京师或其他指定地点的运输。

（一）唐朝建立以前的漕运法令

漕运制度具有利用水流运输物资的生产技术和国家征税组织方式的双重属性。隋朝建立以前，囿于自然地理和社会条件限制，漕运法令主要涉及两个领域：①适用于赋税领域。秦二世继位以后，"关东群盗并起"，大臣们总结"盗多"的原因是"皆以戍漕转作事苦，赋税大也"。该史实表明，漕运在秦帝国时期就已经是一种赋税法制了。②适用于军事领域。比如，张良力主大汉帝国定都关中的重要理由就是漕运便利："诸侯安定，河渭漕挽天下，西给京师；诸侯有变，顺流而下，足以委输。"② 论及对大汉帝国的贡献，议定"萧何第一，曹参次之"的重要理由是"军无见粮，萧何转漕关中，给食不乏"。③ 在卫青北击匈奴期间，"汉军士马死者十余万，兵甲转漕之费不与焉"。④ 若负有漕运职责的官员有失职行为，则应受军事处罚。

隋朝建立以后，漕运法令的适用范围发生了重大变化，使漕运成为隋政权治国理政的重要方式。开皇三年，隋政权在中央设置募运米丁职位，主要职责是"漕关东及汾、晋之粟，以给京师"，防止京师水旱灾害。与此同时，隋政权还在"卫州置黎阳仓，洛州置河阳仓，陕州置常平仓，华州置广通仓，转相灌注"，⑤ 由此增强了中央财政收支的调节功能。

（二）定型于盛唐的漕运制度

唐政权建立初期，由于"漕事简"，⑥ 故延续了之前为军事服务的功能。高宗以后，随着漕运逐渐发达，制定专门的漕运法令越来越迫切。唐玄宗后期至唐代宗时期，有关漕运的专门法令开始出现并定型，"凡所制置，皆自晏始"。⑦ 此后，唐代的漕运法令再无重大革新。综合来看，唐代漕运法令主要内容可以归纳为如下几个方面：

① 《辞海》（第七版），上海辞书出版社 2020 年版，第 324 页。
② 《史记·留侯世家》，中华书局 2000 年版，第 1632 页。
③ 《史记·萧相国世家》，中华书局 2000 年版，第 1613 页。
④ 《汉书·食货志》，中华书局 2000 年版，第 972 页。
⑤ 《隋书·食货志》，中华书局 2000 年版，第 463 页。
⑥ 《新唐书·食货志》，中华书局 2000 年版，第 897 页。
⑦ 《旧唐书·食货志》，中华书局 2000 年版，第 1427 页。

1. 负责漕运的职官成为常设职务。由于京师是"万国朝宗，百代不易之所。但为秦中地狭，收粟不多，倘遇水旱，便即匮乏"。故而需要从盛产粮食的江淮区域调粮，唐政权"仍以耀卿为转运都使"。①此时转运都使虽然是临时职务，但随着官员激增，漕运事务日益迫切，设立负责漕运事务的常设职官就突显出来了。据《唐会要·转运使》记载，转运使后来成为唐政权常设职务，尽管名称有所变化甚至有时被取消，但一直到唐政权灭亡仍为必设职官。②此后，刘晏长期担任转运使并对漕运进行重大改革。

2. 建立了相对固定的时限准则。关于供给时限，据《通典·食货六》记载："诸租，准州土收获早晚，斟量路程崄易远近，次第分配。本州收获讫发遣，十一月起输，正月三十日内纳毕。（若江南诸州从水路运送，冬月水浅，上埭艰难者，四月以后运送，五月三十日内纳了。）其输本州者，十二月三十日内纳毕。若无粟之乡，输稻麦，随熟即输，不拘此限。"至于军粮，则"便充随近"。关于在途时限，唐律根据船只轻重以及运输方向进行了不同的规范。如果是重船，"舟之重者，泝（同"溯"——笔者注）河日三十里，江四十里，余水四十五里"；如果是空船，"空舟泝河四十里，江五十里，余水六十里"。对于顺流运输者，"沿流之舟则轻重同制，河日一百五十里，江一百里，余水七十里"。此外，还对漕运遇到大风、水浅等特殊情况，明确要求做好登记工作。"若遇风、水浅不得行者，即于随近官司申牒验记，听折半功。"③

3. 规定了相对固定的漕运额度。唐代以前，漕运额度以满足军事需要为限。唐代以后，漕运额度有了明确标准，并且该标准是一个动态标准。例如，唐玄宗时期，"东都含嘉仓积江淮之米，载以大舆而西，至于陕三百里，率两斛计佣钱千"。④再如，唐代宗时期，"每岁运江淮米五十万斛，至河阴留十万，四十万送渭仓"。⑤据此，我们可以推断出唐代从江淮至渭仓的漕运额度为岁运四十万斛。为保证漕运额度的准确执行，唐律还以"输课税物违期"的名义对未能完成输

① 《通典·漕运》（一），中华书局 2016 年版，第 226–227 页。
② 《唐会要》（下），中华书局 1960 年版，第 1599–1602 页。
③ 《唐六典·尚书户部》，中华书局 2014 年版，第 80 页。
④ 《旧唐书·食货志》，中华书局 2000 年版，第 1427 页。
⑤ 《旧唐书·食货志》，中华书局 2000 年版，第 1429 页。

纳任务的官吏和户主进行处罚。① 如果不按期运输，则按照违反"应输课税"②
进行刑事处罚。

4. 建立了相对成熟的运输规范。一是建立了官船经营漕运制度。针对各地
征召富人承包漕运事务的弊端，刘晏进行了改革，实行"以官船漕"。③ 如果私
自雇下属运输，则按照违反"监邻官僦运租税"条进行刑事处罚。④ 二是规定了
漕运船只的标准。"每船受千斛，十船为纲，每纲三百人，篙工五十。"⑤ 随船人
员不得携带过多私人物品，否则按照违反《唐律》"乘官船衣粮"条处罚。⑥ 三
是建立了漕运衔接制度。据记载，经过刘晏改革，"江船不入汴，汴船不入河，
河船不入渭；江南之运积扬州，汴河之运积河阴，河船之运积渭口，渭船之运入
太仓"，实现了"岁转粟百一十万石，无升斗溺者"的目标。⑦ 如果"茹船不如
法"，则要处以笞刑或者杖刑。⑧

5. 建立了严格的仓储管理规范。唐律建立了较为完整的仓储管理规范，并
对违反者实行严厉处罚。比如，对损败仓库积聚物者按贪污处理，"诸仓库及积
聚财物、安置不如法，若暴凉不以时，致有损败者，计所损败坐赃论"。⑨ 违反
"库藏仓不得燃火"规定者，"诸库藏及仓内，皆不得燃火。违者徒一年"。⑩ 如
果官府仓库失火，则按如下规定处罚："诸于官府廨院及仓库内失火者，徒二年；

---

① "诸部内输课税之物违期不充者，以十分论，一分笞四十，一分加一等。州县皆以长官为首，佐
职以下，节级连坐。""户主不充者，笞四十。"参见：《唐律疏议·户婚》第174条，岳纯之点校，上海
古籍出版社2013年版，第212页。

② "诸应输课税及入官之物，而回避、诈匿不输，或巧伪湿恶者，计所阙，准盗论。主司知情，与
同罪；不知情，减四等。"参见：《唐律疏议·户婚》第217条，岳纯之点校，上海古籍出版社2013年版，
第247页。

③ 《新唐书·刘晏传》，中华书局2000年版，第3754页。

④ "诸监临、主守之官皆不得于所部僦运租税、课物，违者，计所利坐赃论。其在官非监临，减一
等。主司知情，各减一等。"参见：《唐律疏议·户婚》第218条，岳纯之点校，上海古籍出版社2013年
版，第247页。

⑤ 《新唐书·食货志》，中华书局2000年版，第899页。

⑥ "诸应乘官船者，听载衣粮二百斤。违限私载，若受寄及寄之者，五十斤及一人，各笞五十；一
百斤及二人，各杖一百（但载即坐。若家人随从者，勿论）。每一百斤及二人，各加一等，罪止徒二年。"
参见：《唐律疏议·杂律》第426条，岳纯之点校，上海古籍出版社2013年版，第431页。

⑦ 《新唐书·食货志》，中华书局2000年版，第899页。

⑧ "诸船人行船，茹船、写漏、安标、宿止不如法，若船伐应回避而不回避者，笞五十；以故损失
官私财物者，坐赃论减五等；杀伤人者，减斗杀伤三等。""其于湍碛尤难之处致有损害者，又减二等。监
当主司，各减一等。卒遇风浪者，勿论。"参见：《唐律疏议·杂律》第427条，岳纯之点校，上海古籍出
版社2013年版，第432－433页。

⑨ 《唐律疏议·厩库》第214条，岳纯之点校，上海古籍出版社2013年版，第246页。

⑩ 《唐律疏议·厩库》第429条，岳纯之点校，上海古籍出版社2013年版，第434页。

在宫内，加二等（庙、社内亦同）；损害赃重者，坐赃论；杀伤人者，减斗杀伤一等。延烧庙及宫阙者，绞；社，减一等。"①

6. 建立了严格的河道管理规范。为防止因水少影响漕运，唐政权设专职禁止在漕运河段引溉，以加强监管。比如："分官吏主丹杨湖，禁引溉"；② "是时，汴宋节度使春夏遣官监汴水，察盗灌溉者"。③ 与此同时，唐政权还加强漕运沿线堤坝的维护，失职或者渎职者将受到刑事处罚，私自破坏堤防者也要受到刑事处罚。④

（三）唐代漕运制度的历史影响

唐代漕运法令对其本身的影响。纵观唐代漕运法令的历史脉络，不难发现在其初期和鼎盛时期，对于推动唐代经济社会发展起到了调节食货、强国利民的积极作用。这种作用正如刘晏在推行漕运改革前的上书所说："京师三辅，苦税入之重，淮、湖粟至，可减徭赋半，为一利；东都凋破，百户无一存，若漕路流通，则聚落邑廛渐可还定，为二利；诸将有不廷，戎虏有侵盗，闻我贡输错入，军食丰衍，可以震耀夷夏，为三利；若舟车既通，百货杂集，航海梯峤，可追贞观、永徽之盛，为四利。"⑤ 概括起来，这种作用就是：可以使关中赋税减少一半；可以带动漕运沿线的经济发展；可以强化军事补给；可以通过优化资源实现国家强盛。唐朝后期，伴随着国力逐渐衰退，依靠国家强制力推行的漕运法令逐渐凸显了攫取资源、上下争利的负面作用，成为统治者巩固统治地位的物资保障工具，构成唐末社会矛盾激化的重要因素。

唐代漕运法令对宋代漕运制度内容产生的重要影响。宋代承袭了唐代漕运法令的体系与内容，在把法令作为漕运制度主要运行依据外，还丰富了漕运法令的制度内容。其主要体现在：①关于漕运人员的法令。一是禁止利用漕运事务扰民

---

① 《唐律疏议·厩库》第 431 条，岳纯之点校，上海古籍出版社 2013 年版，第 435 页。
② 《新唐书·食货志》，中华书局 2000 年版，第 899 页。
③ 《新唐书·食货志》，中华书局 2000 年版，第 900 页。
④ "诸不修隄防及修而失时者，主司杖七十；毁害人家、漂失财物者，坐赃论减五等；以故杀伤人者，减斗杀伤罪三等。谓水流漂害于人。即人自涉而死者，非。即水雨过常，非人力所防者，勿论。" "其津济之处，应造桥、航及应置船、筏而不造、置，及擅移桥济者，杖七十；停废行人者，杖一百。"参见：《唐律疏议·户婚》第 424 条，岳纯之点校，上海古籍出版社 2013 年版，第 429－430 页。
"诸盗决隄防者，杖一百；谓盗水以供私用。若为官检校，虽供官用，亦是。若毁害人家及漂失财物，赃重者，坐赃论；以故杀伤人者，减斗杀伤罪一等。若通水入人家致毁害者，亦如之。" "其故决隄防者，徒三年；漂失赃重者，准盗论；以故杀伤人者，以故杀伤论。"参见：《唐律疏议·户婚》第 424 条，岳纯之点校，上海古籍出版社 2013 年版，第 430－431 页。
⑤ 《新唐书·刘晏传》，中华书局 2000 年版，第 3752 页。

以利农业生产。比如乾德六年，宋太祖曾经下诏："王者之道，使人以时，非惟不夺于农功，亦冀无烦于民力。自今应诸道、州、府、军、县上供钱帛，并官备车乘辇送。其西川诸州合般钱物，即于水路官自漕运，不得差扰所在民人。"他还"于逐处粉壁揭示诏书"。① 二是禁止转运使私自任用官员。雍熙四年，针对有关涉及漕运官员的推荐多为"亲党"，宋太宗下诏："自今诸路转运使及州郡长吏，并不得擅举人充部内官，其有阙员，即时具奏。"② 此外，宋真宗还颁布禁令："禁诸路转运使副、诸州官吏与管内官属结亲，违者重置其罪。"③ ②关于漕运载物的法令。北宋初期实行严格的禁载令，后来逐渐放宽，允许漕船装运私物，但不能超过限度。《宋刑统》继受了《唐律疏议》有关"乘官船衣粮"的规定。④ 到宋仁宗时期，"自今应请般小河运粮盐人员坐船，许令只装一半官物，余一半即令乘载家计物色，所贵人员易为部辖，免致兵梢论诉"。⑤ 允许利用漕运装载私货的法令对宋代商业发达起到了极其重要的作用。③关于漕运奖惩的法令。这方面主要是对漕运官员的奖惩：一是严惩利用漕运牟取私利的行为。比如，当发现汴河挽舟卒"蓝缕枯瘠"的原因是"主粮吏率取其口食"时，宋太宗"捕鞫得实，断腕徇河上三日而后斩之，押运者杖配商州"。雍熙四年，"主纲吏卒盗用官物，及用水土杂糅官米，故毁败舟船致沉溺者，弃市，募告者厚赏之"。⑥ 二是漕运效果直接与官员升迁挂钩。如果漕运粮食出现损失，则有可能被降官："其专置提辖官在路抛失，自今计本路年额，以十分为率责罚，令发运司具奏。三厘展磨勘三年，五厘降一官，一分取旨。"⑦ 如果漕粮受潮没有及时晾干，则押纲人员便是失职，要受笞杖处罚；而对漕运没有损失或者损失少者，则给予相应奖励。比如宋真宗曾下诏："自今后一年般运无疏失者，其部辖殿侍、三司军大将、纲官、纲副每月增给缗钱。"⑧ 然而针对举报非法买卖漕粮的行为，则给予奖励："欲今后委逐路官司觉察，沿流人户买官物一升，赏钱十贯；一斗，

---

① 《宋会要辑要》（第12卷），食货四二，漕运一，上海古籍出版社2014年版，第6937页。

② 《文献通考》（第2册），中华书局2011年版，第1103页。

③ 《宋会要辑稿》（第14卷），刑法二，上海古籍出版社2014年版，第8285页。

④ 《唐律疏议》第426条关于"乘官船衣粮"规定："诸应乘官船者，听载衣粮二百斤。违限私载，若受寄及寄之者，五十斤及一人，各笞五十；一百斤及二人，各杖一百（但载即坐。若家人随从者，勿论）。每一百斤及二人，各加一等，罪止徒二年。"《宋刑统》的规定与之完全相同。参见：《宋刑统》，薛梅卿点校，法律出版社1999年版，第491页。

⑤ 《宋会要辑稿》（第12卷），食货四六，水运一，上海古籍出版社2014年版，第7037页。

⑥ 《宋史·食货志》，中华书局2000年版，第2848页。

⑦ 《宋会要辑要》（第12卷），食货四三，漕运二，上海古籍出版社2014年版，第6971页。

⑧ 《宋会要辑要》（第12卷），食货四六，漕运一，上海古籍出版社2014年版，第7031页。

赏钱五十贯；至三百贯止。买卖人决配千里外，邻人知情与同罪，不知情减一等。许诸人告捕，犯人自首与免罪。"① 此外，针对漕运过程中可能发生盗窃、失火等情况，宋代还颁布了许多管理诏令。可以说，在唐代兴起的漕运法令，在宋代得到了巩固和发展，为元、明、清三代漕运法令的发展奠定了坚实基础。

四、古代粮政的节约赈灾法令

人类社会并非一直在风调雨顺的年景中发展，灾荒饥饿的岁月才是历史的常态。我国古代粮政史上出现了许多厉行节约、施粥养恤、赈灾救济等方面的法令。

（一）减少粮食消费

每当遇到粮荒，我国封建君主们的应对措施之一就是下诏"减膳"。从历史上来看，"减膳"的目的有两种：第一种是通过公开宣布减少粮食消费以展现德政，表达与臣民共渡难关的决心，巩固统治基础；第二种则是运用权力"减膳"继续满足其奢侈需要。现把部分史实列举如下以作印证：

"减膳"以展现德政的史实：本始四年春正月，汉宣帝下诏"减膳"："盖闻农者兴德之本也，今岁不登……其令太官损膳省宰，乐府减乐人，使归就农业。"② 汉元帝初元元年"六月，以民疾疫，令大官损膳，减乐府员，省苑马，以振困乏"。③ 晋武帝咸宁五年三月，"以百姓饥馑，减御膳之半"。④ 咸和九年，东晋大汉，成帝"诏太官彻膳……贬费节用"。⑤ 唐朝时期，多位皇帝在位期间下诏减膳：唐太宗先后四次下诏减膳，⑥ 唐高宗先后八次下诏减膳，⑦ 在此之后的唐中宗、唐睿宗、唐玄宗、唐文宗、唐僖宗、唐昭宗、宋英宗、宋高宗、宋孝宗、金世宗、金章宗、明太祖、明宪宗等帝王也都曾下诏减膳。北齐天统帝时期

---

① 《宋会要辑要》（第12卷），食货四七，水运二，上海古籍出版社2014年版，第7054页。

② 《汉书·宣帝纪》，中华书局2000年版，第172页。

③ 《汉书·元帝纪》，中华书局2000年版，第197页。

④ 《晋书·武帝纪》，中华书局2000年版，第46页。

⑤ 《晋书·成帝纪》，中华书局2000年版，第115页。笔者认为此处"彻"应为"撤"，可能是该简体版本改版时有误。

⑥ 时间分别为贞观元年十月丁酉、十三年五月甲寅、十五年六月丙辰、十七年六月甲午。参见：《新唐书·太宗本纪》，中华书局2000年版，第18、24、26、27页。

⑦ 时间分别为永徽三年正月甲子、永徽四年四月甲辰、乾封二年七月己卯、乾封二年正月丁丑、总章元年四月丙辰、咸亨元年八月丙寅、上元二年四月丙戌、仪凤元年八月庚子。参见：《新唐书·高宗本纪》，中华书局2000年版，第35、35、42、42、43、44、46、46页。

也曾"减膳",但是其目的是满足其奢侈需要。"财用不给,乃减朝士之禄,断诸曹粮膳及九州军人常赐以供之。"① 当然,这样做的帝王属于极少数。

帝王们减膳也有一定标准,比如唐德宗贞元二年下诏减膳的标准为"减御膳之半"②;宋仁宗遇天灾多次下诏"减常膳"③,规定"减常膳"开始时间。比如,嘉祐三年闰月庚辰下诏:"明年正旦日食,其自丁亥避正殿,减常膳。"④

(二)禁止酿酒

禁止酿酒有利于减少粮食消耗。根据汉律规定:"律,稻米一斗得酒一斗为上尊,稷米一斗得酒一斗为中尊,粟米一斗得酒一斗为下尊。"⑤ 每当遇到灾荒,下令禁酒就成为历代政权的通常做法。当然,禁酒令还有其他目的,比如防止酒后聚众闹事、防止百官酒后妄议朝政。⑥ 因此,与禁酒令相配套,历代政权还规定了罚款、没收酿酒器具、没收酿酒收入等处罚措施,有的甚至对严重违反者还处以死刑。现列举部分禁酒法令具体如下:

《尚书·酒诰》规定,只有祭祀时才可以饮酒,同时要减少酿酒,爱惜粮食,⑦ 如果聚众饮酒就要处以死刑:"'群饮。'汝勿佚。尽执拘以归于周,予其杀。"⑧ 西汉时期,"汉律三人已上无故群饮,罚金四两"。⑨ 此后,汉景帝、汉武帝、汉宣帝、汉和帝、汉桓帝等帝王都曾下令禁酒。三国时期,刘备的禁酒令更为严厉,"天旱禁酒,酿者有刑",甚至有酿酒工具也要处罚。⑩ 曹魏政权则设有禁酒令。⑪ 元嘉年间,"三吴水淹",大臣田亮建议禁酒:"酒有喉唇之利,而非

① 《隋书·食货志》,中华书局 2000 年版,第 460 页。

② 《新唐书·德宗本纪》,中华书局 2000 年版,第 123 页。

③ 《宋史·仁宗纪》,中华书局 2000 年版,第 121、133、149、157 页。

④ 《宋史·仁宗纪》,中华书局 2000 年版,第 162 页。

⑤ 《汉书·平当传》,中华书局 2000 年版,第 2288 页。

⑥ 北魏"太安四年,始设酒禁"。原因是当时连年丰收,"士民多因酒致酗讼,或议主政",北魏高宗皇帝故而下诏禁酒,"酿、沽饮皆斩之",只有在"吉凶宾亲"才可开禁。参见:《魏书·刑罚志》,中华书局 2000 年版,第 1922 页。

⑦ "文王诰教:小子有正有事,无彝酒。……惟曰我民迪小子,惟土物爱,厥心臧。"参见:《尚书·酒诰》,载《四书五经》,中国友谊出版公司 1993 年版,第 133 页。

⑧ 《尚书·酒诰》,载《四书五经》,中国友谊出版公司 1993 年版,第 134 页。

⑨ 《史记·文帝本纪》,文颖注,中华书局 2000 年版,第 294 页。

⑩ "吏于人家索得酿具,论者欲令与作酒者同罚。"参见:《三国志·简雍传》,中华书局 2000 年版,第 720 页。

⑪ "其余未宜除者,若军事、田农、酤酒,未得皆从人心,权设其法,太平当除,故不入律,悉以为令。"参见:《晋书·刑法志》,中华书局 2000 年版,第 603 页。

餐饵所资，尤宜禁断，以息游费。"南朝宋文帝同意，"即并施行"。① 北齐天统帝五年"冬十月壬戌，诏禁造酒"。② 唐高祖武德年间，"以谷贵，禁关内屠酤"。③ 宋朝时期禁酒虽有牟利目的，但依旧规定用来备荒的仓粮是不能拿来酿酒的，"诸州官酿所费谷麦，准常籴以给，不得用仓储"。辽兴宗时期，"禁诸职官不得擅造酒糜谷"。④ 与历代政权禁酒令相比，明朝洪武年间的禁酒令不仅严厉而且还从酿酒原料开始禁止，"其令农民今岁无得种糯，以塞造酒之源"。⑤ 据《明史·胡大海传》⑥ 记载，明太祖朱元璋在处决违反禁酒令的胡大海独子时说："宁可使大海叛我，不可使我法不行。"

（三）施粥养恤

当灾荒来临时，古代政权把施粥作为最直接惠及天下的救灾办法。据《礼记·檀弓下》记载，公叔文子过世后，其子向国君请求赐予谥号时，卫国国君以其在荒年曾经有过为国施粥之德行而认为"惠"。⑦ 除此之外，执政者还多次就施粥颁布诏令。

东汉末年，旱灾异常严重，"谷一斛五十万，豆麦一斛二十万，人相食啖，白骨委积"，汉献帝下令"使侍御史侯汶出太仓米豆，为饥人做糜粥，经日而死者无降"，汉献帝感觉有问题，"乃亲于御座前量试做糜，乃知非实"，于是让有关部门对其进行批评，而对直接主管侯汶则下诏"未忍致汶于理，可杖五十"。太和七年，北魏孝文帝"以冀、定二州饥，诏郡县为粥于路以食之，又弛关津之禁"。⑧ 建隆元年四月，宋太祖"遣使分诣京城门，赐饥民粥"。⑨ 景祐元年正月，宋仁宗"诏开封府界诸县作糜粥以济饥民，诸灾伤州军亦如之"。⑩

① 《宋书·自序·田子子亮传》，中华书局 2000 年版，第 1633 页。
② 《北齐书·后主幼主纪》，中华书局 2000 年版，第 68 页。
③ 《新唐书·高祖本纪》，中华书局 2000 年版，第 6 页。
④ 《辽史·食货志》，中华书局 2000 年版，第 566 页。
⑤ 余纪登：《典故纪闻》卷一，中华书局 1981 年版，第 9 页。
⑥ 《明史·胡大海传》，中华书局 2000 年版，第 2575 页。
⑦ 公叔文子卒，其子成请谥于君曰："日月有时，将葬矣。请所以易其名者。"君曰："昔者卫国凶饥，夫子为粥与国之饿者，是不亦惠乎？昔者卫国有难，夫子以其死卫寡人，不亦贞乎？夫子听卫国之政，修其班制，以与四邻交，卫国之社稷不辱，不亦文乎？故谓夫子'贞惠文子'。"参见：《礼记·檀弓下》，载《四书五经》，中国友谊出版公司 1993 年版，第 231 页。
⑧ "六月，定州上言，为粥所活九十四万七千余口。""九月壬寅……冀州上言，为粥所活七十五万一千七百余口。"参见：《北史·魏本纪》，中华书局 2000 年版，第 64 - 65 页。
⑨ 《宋史·太祖本纪》，中华书局 2000 年版，第 4 页。
⑩ 《宋史·仁宗本纪》，中华书局 2000 年版，第 132 页。

古代政权不仅重视施粥，而且还对施粥的时间和空间作出规定。比如，承安二年十月，天降大雪，金章宗"以米千石赐普济院，令为粥以食贫民"。① 承安四年"十一月乙未，敕京、府、州、县设普济院，每岁十月至明年四月设粥，以食贫民"。② 泰和五年三月，金章宗"命给米诸寺，自十月十五日至次年正月十五日作糜以食贫民"。③ 明代则形成了较为完备的粥厂制度。

除上述措施之外，古代还出台了具体的赈米法令。比如，《左传》襄公二十九年，郑国出现饥荒，"子皮以子展之命，饩国人粟，户一钟"。④ 明朝初年，赈米之法更为具体："大口六斗，小口三斗，五岁以下不与。永乐以后，减其数。"明朝还允许纳米振济赎罪，"纳米振济赎罪者，景帝时，杂犯死罪六十石，流徒减三之一，馀递减有差"。⑤

五、中国传统的其他粮食法令

当然，本研究只是对中国传统社会重要的粮食法令作一简要而粗陋的梳理，以期窥一斑而知中国粮食本土法治资源之丰富。如果再把粮食与其他法令结合起来，则更使其有新的认识。基于此考虑，下文以"'粮价是百价之基'的制度溯源"为题进行商榷。这里面临的首要问题就是何谓"粮价是百价之基"。一般认为，"粮价是百价之基"是指粮食供给和粮价对食品价格乃至城乡居民消费价格存在较大影响。其实，"粮价是百价之基"之说远远不能够体现出粮食的重要价值。从历史上来看，"粮价是百价之基"的说法乃是出现在统购统销政策实行之后，在中华人民共和国成立之前，粮价何止是百价之基，乃是"万价之基"。比如，据有关文献，人们对粮食的定位是："王者以民人为天，而民人以食为天。"⑥"五谷者，万物之主也。谷贵则万物必贱，谷贱则万物必贵。"⑦"五谷者万民之命，国之重宝。"⑧ 这种认识和定位体现在国家相关制度设计中。

① 《金史·章宗本纪》，中华书局 2000 年版，第 160 页。
② 《金史·章宗本纪》，中华书局 2000 年版，第 166 页。
③ 《金史·章宗本纪》，中华书局 2000 年版，第 179 页。
④ 《左传》，载《四书五经》，中国友谊出版公司 1993 年版，第 529 页。
⑤ 《明史·食货志》，中华书局 2000 年版，第 1273－1274 页。
⑥ 《史记·郦生陆贾列传》，中华书局 2000 年版，第 2081 页。
⑦ 《管子·国蓄》，北方文艺出版社 2016 年版，第 395 页。
⑧ 《范子计然》，载《太平御览》卷 837，中华书局 1960 年版，第 3740 页。

（一）粮食实物长期是赋税制度主要缴纳对象

粮食作为税种可以溯源至夏代。据《尚书·禹贡》记载："禹别九州，随山浚川，任土作贡。"据有关研究，这就是我国最早的赋税制度，其基本内容是各州缴纳赋税"以农产谷物为标准，因地制宜，定其贡赋的差等为三等九级"。①另据《史记·殷本纪》关于"厚赋税以实鹿台之钱，而盈巨桥之粟"② 之记载，更进一步印证了当时殷商政权征收的是粮食实物税。进入封建社会以后，缴纳粮食实物税成为历代政权的主要税种，这就是历史上延续至 21 世纪初期的"皇粮国税"（当然，其间也有银两、劳役等其他缴纳方式）。即使农民租种地主土地，地主一般也是以粮食实物作为收纳对象。为保障缴纳工作顺利进行，历代政权都作出了有关收粮时限等方面较为详细的规定。例如，《大明律》"收粮违限"条即是例证，明政权还出台了《收粮违限条例》。③

与中国古代社会不同的是，中华人民共和国成立以后，人们继承了根据地时期传统，一般把以粮食实物缴纳的农业税称为"公粮"。据《农业税条例》第 24 条规定，粮食是农业税缴纳首选，其次才是其他农产品或者货币："农业税以征收粮食为主。对于交纳粮食有困难的纳税人，可以改征其他农产品或者现款。"无论是生产队时期还是实行土地家庭承包经营初期，农村社队和农民排队缴纳公粮成为特定时期的历史写照。2005 年 12 月，全国人大常委会通过了废止《农业税条例》的决定，④ 自 2006 年 1 月 1 日起在全国范围内取消农业税（即粮食实物税），彻底废除延续数千年之久的"皇粮国税"，终结了粮食实物作为赋税缴纳

---

① 徐世钜：《夏、商、周赋税制度综述》，《税务研究》1985 年第 4 期。

② 司马迁：《史记·殷本纪》，中华书局 2000 年版，第 76 页。

③·《大明律》"收粮违限"条："凡收夏税，于五月二十五日开仓，七月终齐足。秋粮，十月初一日开仓，十二月终齐足。如早收去处，预先收受者，不拘此律。若夏税违限，至八月终，秋粮违限，至次年正月终，不足者，其提调部粮官吏典，分催里长、欠粮人户，各以十分为率，一分不足者，杖六十，每一分，加一等，罪止杖一百。受财者，计赃以枉法从重论。若违限，一年之上不足者，人户、里长，杖一百，迁徙。提调部粮官、吏典，处绞。"参见：《大明律》，怀效锋点校，法律出版社 1999 年版，第 68 页。"收粮违限条例"："各处势豪大户，无故恃顽不纳本户秋粮五十石以上，问罪，监追完日，发附近，二百石以上，发边卫，俱充军。如三月之内能完纳者，照常发落。""各处势豪大户，敢有不行运赴官仓，逼军私兑者，比照不纳秋粮事例，问拟充军。如掌印、管粮官不即申达区处，纵容迟误，一百石以上者，提问，住俸一年；二百石以上者，提问，降二级；三百石以上者，比照罢软事例罢黜。"参见：《大明律》，怀效锋点校，法律出版社 1999 年版，第 374 页。

④ 《全国人民代表大会常务委员会关于废止〈中华人民共和国农业税条例〉的决定》（2005 年 12 月 29 日第十届全国人民代表大会常务委员会第十九次会议通过 2005 年 12 月 29 日中华人民共和国主席令第四十六号公布自 2006 年 1 月 1 日起施行）。

对象。

（二）粮食实物长期作为薪俸制度主要载体

与赋税制度相并行的是，粮食实物也体现在公职人员的薪俸制度中。据《汉书·食货志》记载："于是文帝从错之言，令民入粟边，六百石爵上造，稍增至四千石为五大夫，万二千石为大庶长，各以多少级数为差。"① 魏孝文帝执政时期，曾经"户增调三匹、谷二斛九斗，以为官司之禄"。② 五柳先生陶渊明曾经慨叹"我不能为五斗米折腰向乡里小人"，"即日解印绶去职"，③ 从一个侧面也证明了当时公职人员的薪俸是粮食实物。唐朝建立以后，"武德元年，文武官给禄，颇减隋制，一品七百石，从一品六百石，二品五百石，从二品四百六十石，三品四百石，从三品三百六十石，四品三百石，从四品二百六十石，五品二百石，从五品百六十石，六品百石，从六品九十石，七品八十石，从七品七十石，八品六十石，从八品五十石，九品四十石，从九品三十石，皆以岁给之"。④ 从该史料我们不仅看出唐代官吏按照官阶领取不同的俸禄，而且还可以看出他们领取的俸禄是粮食实物。宋代则"禄粟，自宰相至入内高品十八等"。⑤ 明清时期，国家在京城还设立专门为朝廷官员和皇族发放俸禄的"禄米仓"。粮食实物作为俸禄制度的载体，还体现在民俗民谚中，比如称呼在官府当差的人为"吃皇粮"，称呼外出谋生为"找碗饭吃"。应该说，我国古代长期以粮食实物作为公职人员的薪俸，较好地解决了因通货膨胀而致使公职人员生活水准降低的问题。民国时期，粮食实物依旧是公职人员领取薪俸的重要方式。比如 1944 年民国政府颁布的《各省省政府处理县市公粮办法》规定：文职人员、教职员及警察局所队官佐食米 5 市斗，公费学生食米 2 市斗 3 升，公役食米 2 市斗 5 升。

中华人民共和国成立以后，根据政务院 1950 年颁布的《关于中央直属机关新参加工作人员工资标准的试行规定》，国家机关工作人员的生活费连同津贴，一律折成小米数，实行以供给制为基础的"包干制"。当时其他职工也是以粮食实物作为津贴。据 1949 年 7 月在郑州铁路医院参加工作的退休工人王沛林先生介绍：参加工作以后，"当时享受每月 3 斤米、1 袋面、200 公斤煤和 8 元钱的津

---

① 《汉书·食货志》，中华书局 2000 年版，第 955 页。
② 《魏书·高祖纪第七上》，中华书局 2000 年版，第 103 页。
③ 《宋书·陶潜传》，中华书局 2000 年版，第 1523 页。
④ 《新唐书·食货志》，中华书局 2000 年版，第 915 页。
⑤ 《宋史·职官志》，中华书局 2000 年版，第 2759 页。

贴"。① 统购统销政策实行以后，城镇居民供应按照劳动强度和年龄分为 9 个等级，每人每月可以分配数额不等的粮票。更为重要的是，当时公职人员的工资、各类消费品等，制定价格时都以粮价为标准确定其比价关系。"粮食定、天下定"政策成功实施，加上国家低物价保持数十年长期史实，"粮价为百价之基"正式形成并逐渐成为社会广泛共识。

（三）粮食实物长期作为一般等价物客观存在

"粮价是百价之基"共识的形成还与粮食实物长期作为一般等价物密切相关。随着人类交换活动的发展和早期商品市场的出现，粮食实物就发挥了货币支付和储藏手段等功能，比如，《诗经·小雅·小宛》有关"握粟出卜，自何能谷"② 的记载，就反映了当时人们以"粟"作为占卜支付手段。据费孝通先生有关"货币在农村中"研究，货币在自给经济占主导的农村流通是受限的，人们可以货物、服役等其他方式来实现支付。费孝通先生列举了几个例子，比如：所调查的云南农村田租全是以谷子计算，借债的利息也多以谷子计算；在贸易机构"街子"，"在这地方米和盛米的竹篓是直接交换的，不需要货币作媒介的，一个竹篓值多少米大家承认的"。③ 近代以来，由于战乱频繁、自然灾害时有发生，粮食作为一般等价物的功能被发挥到极致（甚至成为男女结婚的聘礼④），特别是在"法币""金圆券"贬值以后，各地都把囤积粮食等实物作为应对粮荒、通货膨胀的不二选择。实行统购统销政策以后，我国农村存在的少量交易，也多以粮食实物作为一般等价物。在逢年过节串门走亲戚时，人们也多以粮食实物作为礼品。粮食作为一般等价物，甚至有的演绎到对人的称呼上，比如有的农村称呼女儿为"麻烫篮"，意思就是女儿出嫁以后回娘家省亲一般携带粮食实物"麻烫"作为礼品，人们就用"麻烫篮"来指代女儿。

综合来看，"粮价是百价之基"是由于农耕社会的生产力所限而形成的社会共识。它不仅与人们的财产收入途径单一密切相关，与人们消费以粮食为主密切相关，并且还与国家抗风险能力较弱密切相关。中华人民共和国成立以后，我国温饱问题长期没有得到妥善解决，粮食是人们的主要消费品，农业收入长期为国民经济主要来源，"粮价是百价之基"的观念不仅影响了国家有关粮食安全政策

---

① 《享受薪粮制的干部不能办离休》，《中国社会保障》2002 年第 8 期。
② 《诗经·小雅·小宛》，载《四书五经》，中国友谊出版公司 1993 年版，第 182 页。
③ 费孝通：《乡土中国》，上海人民出版社 2008 年版，第 193 – 196 页。
④ 电视剧《闯关东》开头"朱传文娶亲"就是以小米作为聘礼的。

的决策，而且这种观念在社会大众中间也根深蒂固。

六、对当代粮食安全保障立法的启示与借鉴

纵观数千年中国古代粮食立法史，不仅形成了丰富的中国本土法治资源宝库，而且还为当代粮食安全保障立法提供了重要启示和借鉴。

（一）建议将多途径筹措粮源纳入粮食安全保障立法

粮食安全保障立法要破解的首要问题是何为粮食安全。我们曾经从"食为政首"角度给粮食安全下过如下定义：粮食安全，是指各级人民政府通过制定政策，采取经济、法律、行政等多种手段保障本辖区内居民生活和社会生产对粮食基本需求持续得到满足的过程，从而使国家利益处于没有危险和不受内外威胁的状态。[1] 从本原意义上来讲，我们认为粮食安全是指有数量充足、质量健康的粮食，而这些粮食又能够顺畅、及时、合法地到达需要者手里。至于粮源是生产而来，还是贸易所得，抑或是节约所剩，只是人们获得粮源的具体方式不同，拥有粮食才是问题的本质所在。从中国古代粮食立法史不难看出，在先秦时期中国就设置了主管粮食生产的遂人、遂师、遂大夫、稻人、司稼等农官，此后政权以激励粮食生产为中心实行多种变法，实行重农抑商政策，为通过粮食生产获得粮源提供了法治保障；每逢遇到大灾或者其他特殊情况，统治者通过"减膳""禁止酿酒"等方式获得粮源成为历代定制。有鉴于此，我们建议粮食安全保障立法在进行相关制度设计时，应"开源"与"节流"并重设计粮源制度，实现粮食生产、进出口、节约以及限制深加工等粮源渠道的法治化。

（二）建议将多方式激励流通纳入粮食安全保障立法

如果仅有充足的粮源还不能说实现了粮食安全，还需要确保粮源能够到达需要者手里，以及时满足其消费需要。这样，流通就极为必要了。当然，粮食能够顺畅、及时地到达需要者手里的方式也有多种选择，至于是购买、赈济或者其他方式到达需要者手里也不是问题的本质，只要是合法地满足了消费者的粮食需要就可以说实现粮食安全了。中国古代的漕运、陆运、海运等方面法令，按距离设置粮仓、按人口确定区域储备量成为定制，甚至"论功行赏"（比如萧何功绩的

---

[1] 穆中杰：《新时代粮食安全保障法体系构建研究》，郑州大学出版社 2020 年版，第 9 页。

确定）都是激励粮食流通有益的法治资源。我们建议在粮食安全保障立法上要重视流通环节的设计，不仅要有保障高效的现代化流通设施制度设计，还要兼顾在特殊状态下"施粥"等制度设计，同时粮仓布局、加工能力分布等也要有相应的制度保障，并对激励和惩戒机制进行统筹设计。

（三）建议将多类型丰富储备纳入粮食安全保障立法

粮食既是国家安全的重要基础，又是最基本的民生需求。囿于粮食生产的季节规律、商人囤积居奇带来的秩序扰乱以及小农经济的不稳定等多种因素，古代中国不仅出台禁止粮食出口、禁止囤积粮食等法令，还创制了常平仓、义仓、社仓、惠民仓、广惠仓、丰储仓等多种制度，以满足"稳市、备荒、恤农"多重需求，形成了鼓励储备的优良传统。结合粮食供给受自然资源数量和禀赋制约、粮食产能触及"天花板"、人为矛盾多重叠加、进口粮源风险骤增、粮食持续增产动力濒竭等多重不利因素叠加影响之背景，我们建议把多元化储备纳入粮食安全保障立法，使政府储备、企业储备、社会储备、居民储备等多种储备发挥其作用，实现有法可依。